私募证券投资基金运作与管理

Operation and Management of Private Securities Investment Funds

吴跃平｜主编　　孟赞 宋磊｜副主编

经济管理出版社
ECONOMY & MANAGEMENT PUBLISHING HOUSE

图书在版编目（CIP）数据

私募证券投资基金运作与管理/吴跃平主编．—北京：经济管理出版社，2023.10
ISBN 978-7-5096-9413-8

Ⅰ.①私…　Ⅱ.①吴…　Ⅲ.①投资基金业—基金管理—研究—中国　Ⅳ.①F832.51

中国国家版本馆 CIP 数据核字(2023)第 213354 号

组稿编辑：杨　雪
责任编辑：杨　雪
助理编辑：付姝怡
责任印制：黄章平
责任校对：蔡晓臻

出版发行：经济管理出版社
（北京市海淀区北蜂窝 8 号中雅大厦 A 座 11 层　100038）
网　　址：www.E-mp.com.cn
电　　话：（010）51915602
印　　刷：北京晨旭印刷厂
经　　销：新华书店
开　　本：720mm×1000mm/16
印　　张：20
字　　数：404 千字
版　　次：2024 年 7 月第 1 版　　2024 年 7 月第 1 次印刷
书　　号：ISBN 978-7-5096-9413-8
定　　价：98.00 元

前 言

以 1998 年第一批公募基金设立为标志，我国基金行业从试点起步到快速发展壮大。特别是随着《中华人民共和国证券投资基金法（2012 年修订）》的实施，私募投资基金也被纳入法律范围。此后通过持续加强基金行业的规范管理，进一步完善了以《中华人民共和国证券投资基金法》《私募投资基金监督管理条例》等为核心的一整套私募投资基金监管法规制度体系，进一步健全了以行政监管为主、以自律监管为辅的监管与自律体系。其中，私募证券投资基金作为重要的机构投资者，已成为优化金融资源配置、服务实体经济、支持科技创新和产业转型升级及服务居民财富管理的重要力量。截至 2023 年 12 月末，中国证券投资基金业协会已登记私募证券投资基金管理人 8469 余家，存续私募证券投资基金 9.73 万只，规模 5.72 万亿元①。产品类型日益丰富，交易策略更加多元，市场影响逐步增强。随着注册制的全面实施和多层次资本市场的持续建设，私募证券投资基金将迎来巨大的发展空间，在资本市场改革发展与稳定中发挥着日益重要的作用，成为促进资本市场平稳运行的重要“压舱石”之一。

私募投资基金行业的快速发展带来了大量的专业人才需求，而目前调研结果显示，各高校关于私募投资基金人才的培养从理念到实践上都较为滞后，不能与时俱进，尤其缺乏一本系统的、严谨的、符合私募投资基金行业监管要求的专业教材。高校应结合社会实际需求，致力于培养理论基础扎实，知识口径宽厚，兼具良好的人文素质及创造精神、创新精神、创业精神与实践能力的应用型专业人才。于是，历经长期教学及研究实践的积淀，基于良好的私募投资基金业务实践基础，编写组将课程改革研究重点瞄准于《私募证券投资基金运作与管理》。

本教材按照私募投资基金管理人登记及私募证券投资基金的生命周期，以基于“募、投、管、退”的私募投资基金运作流程为核心，以私募投资基金的监督与自律体系为重点，依托以前的课程研究项目进一步开展教学研究，探讨符合

① 资料来源：中国证券投资基金业协会。

实用型、技术型人才培养要求的教学内容、课程体系和人才培养模式。本教材编写的特色主要体现在以下五个方面：

（1）新颖性。目前有关私募投资基金的书籍以私募股权投资基金为主，且主要是社会读物，私募证券投资基金方面的教材较为缺乏。而社会读物存在口语化严重、逻辑与结构不严谨、内容不符合监管要求等问题，不适用于高校培养人才。因此，在本教材的编写过程中我们在理论上要比一般社会读物系统、全面、有一定深度，在实践上更贴近近几年来行业内业务的实际运作情况。

（2）应用性。除了让学生学习基本原理、夯实基础之外，本教材更强调学以致用，将所学的理论运用于实践。本教材以应用为导向，让学生系统地学完后不但能够掌握私募证券投资基金的整个运作流程和管理流程，也能知道相关知识在具体工作中是如何应用的，以便直接在工作中加以运用，具有较强的可操作性。

（3）规范性。严格来讲，从 2014 年起，私募投资基金行业监管职能由国家发展和改革委员会划转为中国证券监督管理委员会后，我国私募投资基金才逐步步入规范发展阶段。因此，目前市面上关于私募投资基金的教材大部分存在内容滞后、不符合当前监管要求的弊端，容易造成学生所学知识与基金行业监管要求脱节。本教材结合最新基金行业监管与自律体系，完全做到了内容符合当前的监管和自律要求。

（4）专业性。私募证券投资基金的运作与管理是一项专业性很强的工作，对从业人员的专业要求很高，必须通过系统的专业学习才能掌握该项技能。

（5）开放性。本教材对外资私募证券投资基金在中国的发展历程、国际著名私募投资基金的发展经验及启示等内容进行了介绍，有助于拓宽学生的知识边界，培养学生的国际视野。

参与本教材编写的作者首先是长期主持或参加该课程教学、建设的一线教师，他们具有丰富的教学经验、较高的科研水平、较强的写作能力和组织能力。其次，部分主要作者是私募证券投资基金行业的实践者，在国内大型私募证券投资机构从事基金投资及管理，具有丰富的实战经验。因此，本教材既适合经济管理类专业，尤其是金融学、投资学专业的本科生使用，也可以作为研究生学习参考用书，还可作为私募证券投资基金管理机构从业人员参考用书。

本教材由河南财经政法大学金融学院吴跃平教授担任主编，河南财经政法大学金融学院孟赞博士、资本市场资深从业人士宋磊担任副主编。另外，研究生王悦、李帅星、谢隆屾和马相图等同学，以及中国农业银行刘静静女士参与了本教材初稿写作并做了大量基础性工作。

本教材在酝酿编写过程中，还得到了上海汉蚨私募基金管理有限公司及和信证券投资咨询股份公司的韩建明先生、张红浩先生、张翠青女士，河南世纪通律师事务所合伙人封冠洪律师，维萨信息系统（上海）有限公司吴沛雅女士等业内资深人士的大力支持，在此一并致谢。

在本教材问世之际还要特别感谢经济管理出版社杨雪编辑，本教材得以顺利出版离不开她的辛勤努力和鼎力支持。

对于本教材中编者未能发现的纰漏，恳请各位读者批评指正。

目　录

第一章　绪论

【学习要点】

- 理解并掌握基金、投资基金和私募投资基金的概念
- 了解投资基金与私募投资基金的分类
- 掌握公募投资基金与私募投资基金、私募股权投资基金与私募证券投资基金的异同处

第一节　私募投资基金概述

一、基金的相关概念

（一）基金的定义

《新华词典》（商务印书馆，2001 年修订版）对“基金”的释义为：为兴办、维持或发展某种事业而储备的资金或专门拨款。即基金是为了特定目的和用途而组织起来的“资金池”，如养老基金、奖励基金等。实务中，人们习惯上将管理和运作这些“资金池”的机构或组织也称为“基金”。因此，“基金”一词，既可以指聚集起来的资金，也可以指管理资金的机构或组织。

基金一般可分为营利性基金和非营利性基金。营利性基金，顾名思义是以营利为目的，由基金管理人通过公开或非公开的方式募集资金并开展投资活动

获取收益的营利性法人或其他组织。目前我国直接规制营利性基金的最高位阶法律是《中华人民共和国证券投资基金法》（以下简称《证券投资基金法》）。非营利性基金是以自然人、法人或其他组织捐赠的资金开展公益事业的非营利性法人，典型的如中国宋庆龄基金会。这类基金在我国受《基金会管理条例》规制。

本教材所称的“基金”是一种由专家管理的集合投资制度，其实质是汇集投资者资金交由专家管理运作，并为投资者赚取收益的投资基金。投资基金有以下三个特征：

1. 独立性

投资基金成立后，由基金管理人负责，独立行使投资运作职能。

2. 固定性

投资基金的投资者和管理人在一定时间内是固定的，固定性使资金使用的连续性得到保障。

3. 集合性

投资基金将众多投资者的资金集中起来，委托基金管理人进行投资和管理，使中小投资者也能享受到专业化的投资管理服务。

（二）投资基金的分类

根据募集方式的不同，投资基金可分为公募投资基金和私募投资基金（根据上下文语境，本教材在部分表述中也使用“私募基金”来表示“私募投资基金”）两种：公募投资基金是指向不特定的社会公众投资者公开募集的基金。私募投资基金是指以非公开方式发行的，面向少数特定的投资者募集的基金。私募投资基金只能向少数特定的合格投资者以非公开宣传的方式进行募集，它不能像公募投资基金那样以公开的媒体宣传、研讨会等方式向社会公众募集资金。两者的区别如表1-1所示。

表1-1　私募投资基金与公募投资基金的区别

对比项目	私募投资基金	公募投资基金
募集对象	不得公开募集，仅能面向少数特定的投资者，即合格投资者	广大社会公众，即不特定的社会公众投资者
募集方式	通过非公开发售的方式募集	通过公开发售的方式募集

续表

对比项目	私募投资基金	公募投资基金
投资门槛	单个合格投资者对单只基金产品投资不低于100万元	无投资门槛
信息披露要求	对信息披露的要求相对较低，在特定平台按照合同约定和监管要求向基金份额持有人定向披露相应的内容即可	对信息披露有非常严格的要求，其投资目标、投资组合等信息都要披露
投资限制	在规定的投资对象范围内，投资限制完全由基金合同约定	在投资品种、投资比例、投资与基金类型的匹配上有严格限制
业绩报酬	业绩是报酬的基础，因此根据业绩收取一定的业绩报酬，同时收取一定的管理费	业绩仅是排名时的荣誉，因此不提取业绩报酬，只收取管理费

总体来看，公募投资基金的优点是投资门槛低、流动性强，对投资者来说申购和赎回基金较为便利，有规定的投资风格和投资比例，是一种面向大众的基金产品；而私募投资基金的特点在于投资金额大、投资门槛高、投资限制较少、操作灵活性大，较为适合风险承受能力较高的投资者。因此，投资者在选择投资基金的种类时，要从投资额度、投资门槛、资产流动性、投资支付的费用、自身经济条件、风险识别能力和风险承受能力等多方面因素考虑，选择合适的投资基金。

二、私募投资基金的相关概念

（一）私募投资基金的定义

前面讲了，私募投资基金是指以非公开方式向少数特定的投资者募集资金并设立的投资基金。私募投资基金可投资标的主要包括公司股权、股份、合伙企业份额、债券、基金份额、其他证券、期货和衍生品及中国证券监督管理委员会（以下简称“中国证监会”）规定的其他投资标的。

根据中国证券投资基金业协会（以下简称“中基协”或“基金业协会”或“协会”）公布的私募投资基金行业数据报告，截至2023年末，私募投资基金管理总规模达20.6万亿元，管理的私募投资基金数量高达15.3万只，且规模和数量近年来均保持高速增长态势。

2018~2023年私募投资基金管理规模和只数如图1-1所示。

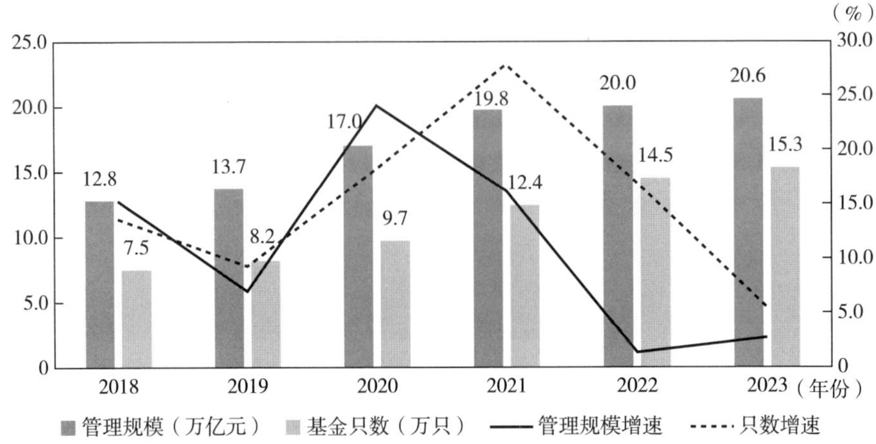

图 1-1　2018~2023 年私募投资基金管理规模和只数

（二）私募投资基金的分类

按照投资方向和投资标的的不同来划分，私募投资基金可分为私募股权投资基金、私募证券投资基金、私募投资母基金和其他类型私募投资基金（见图 1-2）。四者主要区别如下：

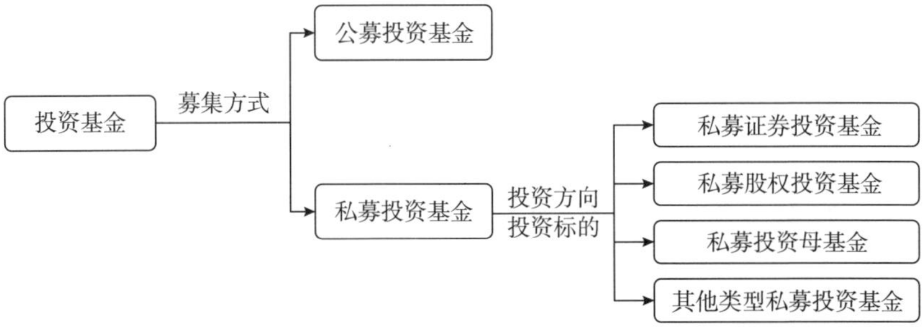

图 1-2　投资基金的分类

1. 私募证券投资基金

私募证券投资基金是指以非公开方式向少数特定投资者募集资金，并以证券为主要投资对象的投资基金，其投资范围主要包括股票、债券、存托凭证、其他证券、期货合约、期权合约、互换合约、远期合约、证券投资基金份额，以及符合中国证监会规定的其他投资标的。根据投资标的的不同，私募证券投资基金可进一步分为权益类、固定收益类、期货和衍生品类及混合类等。

2. 私募股权投资基金

虽然私募股权投资基金同样以非公开的方式向少数特定投资者募集资金，但与私募证券投资基金不同的是，私募股权投资基金投资标的是未上市企业非公开交易的股权，非上市公众公司股票，不动产项目公司股权，上市公司非公开发行或交易的股票、合伙企业份额、私募股权投资基金份额，以及符合中国证监会规定的其他投资标的。

基于鼓励私募投资基金行业“发挥服务实体经济、促进科技创新等功能作用”的目的，我国把投资于种子期、初创期、成长早期的中小企业的私募股权投资基金又独立划分为“创业投资基金”。在中基协的备案系统里明确要求私募投资基金必须就该基金属于“私募股权投资基金”还是“创业投资基金”做出明确选择，目的是对创业投资基金进行差异化监管和税收等更多优惠政策支持。但在英国、美国等发达国家并未对二者做出严格区分。

总的来讲，私募股权投资基金、创业投资基金的相关区别，主要体现在“投资定位”“法律约束”“投资范围”“规模要求”“名称及经营范围”“存续期”“多层嵌套豁免”“税收优惠”八个方面。近年来，以创业投资基金为代表的私募投资基金在“投早投小投科技”方面发挥了重要作用，是促进科技自立自强、产业创新升级的重要力量。

3. 私募投资母基金

私募投资母基金是指将主要基金财产投资于私募股权投资基金份额、私募证券投资基金份额、依法设立并接受国务院金融监督管理机构监管的机构（如证券公司、商业银行、保险公司和信托公司等）依法发行的资产管理产品份额，以及符合中国证监会规定的其他投资标的的私募投资基金。

4. 其他类型私募投资基金

其他类型私募投资基金是指不以证券、股权为投资标的的投资基金，投资标的包括艺术品、收藏品、商品基金、银行不良资产等。

私募证券投资基金是本教材的研究对象。

（三）私募证券投资基金与私募股权投资基金的区别

私募证券投资基金与私募股权投资基金是私募投资基金中最为常见的两种类

型，根据其投资标的不同而区分。两者的主要区别如下：

（1）在投资标的方面，私募证券投资基金的投向主要是公开交易的股票、债券、期货、期权、基金份额及中国证监会规定的其他证券及其衍生品种。私募股权投资基金主要投资非上市公司的股权。投资标的是两者最主要的区别，人们通常根据其投资标的的种类来区分私募证券投资基金和私募股权投资基金。

（2）在资金流动性方面，由于私募证券投资基金的投资标的是公开交易的证券，其流动性比较强；而私募股权投资基金的投资标的一般为非上市企业的股权，具有投资周期长、变现能力弱等特点，导致流动性较差。因此，私募股权投资基金的风险和收益往往高于私募证券投资基金。

（3）在投资理念方面，私募股权投资基金较为关注企业的长期成长价值，通常通过前期买入股权，后期在公司成长升值后，从中赚取股权差价。相对而言，私募证券投资基金通常更关注其投资的证券的价格在市场上的短中期表现。

（4）在收益来源方面，私募证券投资基金主要是二级市场上公开交易的股票、债券、证券投资基金份额等，收益来源主要为资本利得、股票红利等；而私募股权投资基金主要投资于未上市企业的股权，大多通过企业上市、并购等方式退出而获得投资收益。

（5）在基金退出方面，私募证券投资基金的退出方式更为灵活，根本原因是其投资标的的流动性较好；而私募股权投资基金的退出方式较为复杂，且需要较长的运作周期。

（四）私募投资基金的参与主体

我国的私募投资基金运作的参与主体主要包括私募投资基金的投资者、私募投资基金管理人、私募投资基金托管人、私募投资基金的相关服务机构和私募投资基金的监管机构。

1. 私募投资基金的投资者

私募投资基金的投资者，又称私募投资基金份额持有人，本质上既是私募投资基金的出资人，也是私募投资基金资产的所有者和私募投资基金投资收益的受益人。

2. 私募投资基金管理人

私募投资基金管理人是私募投资基金产品的募集者和管理者，其主要职责是按照基金合同的约定负责基金资产的投资运作，并在有效控制风险的基础上为私募投资基金的投资者争取更多的投资收益。

私募投资基金管理人在私募投资基金的运作与管理中具有核心作用。私募投资基金产品的设计、销售与募集，私募投资基金资产的投资、管理等重要职能多半要由私募投资基金管理人或私募投资基金管理人选定的其他服务机构代为承担。在我国，私募投资基金管理人只能由依法设立的公司或者合伙企业担任。

根据中基协私募投资基金管理人登记及产品备案的相关月报内容，截至2024年1月末，存续中的私募投资基金管理人有21594家，其中私募股权投资基金和创业投资基金管理人共12876家，占比59.6%；私募证券投资基金管理人共8457家，占比39.2%；私募资产配置类基金管理人共9家，占比极低；其他私募投资基金管理人共252家，占比1.17%。

3. 私募投资基金托管人

为了保证私募投资基金资产的安全，《证券投资基金法》规定，除基金合同另有约定外，私募投资基金的资产必须由独立于私募投资基金管理人的基金托管人保管，从而使得私募投资基金托管人成为了基金的主要当事人之一。

私募投资基金托管人的职责主要是基金资产保管、基金资金清算、会计复核及对基金投资运作的监督等。在我国，私募投资基金托管人只能由依法设立并取得基金托管资格的商业银行或者其他金融机构担任（如证券公司）。

4. 第三方服务机构

第三方服务机构主要是指基金管理人在运作、管理基金时，有偿提供协助服务的机构，主要包括基金募集机构（基金销售公司）、律师事务所、会计师事务所等。这些机构及其从业人员应当符合国家有关规定，勤勉尽责、恪尽职守，依法依规履行职责。

5. 私募投资基金的监管机构

近年来我国私募投资基金监管组织体系不断完善，目前形成了以中国证监会、地方证监局、中基协等为主体的“监管+自律”组织体系（详见第八章）。我国私募投资基金的监管机构主要包括政府监管机构和行业自律组织。中国证监会及其派出机构是我国私募投资基金的政府监管机构，依法对私募投资基金业务活动实施监督管理；中基协是我国私募投资基金的行业自律组织，依法对私募投资基金业开展行业自律，协调行业关系，提供行业服务，促进行业健康发展。我国私募投资基金管理人的登记和私募投资基金产品的备案均由中基协负责。

私募投资基金参与主体的关系如图1-3所示。

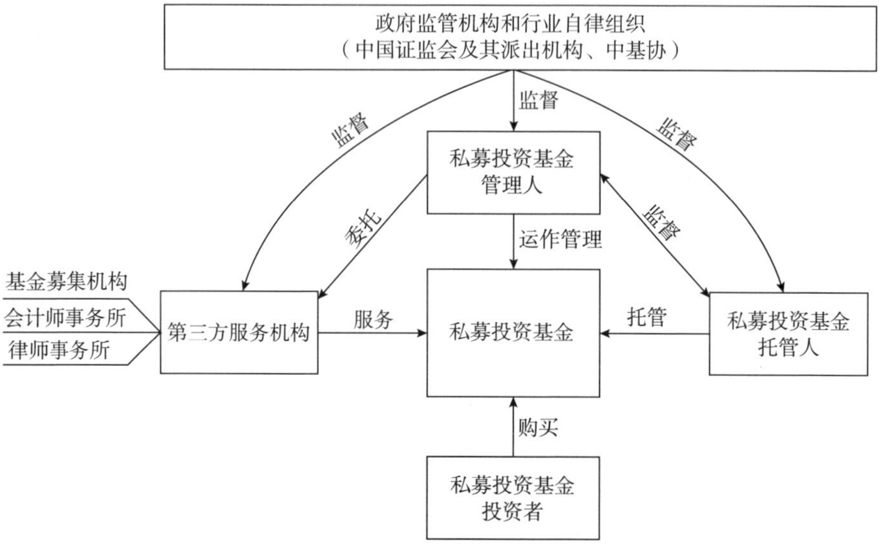

图 1-3　私募投资基金参与主体关系

第二节　私募证券投资基金概述

一、私募证券投资基金的定义

私募证券投资基金是指通过非公开方式向少数特定合格投资者（机构和个人）发售的基金，是一种将投资者的资金集中起来，形成独立财产，由基金托管人托管、基金管理人管理，以投资组合的方式进行证券投资的利益共享、风险共担的集合投资方式。

私募证券投资基金是私募投资基金的重要组成类别，既有着私募投资基金最大的特点——投资者特定、投资额度大、门槛高，也有其投资标的差异化特有的特点——投资种类多、投资策略灵活、标的流动性强等。

根据中基协公布的私募投资基金行业数据报告，截至 2022 年年末，中基协已备案存续的私募证券投资基金 9.3 万只，规模合计 5.6 万亿元，2020～2022 年，在私募投资基金中所占比重也不断增强，到 2022 年末约占 28%。2022 年私募证券投资基金全年新增 2 万余只，刷新了历史纪录。

私募证券投资基金完整的运作流程，类似于私募股权投资基金的“募、投、管、退”：“募”是指私募证券投资基金产品募集资金的过程，即投资者（私募证券投资基金产品的购买者/持有者）提供了资金来源。“投”是指基金管理人或基金经理代投资者进行投资。“管”是指基金管理人在后期对基金产品的管理与运作。“退”是指投资者赎回基金份额时，基金管理人对基金产品的持仓进行清算。最终获得的超额收益，按照基金合同约定的办法分配给投资者。典型的私募证券投资基金的运作流程如图 1-4 所示。

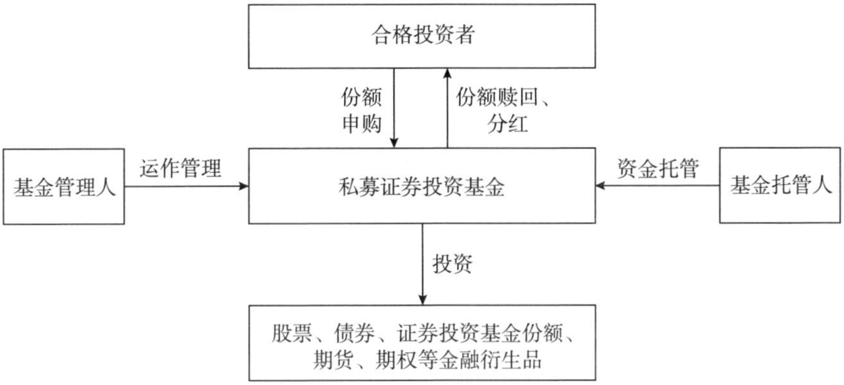

图 1-4 私募证券投资基金的运作流程

二、私募证券投资基金的分类及其对应产品类型

根据中基协 2016 年 9 月下发的《有关私募投资基金“基金类型”和“产品类型”的说明》，涉及私募证券投资基金的基金类型分类包括私募证券投资基金类和私募证券类 FOF。

1. 私募证券投资基金类

私募证券投资基金类对应的产品类型主要包括股票类基金、固定收益类基金、期货及其他衍生品类基金、混合类基金。

上述各种产品的定义如下：

（1）股票类基金，是指根据合同约定的投资范围，投资于股票或股票型基金的资产比例高于 80%（含）的私募证券投资基金。

（2）固定收益类基金，是指根据合同约定的投资范围，投资于银行存款、标准化债券、债券型基金、股票质押式回购及有预期收益率的银行理财产品、信托计划等金融产品的资产比例高于 80%（含）的私募证券投资基金。

（3）期货及其他衍生品类基金，是指投资于期货和衍生品的持仓合约价值的比例不低于私募证券投资基金已投资产 80%，且期货和衍生品账户权益超过私募证券投资基金已投资产 20%的基金。

（4）混合类基金，是指合同约定的投资范围包括股票、债券、货币市场工具但无明确的主要投资方向的私募证券投资基金。

2. 私募证券类 FOF

私募证券类 FOF 是指主要投向证券投资基金、信托计划、券商资管、基金专户等资产管理计划的私募投资基金。至于其投资的具体产品类型，目前中基协相关文件与规定中暂无明确对应产品。

三、私募证券投资基金的优势与作用

私募证券投资基金拥有其独特的优势，在资本市场上的作用不可替代。

（一）私募证券投资基金的优势

1. 灵活性

私募证券投资基金作为私募投资基金，投资者抵抗风险能力较强。相对于私募股权投资基金，私募证券投资基金投资产品和策略灵活性较大，可投资的品类相对多元化，运用对冲工具管理风险，且退出时的灵活性和流动性优势也较为明显。

2. 封闭期相对较长

私募证券投资基金较公募基金有相对较长的封闭期，在封闭期内不能进行份额的赎回和退出，不必面临随时赎回的压力；因此基金经理的主动权较强，能在封闭期内对私募证券投资基金进行更灵活的投资管理。

3. 经营机制灵活

私募证券投资基金组织结构简单，经营机制灵活，日常管理和投资决策自由度高，相对其他机制复杂的组织机构，在机会稍纵即逝的关键时刻优势明显。

4. 具有良好的激励机制

私募证券投资基金管理人的利润来源主要来自业绩报酬，而不是管理费，所以基于业绩的激励机制会促使基金管理人认真努力、勤勉尽责，以提高基金收益率，从而使基金管理人和投资者双方形成共同的盈利目标导向，能最大限度避免委托理财中常见的代理人违背委托人意愿、侵害委托人利益的问题。

5. 机构投资更加理性

私募证券投资基金管理人一般由专业人士组成，相比个人投资者会有更强的投资研判能力。同时，作为专业机构，私募证券投资基金管理人对基金的运作流程了解充分，能够有效地缓解投资者和投资标的之间的信息不对称问题和逆向选择问题，从而有效地保护投资者的利益。

6. 分散投资减少风险

私募证券投资基金大都采取集合投资的方式，且允许将资金分散投资到各类流动性和风险性不同的投资标的上，所以能够最大化地分散投资风险。

（二）私募证券投资基金的作用

作为国内资产管理行业的重要组成部分，私募证券投资基金随着管理规模的逐年增长，对资本市场甚至整个金融市场的影响程度越来越大。

首先，私募证券投资基金产品的发行在实现社会闲散资金和资本市场之间的高效连接方面发挥了重要作用，能优化社会融资结构，提高直接融资比重，助力金融资本高效融通。基金管理人通过发行私募证券投资基金产品，汇聚大量资本，在门槛高和风险承受能力较高的前提下，部分资金可能投入高风险但前景广阔的行业或高盈利的产品中，实现对社会剩余财富的合理分流和高效配置。

其次，私募证券投资基金是我国多层次资本市场的重要组成部分之一，发行私募证券投资基金产品有助于助推多层次资本市场的建设。2014 年发布的《国务院关于进一步促进资本市场健康发展的若干意见》确认了“培育私募市场”是促进资本市场健康发展、健全多层次资本市场体系的重要举措。发展私募证券投资基金不仅可以健全多层次资本市场体系、丰富资本市场交易形态、拓展市场服务范围，还能够有效拓宽居民投资渠道、激发民间投资活力、提高社会资金使用效率。

最后，有利于资本市场的国际化。很多发展中国家对开放本国资本市场持谨慎态度。在这种情况下，与外资合作组建私募投资基金，有序地逐步在本国资本市场引进外商投资不失为一个明智的选择。与直接向外国投资者开放资本市场相比，这种方式使监管当局能够有效地控制好利用外资的规模和市场开放度。

总之，经过多年发展，我国私募证券投资基金行业从无到有，从小到大，已从一个小众行业发展为资产管理行业的重要组成部分。私募证券投资基金行业在满足居民财富管理需求的同时，对于促进创新资本形成、提升直接融资比重、支持科技创新和产业转型升级、促进提升资本市场机构化程度、增强市场韧性等，发挥了越来越重要的基础性、战略性作用。

第三节　私募证券投资基金的组织形式及比较

目前我国私募证券投资基金采用的组织形式主要包括公司型基金、有限合伙型基金、契约型基金三种。公司型基金基于《中华人民共和国公司法》（以下简称《公司法》）设立，有限合伙型基金基于《中华人民共和国合伙企业法》（以下简称《合伙企业法》）设立，契约型基金基于《中华人民共和国民法典合同编》设立。三种组织形式所受法律规制各不相同，这决定了三种组织形式不同的内部分工协作形态、责任和权利的分配机制。

一、公司型私募证券投资基金

公司型私募证券投资基金是指以有限责任公司或股份有限公司的形式，按照《公司法》和公司章程成立并组织运作的私募证券投资基金。全体投资者作为股东参与投资，依法享有股东权利，并以出资额为限对基金债务承担有限责任，通常设有股东会、董事会、监事会和经理层。公司型私募证券投资基金既可以自行管理，也可以委托管理。自行管理是指私募证券投资基金公司自行设立投资管理团队，自主运营管理。委托管理是指基金公司本身不设投资管理团队，而是委托第三方机构作为基金管理人管理运作该基金公司的各项投资事务。自行管理的公司型私募证券投资基金组织形式如图 1-5 所示。

公司型私募证券投资基金的特点如下：

1. 制度完善，管理规范

公司型私募证券投资基金是依据《公司法》和公司章程设立，与其相关的配套法规也比较健全。其内部治理结构分为股东会、董事会、监事会、经理层，权力结构、权力分配和权力制衡机制比较完善，法人治理机制成熟。在自行管理

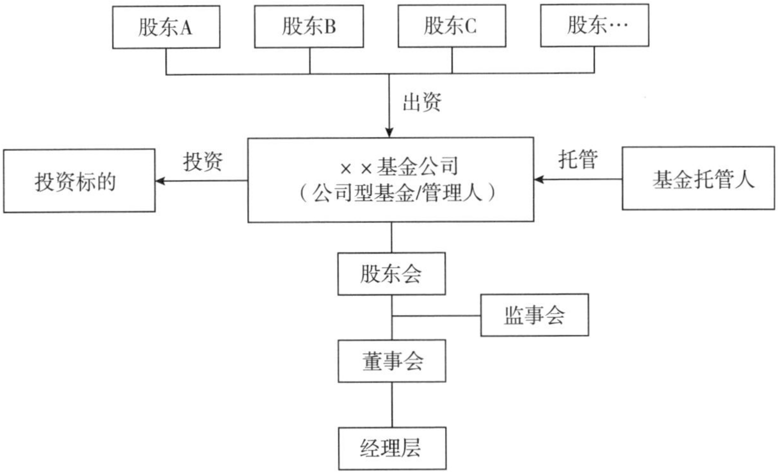

图 1-5 自行管理的公司型私募证券投资基金组织形式

的私募证券投资基金公司中，一般在董事会下设投资决策委员会，其成员由董事会选举产生，任期与董事会相同。投资决策委员会的主要职能是决定所运作基金的投资目标、投资策略等重大事项，行使投资决策权。

2. 风险隔离

投资者在投资之后即转变为公司股东，只以其出资额为限对公司承担有限责任，所投资产转变为公司股东的股权和公司法人的财产所有权。私募证券投资基金公司作为独立的企业法人以其自身的财产对自身债务承担责任，使投资者得以有效隔离风险，有利于调动投资者的投资积极性。

3. 双重税收

根据我国税收制度，公司型私募证券投资基金在公司层面需要缴纳企业所得税，且股东在获得分红后仍需交纳个人所得税或企业所得税。

公司型私募证券投资基金的最大优点在于法律法规体系健全，治理结构清晰，“三会一层”相互制衡，决策更加科学、规范，经营稳健。但这种制度也存在明显的缺点，即管理机制灵活性不足，容易束缚投资决策人员，收益分配不灵活，有可能导致投资管理效率较低，管理成本高，不利于实现基金投资收益最大化。另外，双重征税也不利于实现投资者收益最大化。

二、有限合伙型私募证券投资基金

有限合伙型私募证券投资基金是按照《合伙企业法》，由普通合伙人（General Partner，GP）和有限合伙人（Limited Partner，LP）签订有限合伙协议而共同设立的基金，其载体是有限合伙企业。其中，有限合伙人（LP）是私募证券投资基金的主要出资人，但不直接参与基金的经营管理，仅以其认缴出资额为限对基金的债务承担有限责任，并依法享有对合伙企业的财产权。普通合伙人（GP）是基金的执行事务合伙人，在一般情况下作为合伙型私募证券投资基金的管理人，负责执行基金的投资运作管理，对外开展经营活动。普通合伙人（GP）往往出资占比较小，但对基金的债务承担无限责任。全体合伙人以出资份额为基础并根据合伙协议约定，享有收益分配权利。有限合伙型私募证券投资基金组织形式如图 1-6 所示。

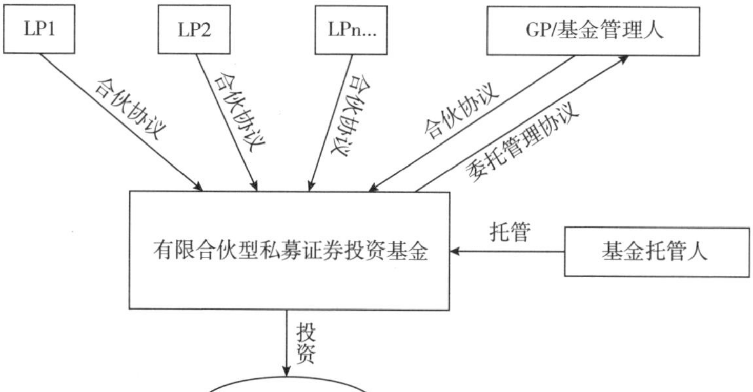

图 1-6　有限合伙型私募证券投资基金组织形式

有限合伙型私募证券投资基金的特点如下：

1. 责任形式的二元性

有限合伙型私募证券投资基金的参与者包括普通合伙人（GP）和有限合伙人（LP），这与一般的有限责任公司和股份有限公司有着本质不同。投资者作为有限合伙人（LP）仅以出资额为限承担有限责任，可将其自身风险控制在可预期范围内。普通合伙人（GP）可在较少出资的前提下执行合伙事务，对合伙企业债务承担无限责任。与此对应，有限责任公司、股份有限公司仅以出资额为限承担有限责任，一般合伙企业的全部合伙人以其财产承担无限连带责任。有限合伙型私募证券投资基金的这种有限责任和无限责任的二元架构，满足了各类投资者的风险偏好。

2. 设立简便、管理灵活

这一特点主要由以下四个方面体现：一是有限合伙企业的设立程序比较简单，相关的法律法规并不繁琐。二是治理结构较为简单，因相关法律法规对合伙企业的治理结构并没有强制性规定，合伙人之间具有较大的自由空间来约定权利与义务等内容。三是退出机制较为便捷，合伙人有多种退出途径：约定退伙、自愿退伙、通知退伙、当然退伙、开除退伙、解散清算等，避开了公司的资本维持原则。投资者资金的进出更加灵活便捷，有利于投资者控制风险，调整投资策略。四是投资决策程序较为便捷，有限合伙型私募证券投资基金投资决策主要由投资决策委员会执行，相较公司型私募证券投资基金的董事会议事规则，有限合伙型私募证券投资基金决策程序较为简便，决策效率更高，成本更低。

3. 优良的激励约束机制

通常，在有限合伙型私募证券投资基金中，有限合伙人（LP）的出资比例通常为基金规模的98%~99%，普通合伙人（GP）出资为1%~2%。但在收益分配时，通常作为基金管理人的普通合伙人（GP）可以达到20%，甚至更高。杠杆放大效应产生了强烈的激励作用。另外，在对基金的债务承担无限责任及维护自身声誉的压力下，基金管理人能够产生强大的内在约束和驱动力。在这种模式下，有限合伙人（LP）和普通合伙人（GP）的利益趋同，有效减少了委托代理的道德风险。有限合伙型私募证券投资基金有效解决了投资者和基金管理人之间的激励与约束的问题。

4. 单层税负制

根据《合伙企业法》相关规定，有限合伙企业实行单层税负制，即采用“先分后税”的方式，全体合伙人按照各自适用的税率去缴纳个人所得税或企业所得税。这种税制可以明显降低投资者的税收负担，有效避免了双重纳税，降低了合伙企业的运营成本和投资人的税负。

三、契约型私募证券投资基金

契约型私募证券投资基金的本质是依据信托关系而确立的一种信托制度。在契约型私募证券投资基金中，投资者和基金管理人等当事人通过设立一种信托契约（即私募证券投资基金合同），规定各方的权利和义务，规范和约束当事人的行为。

2014 年中国证监会出台了《私募投资基金监督管理暂行办法》，放宽了对私募证券投资基金组织形式的限制，允许投资者、基金管理人与基金托管人通过基金合同的形式直接建立法律关系。从此，契约型私募证券投资基金正式进入了资本运作实务的视野。

信托契约是契约型私募证券投资基金设立和运行的核心，基金的日常管理和运营都由该契约规范。因此，当事人之间是合同关系，即靠基金合同进行约束，不存在市场管理部门登记注册的法律实体，这也是契约型私募证券投资基金区别于公司型私募证券投资基金和有限合伙型私募证券投资基金的核心所在。

根据中基协《私募投资基金合同指引 1 号》的规定，契约型私募证券投资基金的份额募集、对外投资、收益分配等工作由基金管理人承担，基金资金的保管及监督等由基金托管人承担，有关延长或缩短基金期限、更换基金管理人、更换基金托管人等的权力则由基金份额持有人大会享有。契约型私募证券投资基金的组织形式如图 1-7 所示。

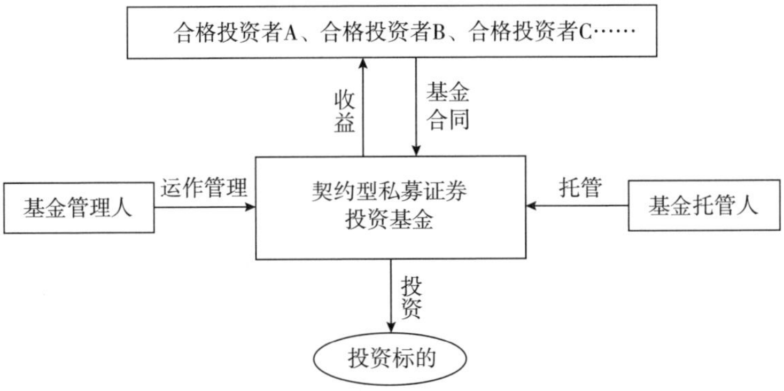

图 1-7　契约型私募证券投资基金的组织形式

契约型私募证券投资基金的主要特点如下：

1. 专业化管理，低成本运作

契约型私募证券投资基金依契约关系设立，而非法律实体，因而无需注册专门的有限合伙企业或投资公司，运作成本低，灵活性高。投资者（基金份额持有人）只能依据基金合同行使延长或缩短基金期限等有限的基金管理权限，对外投资及收益分配等核心事务则由基金管理人依据基金合同行使。简化的治理结构使基金管理人得以灵活地运作基金。

2. 募集对象数量较多

根据相关规定，契约型私募证券投资基金的投资者数量上限为200人，而以有限责任公司或者合伙企业形式设立的私募证券投资基金，投资者人数上限仅为50人。因此，契约型私募证券投资基金募集对象的人数比上述其他两种形式的私募证券投资基金更有优势，募集难度也大大降低。

3. 基金财产具有独立性

基金财产本质属于信托财产，受到信托财产独立的法律保护。一方面，基金财产是独立于投资者的财产；另一方面，基金财产也独立于基金管理人的固有财产。基金管理人因依法解散、被依法撤销或者被依法宣告破产等原因进行清算的，基金财产不属于其清算财产。

《私募投资基金合同指引1号》明确要求基金合同中注明“私募投资基金管理人、私募投资基金托管人以其固有财产承担法律责任，其债权人不得对私募投资基金财产行使请求冻结、扣押和其他权利”“私募投资基金管理人、私募投资基金托管人因依法解散、被依法撤销或者被依法宣告破产等原因进行清算的，私募投资基金财产不属于其清算财产”“债权人对私募基金财产主张权利时，私募基金管理人、私募基金托管人应明确告知私募基金财产的独立性”。

4. 决策效率高，退出机制灵活，流动性强

在契约法律关系的框架下，投资者作为受益人，把信托财产委托给基金管理人运作管理后，对财产便丧失了支配权和发言权，信托财产由基金管理人全权经营和运作。所以，契约型私募证券投资基金的投资决策权一般在基金管理人层面，决策效率高。同时，在法律框架内，信托契约可以自由地作出各种约定。契约可以有专门条款约定投资者的灵活退出方式，这是因为在集合信托的不同委托人之间没有可以相互制约的关系，某些委托人的变动并不会影响契约型私募证券投资基金存续的有效性。

5. 免于双重征税

信托作为一种法律关系，被当作是财产流通的管道。因而契约型私募证券投资基金不作为应税实体，只有当基金投资者获取收益分配时，自行缴纳个人所得税或企业所得税，从而有效降低了投资者的税收负担。

正是因为上述诸多优点，契约型私募证券投资基金成为目前我国主流的私募证券投资基金组织形式。

以上是对私募证券投资基金三种组织形式的介绍。有关公司型、有限合伙型和契约型私募证券投资基金三种组织形式的比较如表 1-2 所示。

表 1-2　私募证券投资基金三种组织形式比较

类型	公司型	有限合伙型	契约型
主要适用法律	《公司法》《私募投资基金监督管理暂行办法》，具备独立法人主体资格	《合伙企业法》《私募投资基金监督管理暂行办法》，具备独立主体，但不具有法人资格	《民法典》《信托法》《私募投资基金监督管理暂行办法》，不具备独立法人主体资格
法律制度的完善性	比较完善	不够完善	不够完善
每只基金人数上限	有限责任公司的股东不得超过 50 人，股份有限公司的股东不得超过 200 人	合伙企业的合伙人不得超过 50 人，包括负责管理基金事务的普通合伙人	投资者不得超过 200 人
设立及退出程序	设立：签订公司章程，办理公司设立登记并获得营业执照 退出：投资者退出，应先按《公司法》和公司章程规定转让股权或减资，再履行工商变更程序	设立：签订合伙协议，办理合伙企业设立工商登记并获得营业执照 退出：投资者退出，应先按合伙协议的约定转让合伙企业财产份额或退伙，再办理工商变更登记	设立：基金管理人与投资者签订基金合同，基金即宣告成立 退出：投资者按照基金合同约定转让，赎回基金份额，即可实现退出
工商登记	需要	需要	不需要
管理模式	自行管理（基金产品本身即为基金管理人）或委托管理	受托管理（内部管理人）受托管理（外部管理人）	受托管理（外部管理人）或顾问管理（首只备案基金不得以投资顾问的形式进行管理）
内部治理	按照《公司法》和公司章程运作。股东会是公司的最高权力机构，董事由股东推选并成立董事会。董事会行使基金的经营决策权，投资者通过公司股东会行使公司的重大表决权	由普通合伙人（执行事务合伙人/基金管理人）负责基金的投资运营，有限合伙人不执行合伙事务，一般通过合伙人会议行使重大事项的表决权	按照基金合同，由基金管理人负责投资运营，投资者一般通过基金份额持有人大会行使重大事项的表决权
税收	先税后分。基金自身缴纳企业所得税，且基金收益分配，股东为个人投资者的应代扣代缴个人所得税，股东为企业的应缴纳企业所得税	先分后税。基金自身不纳税，但基金收益分配，合伙人为个人投资者应代扣代缴个人所得税，合伙人为企业的应缴纳企业所得税	先分后税。基金自身不纳税，基金收益分配也没有义务代扣代缴个人投资者所得税，由投资者就其收益自行申报个人所得税或企业所得税

总之，从以上对私募证券投资基金三种组织形式的介绍中可知，影响私募证

券投资基金组织形式选择的因素主要包括：法律依据、监管要求、税务负担、基金运营实务及与证券投资业务的适应度等。至于基金管理人或投资者选择什么类型的私募证券投资基金组织形式，应结合上述因素，通盘考虑，最终选择满足自身需要的私募证券投资基金组织形式。

第四节　私募证券投资基金在中国的发展概况

一、我国私募证券投资基金的发展历程

我国私募证券投资基金从20世纪90年代产生萌芽到现在为止，私募证券投资基金渐渐从地下运营向合法化、规范化方向发展，也越发受到投资者的欢迎。纵观我国私募证券投资基金的发展历程，不难发现该行业经历的是一个自下而上、自发孕育，最终实现规范化发展的过程，大致可以划分为三个阶段：早期萌芽阶段、快速发展阶段和规范发展阶段。

（一）早期萌芽阶段（20世纪90年代至2003年）

20世纪90年代初期，随着改革开放的不断深入，出现了一批富有的个人和拥有闲置资金的企业，民间资本充裕。此时我国资本市场初步建立，相关的市场制度建设相对落后，存在制度套利和股价操纵的空间，企业从一级市场进入二级市场，估值获得了巨大提升。基于投资者从资本市场获利的客观需求，市场上开始出现了如集资单账户、代客理财等方式，虽然这些方式在法律上并不规范，但形成了私募证券投资基金的萌芽和雏形。

2001~2003年，政府层面陆续出台了相关政策，孕育私募证券投资基金行业的制度条件逐渐形成。

2001年4月，全国人大常委会通过了《中华人民共和国信托法》（以下简称“信托法”），对规范信托基本关系和信托机构经营活动起到了积极的推动作用。2003年8月，云南国际信托有限公司发行“中国龙资本市场集合资金信托计划”，标志着我国首只投资于二级市场的以信托模式发行的私募证券投资基金诞生。2003年10月，全国人大常委会表决通过了《证券投资基金法》，明确了公募基金的法律地位，同时在立法中为基金融资、私募监管等问题预留了一定口径。2003年12月，中国证监会发布了《证券公司客户资产管理业务试行办法》，

在“业务范围和业务资格”中准许证券公司从事集合资产管理业务并提出了具体规定，自此券商可以通过资管计划、券商理财为私募证券投资基金公司提供私募产品。这一系列法律及政策层面的变化，使我国私募证券投资基金行业迎来了新的契机。

（二）快速发展阶段（2004~2012 年）

2004 年 2 月，华润深国投信托有限公司推出了我国首只证券类信托计划——“深国投·赤子之心（中国）集合资金信托计划”，其业务模式是以信托公司作为发行方，银行充当资金托管方，私募机构受聘于信托公司负责资金的管理。我国基金行业自此开启了私募模式，标志着中国私募证券投资基金行业从无法律、无监管的灰色地带借道信托计划实现合法化，对我国私募证券投资基金行业意义深远，以至于后来以信托方式投资于股市的私募证券投资基金都被称为“阳光私募基金”。阳光私募基金的创新之处在于通过以信托关系为基础的代客理财机制，将集合的资金改造为资金信托，这种创新使私募契约、资金募集、信息披露等过程更加规范化和公开化。

2006 年 12 月，原中国银行业监督管理委员会（以下简称“银监会”）发布的《信托公司集合资金信托计划管理办法》，进一步促进了阳光私募基金的规范化发展。这一时期，阳光私募基金的运作模式与组织形式也在不断创新。2009 年 5 月，东海证券与平安信托发行国内首只 TOT 型阳光私募——“平安财富—东海盛世一号集合资金信托计划”。2009 年 12 月，修改后的《证券登记结算管理办法》明确合伙制企业可以开设证券账户，2010 年 2 月，我国首只以有限合伙方式运作的银河普润合伙制私募基金正式成立。

2007 年 10 月，股市行情火热，公募基金行业缺乏股权激励机制。相较而言，私募证券投资基金的浮动管理费制和薪酬激励制度更能够吸引人才，促使许多优秀的公募基金经理人加入私募证券投资基金的行业，市场上出现了第一波“公奔私”的潮流，此后“公奔私”的热度持续不减。“公奔私”不仅壮大了私募证券投资基金行业的人才队伍，还在客观上推动了《证券投资基金法》中公募基金股权激励机制条款的产生，对整个基金业的长期发展有着重要作用。

2008~2010 年，阳光私募基金的整体表现要优于市场指数和公募基金。2008 年，资本市场经历了严重的股灾，上证全年跌幅 65%，公募基金下挫 50%，而阳光私募基金却能将跌幅控制在 33%以内，凸显出私募证券投资基金对风险良好的把控能力。2009 年，股市呈恢复上涨状态，虽然阳光私募基金 2009 年的收益率为 55%，整体上皆低于上证指数 80%的收益率和公募基金 66%的收益率，但在 2010 年的震荡下跌行情中，私募证券投资基金分别跑赢了公募基金和大盘指数 3

个百分点和 10 个百分点，私募基金行业向投资者证明了自身优秀的投资能力，逐渐获得了市场的关注和投资者的青睐，行业规模超千亿元。[①]

（三）规范发展阶段（2013 年至今）

从 2013 年开始，随着中基协的成立，私募投资基金行业开启了在监管下规范发展的新阶段。在私募投资基金的监管体系中，中国证监会对私募投资基金进行统一监管，中基协履行行业自律监管职能，负责私募投资基金的登记备案。在此阶段，行业规范性文件不断出台。

2013 年，全国人大常委会通过了修订版的《证券投资基金法》，首次将私募投资基金纳入法律监管范围，明确了私募投资基金的法律地位，我国私募投资基金从此走上了合法化发展道路。2014 年 5 月，国务院发布了《国务院关于进一步促进资本市场健康发展的若干意见》（以下简称“国九条”），以专门篇幅提出要“培育私募市场”，将私募投资基金的发展提高到了一定的战略高度。2014 年 6 月，为落实国九条中关于基金行业的战略布局，中国证监会出台了《关于大力推进证券投资基金行业创新发展的意见》，继续为私募证券投资基金行业“松绑”。2014 年 8 月，中国证监会发布并施行《私募投资基金监督管理暂行办法》，这是首个专门监管私募投资基金的部门规章。

由国九条可知，私募投资基金不设行政审批，这意味着中基协对私募投资基金承担重大的事中监管、事后监管职责。自 2014 年起，为规范私募投资基金行业秩序，贯彻新基金法与《私募投资基金监督管理暂行办法》的精神与相关规定，中基协出台了有关私募投资基金的一系列自律文件，开始逐步构建我国私募投资基金的自律规则体系。2014 年 1 月，中基协发布了《私募投资基金管理人登记和基金备案办法（试行）》，开始实施私募投资基金管理人登记和基金备案制度。此后，私募投资基金行业发展迅速，登记的私募投资基金管理人不断增加，但同时暴露出鱼龙混杂、良莠不齐的问题，有些私募投资基金管理人缺乏合规意识，甚至违法违规。因此，从 2015 年 2 月起，中基协开始布局“7+2”（七个办法和两个指引）自律规则体系，从备案登记、信息披露、募集行为等诸多维度规范私募行为，强化事中监管、事后监管。

中国股市在 2015 年经历了严重股灾，其根本原因是券商大比例融资融券和场外配资导致大量热钱涌入股市造成泡沫。为了整顿市场，2016~2019 年私募投资基金行业一直处于“严监管”状态，各种“史上最严监管文件”频频出台。2016 年可以称为私募投资基金的“严监管”元年，是私募投资基金行业规范化

---

① 曹泉伟，陈卓 . 2020 年中国私募基金研究报告［M］. 北京：经济科学出版社，2020.

发展的重要节点。中基协在 2016 年颁布的监管文件众多，涉及私募投资基金内部控制、登记管理、信息披露、风险揭示等各个方面。2017 年，监管持续加码，国务院、中国证监会、中基协纷纷出台了相关规定、办法和条例。2018 年，资管行业经历寒冬，监管却不曾放缓，持续加强监管。2018 年 4 月，《中国人民银行　中国银行保险监督管理委员会　中国证券监督管理委员会　国家外汇管理局关于规范金融机构资产管理业务的指导意见》（以下简称“资管新规”）正式施行，为资管行业统一监管时代拉开序幕，私募投资基金的监管格局、产品募资与业务模式等诸多方面都受到了一定程度的影响。资管新规强调资产管理业务要实现功能监管与机构监管相结合，对合格投资者新增了家庭资产情况、投资经历上的要求，限制通道业务和嵌套产品。此外，私募证券投资基金也获得一定利好，在细则中明确规定私募证券投资基金能以投资顾问的角色与银行子公司理财产品展开合作。2019 年，全国人大常委会修订了《中华人民共和国证券法》，将资管产品纳入证券法的监管范围，明确资管产品的证券属性，完善我国财富管理的法律框架，构建资本市场的顶层设计，为我国资本市场的市场化改革与金融供给侧改革起到推动作用，同时为健全未来大资管行业的法律框架夯实基础。

2020 年，私募投资基金迎来了新的爆发性增长时期，一方面得益于高涨的股市行情吸引了许多场外投资者“借基入市”，另一方面受到银行理财产品和货币基金收益率下跌的影响，权益类产品对投资者的吸引力大幅增加，在多重因素影响下，私募证券投资基金管理规模激增。在行业急速发展之时，监管的脚步并未停歇。2020 年 12 月，中国证监会出台了《关于加强私募投资基金监管的若干规定》，这是自《私募投资基金监督管理暂行办法》施行以来的第二部私募投资基金行业内的部门规章。2023 年 2 月，中基协将《私募投资基金管理人登记和基金备案办法（试行）》修订为《私募投资基金登记备案办法》并相继出台了基金管理人登记和基金备案配套指引。2023 年 7 月，国务院发布《私募投资基金监督管理条例》（以下简称《私募条例》），自 2023 年 9 月 1 日起执行。《私募条例》的出台，将会更好地保护投资者合法权益，维护市场秩序，促进私募投资基金行业更加规范健康发展。2023 年 12 月，为贯彻落实《私募条例》，促进私募投资基金行业规范健康发展，中国证监会拟对《私募投资基金监督管理暂行办法》进行全面修订，出台了《私募投资基金监督管理办法（征求意见稿）》。2024 年 4 月 30 日，中基协发布了《私募证券投资基金运作指引》，进一步明确了私募证券投资基金的募集、投资、运作等规则，并科学设置了差异化的规范要求。随着以“法律法规—部门规章—自律监管规范性文件”为框架的监管制度的出台并实施，私募投资基金行业“扶优限劣”将持续升级，一些“伪私募”“乱私募”加快出清，私募投资基金行业生态持续优化。总之，不断出台的规范性文件，配合行业自查等监管措施，促进了私募投资基金行业长期健康发展，管理更加规范，投资者权益也得到了有效保护。

二、外资私募证券投资基金在中国的发展

外国投资者投资中国资本市场主要有两种途径。第一种途径为外国母公司通过外汇将资产转换成人民币，再直接投资于中国资本市场，主要有三种方式：QFII、RQFII、沪深港通。第二种途径为在中国境内直接设立外资私募证券投资基金管理公司。

上海证券交易所于2014年11月10日发布了《关于启动沪港通试点有关事项的通知》，正式启动沪深港通制度。沪深港通制度包括“沪港通”“深港通”两个制度，是上海和深圳与香港股票市场交易互联互通机制的简称，指上海证券交易所和深圳证券交易所与香港联合交易所有限公司建立技术链接，使内地投资者和香港投资者可以通过当地证券公司或经纪商买卖规定范围内的对方交易所上市的股票。沪深港通制度开通以来，北向资金持续流入中国。

QFII（Qualified Foreign Institutional Investor）指合格境外机构投资者。按照规定，外国投资者若要进入中国证券市场，必须在该国有关部门审批通过后汇入外汇资金，并转换为当地货币，再通过专门账户投资中国证券市场。RQFII（RMB Qualified Foreign Institutional Investor）指人民币合格境外机构投资者，可运用境外人民币资金在批准额度内进行中国证券投资。

2019年9月10日，国家外汇管理局宣布，决定取消QFII和RQFII投资额度限制，同时取消RQFII试点国家和地区限制。2020年9月25日，中国证监会、中国人民银行、国家外汇管理局发布了《合格境外机构投资者和人民币合格境外机构投资者境内证券期货投资管理办法》（以下简称《QFII、RQFII办法》）。

《QFII、RQFII办法》及配套规则自2020年11月1日起施行，将QFII、RQFII资格和制度规则合二为一，放宽了准入条件，简化了申请文件，缩短了审批时限。新增了允许QFII、RQFII投资全国中小企业股份转让系统挂牌证券、私募投资基金、金融期货、商品期货、期权等，允许参与债券回购、证券交易所融资融券交易、转融通证券出借交易。

近年来，中国私募投资基金市场整体发展良好，外资对中国市场的投资热情持续上升，布局持续扩大。外资关注中国证券投资市场历时已久，现有的政策背景下，外资主要以陆股通、QFII、外资私募的形式进入中国A股市场。在中国对外开放的政策支持下，外资企业不断加速布局中国A股市场，对A股资产的投资价值表现出了明显的关注。外资的流入优化了中国A股市场持股结构，为中国

A 股市场多样性成长贡献了重要力量。

在注册地选择方面，外资私募企业注册地的选择高度集中在上海，在外商独资的私募企业中，超过 80%的企业选择在上海注册；而在所有外资私募企业中，选择在上海注册的企业依然超过 60%。目前上海已成为金融市场体系最为完备、国内金融发展环境最佳、金融机构门类最为齐全的城市之一。与此同时，国家大力推进上海金融改革创新，推动中国（上海）自由贸易试验区临港新片区建设，为外资入驻提供了良好的环境。

实际上，这几年外资私募虽在国内市场迎来了一定的发展，但呈现不一样的发展态势。截至 2023 年 6 月，进入中国市场的外资独资私募机构数量已经达到 38 家。桥水（中国）投资管理有限公司成为首家管理规模突破 100 亿元的外资私募，腾胜投资管理（上海）有限公司、德劭投资管理（上海）有限公司、元胜投资管理（上海）有限公司等几家规模在 50 亿~100 亿元，瑞银资产管理（上海）有限公司、润晖投资管理（天津）有限公司和恒天中岩投资管理有限公司等规模在 20 亿~50 亿元，但仍有超七成外资私募目前规模停留在 0~5 亿元的起步阶段①。外资私募布局策略较为多元，涵盖股票多头、债券、CTA、宏观对冲等。

三、我国私募证券投资基金行业的发展趋势

根据近年来中基协发布的《中国私募证券投资基金行业发展报告》，我国私募证券投资基金行业的发展前景呈现以下五个明显的趋势：

（一）行业呈现爆发式增长

自 2004 年国内发行首只阳光私募基金以来，私募证券投资基金逐渐成为了国内居民财富管理中不可或缺的一部分。特别是 2020 年以来，国内私募证券基金行业迎来了蓬勃发展，管理规模呈现爆发式增长，存续规模屡创新高。在居民财富由房地产逐步向资本市场转移的浪潮下，资金向私募证券投资基金行业流入的速度不断加快。随着国内资本市场的不断成熟完善，投资工具和产品的日益丰富，民众越发重视金融资产在资产配置中的作用，资金流入趋势有望进一步加强，行业发展步伐将进一步加快。

（二）马太效应下行业集中度提升

我国的私募证券投资基金发展历史较短，仍处于行业发展初期，按照私募证

① 资料来源：《中国基金报》2023-06-25。

券基金管理人的管理规模划分，仅有1%左右的私募证券投资基金管理人的管理规模在百亿元以上，虽然占比很少，但是在逐渐上升。2020年以来，在加速发展的同时，私募证券投资基金行业内部也在加速分化。2019年底，国内百亿以上规模的私募机构数量不到40家；而截至2021年6月，国内百亿以上规模的私募机构数量达到了86家。头部私募机构合计管理规模2.58万亿元，占行业全部管理规模的52.89%，行业头部效应进一步加剧。①

随着投资者对私募证券投资基金的认识更加充分，更多的优秀人才加入私募证券投资基金这个行业中。预计该行业的竞争将进一步加剧，头部私募基金企业的集中度也会进一步提升。

（三）外资私募投资基金管理人加速布局

自2017年1月，作为全球最大资产管理公司之一的外商独资企业富达利泰成为中国首家外资私募机构以来，越来越多的外资资管机构完成了私募证券投资基金管理人登记，成立了外资私募基金企业。目前外资私募投资基金管理人在国内市场整体处于积极布局阶段，随着我国进一步对外开放、引进外资，金融市场不断完善，外资私募投资基金管理人将进一步发展，并成为我国私募证券投资基金的重要力量之一。

（四）私募证券投资基金策略寻求多元化发展

目前我国私募证券投资基金的投资策略集中在股票策略、管理期货策略、固定收益策略等，因为我国金融市场的发展仍处于初期阶段，建设不够完善，金融产品种类不够丰富。随着资本市场的不断发展，可投资种类将越来越多，届时私募证券投资基金的投资策略也将迎来多元化发展。

（五）未来发展空间广阔

截至2022年底，中国内地GDP总量占到美国的77.1%，但股票市场、债券市场规模仅为美国市场的21.7%和29.2%，公募基金和私募基金规模分别为美国的8.1%和8.9%。相对而言，我国金融行业的市场规模占GDP总量的比重较低。因此，我国的资本市场有着较为广阔的发展前景，基金市场发展空间较大。随着资本市场全面注册制改革和多层次资本市场的持续建设，居民的理财意识提升，理财需求增大，未来的公募基金行业和私募基金行业都具有广阔的发展前景。

---

① 资料来源：中国证券投资基金业协会官网。

【本章小结】

投资基金按募集方式不同分为公募投资基金和私募投资基金，而私募投资基金又根据其投资方向和投资标的不同，主要分为私募证券投资基金、私募股权投资基金、私募投资母基金和其他类型私募投资基金等。

私募证券投资基金是以非公开形式向少数特定的机构投资者和个人投资者募集资金，并以证券为主要投资对象的投资基金，其投资范围主要包括股票、债券、存托凭证、其他证券、期货合约、期权合约、互换合约、远期合约、证券投资基金份额及符合中国证监会规定的其他投资标的。

私募证券投资基金的主要参与主体：私募基金管理人、投资者、托管人、第三方服务机构和监督管理机构。

私募证券投资基金的基金类型分类包括私募证券投资基金类和私募证券类FOF。其中，私募证券投资基金类对应的产品类型主要包括股票类基金、固定收益类基金、混合类基金、期货及其他衍生品类基金。

私募证券投资基金的组织形式主要包括公司型、合伙型和契约型，这三种类型的私募证券投资基金各有不同的特点。

目前，契约型私募证券投资基金是国内私募证券投资基金采用的主流组织形式。

我国私募证券投资基金的发展历程大致可以划分为三个阶段：早期萌芽阶段（20世纪90年代至2003年）、快速发展阶段（2004~2012年）和规范发展阶段（2013年至今）。

我国私募证券投资基金行业的发展前景呈现以下几个明显特征和趋势：行业呈现出爆发式增长的态势，马太效应下行业集中度提升，外资私募基金管理人加速布局，私募证券投资基金策略寻求多元化发展，未来发展空间广阔。

【复习思考题】

1. 按照投资方向和投资标的不同，私募投资基金的分类及其每一分类的内容是什么。
2. 私募投资基金和公募投资基金的相同点及不同点。
3. 私募证券投资基金和私募股权投资基金的区别。
4. 我国私募投资基金的参与主体有哪些？它们分别起着什么作用？
5. 私募证券投资基金的三大组织形式及其特点，并对比其优劣势。
6. 简述私募证券投资基金的优势及其作用。
7. 简述我国私募证券投资基金的发展历程。
8. 简述我国私募证券投资基金行业的发展趋势。

第二章　私募证券投资基金管理人

【学习要点】

- 掌握私募证券投资基金管理人的成立流程和配套制度
- 掌握私募证券投资基金管理人的组织架构
- 了解私募证券投资基金管理人登记相关制度
- 掌握私募证券投资基金管理人登记的材料内容和流程

私募证券投资基金管理人是基金产品的募集者、运作者和管理者，其主要职责是凭借专业的知识与经验，按照基金合同约定，负责私募证券投资基金资产的运作，在有效控制风险的基础上为私募证券投资基金的投资者争取最大的投资收益。私募证券投资基金管理人作为基金的运作者和管理者，与基金托管机构、基金销售机构等服务机构一起构成了私募证券投资基金的主要参与者。

私募证券投资基金的盈利模式是以非公开方式向少数特定的投资者募集资金，投资于上市公司证券或者其他流动性较高的金融产品，待增值后出售并获得收益。私募证券投资基金管理人的收入来源主要为管理费收入和业绩报酬，支出主要包括私募证券投资基金管理人的日常运营费用和税收。

第一节　私募证券投资基金管理人的成立与内部管理

私募投资基金管理人是投资者出资设立的基金财产的运作者和管理者。基金收益的好坏取决于私募投资基金管理人管理运用基金财产的水平，因此必须对私募投资基金管理人的准入资格作出严格限定，只有具备一定条件的机构才能担任私募投资基金管理人，这样才能保护投资者的利益。私募投资基金管理人要想从事和开展基金投资业务活动，除具备依法设立的公司或合伙企业外，还必须自工商登记之日起 12 个月内到中基协提请办理登记工作。只有登记通过后才能开展私募基金投资业务活动。未经登记，任何单位或者个人不得使用“私募基金”或者“私募基金管理”字样或者近似名称从事资金募集、投资管理等私募基金业务活动。因此，私募投资基金管理人要想登记成功，除了满足依法设立的公司或合伙企业外，还要满足中基协登记的特殊要求。这就要求在办理工商登记前以终为始，统盘考虑筹划。特别是围绕企业组织形式、企业名称、注册资本、出资人、高级管理人员、注册地址和经营范围等方面提前做好准备和规划，以满足后续登记工作的要求。

一、私募证券投资基金管理人的成立

（一）私募证券投资基金管理人的成立流程

成立私募投资基金管理人一般要经过下面几个步骤：确定企业形态——确定企业名称——确定注册资本——确定合规的出资人——确定注册地址——确定经营范围——履行金融审批程序（如有）——工商注册办理。

1. 确定企业形态

根据《证券投资基金法》《私募条例》等的规定，私募投资基金管理人只能由依法设立的公司或合伙企业担任。这两种组织形式的私募投资基金管理人的区别本质上就是公司制与合伙企业制的区别，简而言之主要是责任及纳税义务的区别。公司主要依据《公司法》和公司章程运作，有限责任公司的全体股东以其认缴的出资额或认购的股份为限对公司承担有限责任。公司需要承担企业所得税、增值税等纳税义务。合伙企业主要依据《合伙企业法》运作，普通合伙人（GP）对合伙企业债务承担无限连带责任，有限合伙人（LP）以其认缴的出资额为限对合伙企业债务承担有限责任，合伙企业层面不需要承担企业所得税。在选择私募投资基金管理人的法律形态时，公司制私募投资基金管理人由于治理结构完整，决策科学，管理规范，股东承担有限责任，享有更多的税收优惠和补贴政策等优势，在实际中被广泛使用。因此，在实务中，绝大多数私募投资基金管理人选择公司制的企业形态（在后续章节整体上以公司制私募投资基金管理人为例进行介绍）。

2. 确定企业名称

私募投资基金管理人确定企业名称时既要体现企业文化、企业价值观，也要注意避免与他人已注册的名称或商标相重合，否则会存在侵权风险。

《私募基金管理人登记指引第 1 号——基本经营要求》第三条明确规定：私募基金管理人应当在名称中标明“私募基金”“私募基金管理”“创业投资”字样，不得包含“金融”“理财”“财富管理”等字样，法律、行政法规和中国证监会另有规定的除外。未经批准，不得在名称中使用“金融控股”“金融集团”“中证”等字样，不得在名称中使用与国家重大发展战略、金融机构、知名私募基金管理人相同或者近似等可能误导投资者的字样，不得在名称中使用违背公序良俗或者造成不良社会影响的字样。可见，私募投资基金管理人的企业名称有明确的特殊要求。

3. 确定注册资本

私募投资基金管理人应根据自身的运营情况、未来可持续业务发展和风险防范需要，必须有充足的资本金作保障，以维持员工合理的薪酬、房屋租金等必要的日常运营开支。

根据《私募投资基金登记备案办法》第八条相关规定，私募投资基金管理人的初始实缴货币资本不低于 1000 万元人民币或者等值可自由兑换货币，不得以实物、知识产权、土地使用权等非货币财产出资。境外出资人应当以可自由兑换的货币出资。这意味着注册资本最低不低于 1000 万元人民币或者等值可自由兑换货币。同时，出资人中，对私募投资基金管理人的高级管理人员也有出资持股要求，且明确法定代表人、执行事务合伙人或其委派代表、负责投资管理的高级管理人员应直接或者间接合计持有私募投资基金管理人一定比例的股权或者财产份额（具体要求见本章第二节）。

企业实缴出资证明应为第三方机构出具的证明，包括验资证明、银行回单、包含实缴信息的工商登记调档材料等出资证明文件。律师事务所应当对私募投资基金管理人是否具备从事私募投资基金管理人所需的资本金、资本条件等进行尽职调查并出具专业法律意见。

针对上述新规实施前私募投资基金管理人的实缴资本低于 1000 万元人民币，中基协将在私募投资基金管理人公示信息中予以特别提示，并在私募投资基金管理人分类公示中予以公示。

4. 确定合规的出资人

由于私募投资基金管理人负责运作与管理投资者的资金，为了有效保护投资者的利益，对私募投资基金管理人的准入资格必须有严格的限定，其中对私募投资基金管理人的出资人有严格的要求。《证券投资基金法》《私募条例》等法律法规都有明确的要求，尤其是《私募投资基金登记备案办法》及其配套指引《私募基金管理人登记指引 2 号——股东、合伙人、实际控制人》对出资人有更加具体明确的要求，如出资人财务状况良好，不存在虚假出资、抽逃出资、委托他人或者接受他人委托出资；没有不良诚信记录；控股股东、实际控制人、普通合伙人应当具有从事投资、资产管理业务等符合要求的相关工作经验；出资人中担任法定代表人、高级管理人员的应具有基金从业资格；除特殊情形外，自工商登记或变更之日起书面承诺 3 年内不得转让等（详见本章第二节）。这就要求在设立私募投资基金管理人时对出资人的选择应严格符合相关法律法规要求，以免影响后续登记工作。

5. 确定注册地址

私募投资基金管理人应当具有独立、稳定的经营场所，不得使用共享空间等稳定性不足的场地作为经营场所，不得存在与其股东、合伙人、实际控制人、关联方等混同办公的情形。经营场所系租赁所得的，租赁期应当在 1 年以上，但有合理理由的除外。私募投资基金管理人注册地与经营地分离的，应当具有合理性并说明理由。因此，私募投资基金管理人需要有实际的办公地址，以满足公司所有员工正常办公的要求。根据中基协的登记要求，需要上传机构办公所在地的写字楼图片及机构前台图片。

在当下投融资类企业注册普遍困难或者存在前置审批的情况下，选择一个合适的注册地址，能够为私募投资基金管理人带来诸多好处，比如利于基金募集、税收优惠、政府奖励补贴等。

6. 确定经营范围

私募投资基金管理人应当遵循专业化运营原则，其经营范围应当与管理业务类型一致。除另有规定外不得兼营或者变相兼营多种类型的私募基金管理业务。因此，对私募投资基金管理人的经营范围有着严格的要求。

根据《私募基金管理人登记指引第 1 号——基本经营要求》第四条相关规定，私募证券投资基金管理人应当在经营范围中标明“私募投资基金管理”“私募证券投资基金管理”等体现受托管理私募投资基金特点的字样，不得包含与私募投资基金管理业务相冲突或者无关的业务，特别是其经营范围不得包含“投资咨询”等咨询类字样。事实上，2021 年 1 月国家市场监督管理总局登记注册局就私募投资基金管理人在办理经营范围登记时做了统一规定。

7. 履行金融审批程序（如有）

为了限制“伪私募”，以防扰乱经济秩序，目前很多地区对投融资类企业的工商注册政策会有一些特殊要求，一些地区注册投融资类企业需要经过前置审批程序，即由当地金融服务办公室或金融工作局审批后，才能到工商部门办理注册。例如，在珠海横琴新区，私募投资基金管理人在进行工商登记前，需要先向横琴新区金融服务中心申请备案，凭该中心出具的“商事登记函”办理工商登记手续。

部分地区金融服务办公室或金融工作局审批需要审核目标企业的名称、注册地址、注册资本金、股本结构及股东情况、高级管理人员情况等资料，有的还需要提交律师出具的法律意见书。其实质上相当于将中基协对私募投资基金管理人的登记流程前置，大大提高了私募投资基金管理人工商注册的门槛。

履行金融审批程序一般需要提供的材料如下：

（1）申请表；

（2）企业名称预先核准通知书；

（3）管理人内部管理制度及风控制度；

（4）公司章程（或合伙协议）；

（5）实际控制人的资质证照（身份证）；

（6）法定代表人（执行事务合伙人）、董事、监事、高级管理人员的简历、身份证明、相关从业资格证明文件、荣誉奖项等；

（7）企业注册地址和实际场地的租赁合同及情况简介；

（8）风险提示书；

（9）合法合规经营承诺函等。

8. 工商注册办理

相关部门的前置审批完成后，即可携带相关资料去工商部门办理工商注册。

办理工商注册一般需要提供的材料如下：

（1）企业名称预先核准通知书；

（2）公司（或合伙企业）设立登记申请书；

（3）股东（或合伙人）、法定代表人、董事、监事、高级管理人员、财务人员等职员的身份证扫描件；

（4）公司章程（或合伙协议）；

（5）指定代理人授权书。

工商登记完成后，由经办人领取营业执照，取得统一社会信用代码，并办理刻章、开立企业基本账户、解决税务事项、完成社保开户等事项。

（二）私募证券投资基金管理人注册成立过程中应注意的其他事项

在私募投资基金管理人注册成立过程中，有一些事项应提前考虑并筹划，合理安排，避免后续在中基协申请登记或业务开展中造成障碍。

1. 相关人员的出资要求

根据《私募投资基金登记备案办法》及其配套指引的相关规定。法定代表人、执行事务合伙人或者委派代表、负责投资管理的高级管理人员除应当具有相关工作经验外，还必须满足合计持有私募投资基金管理人的股权或者财产份额比例不低于最低初始实缴货币出资的20%的要求。因此，私募投资基金管理人在选择这些合适人选的同时，要充分考虑这些人员的出资资格和出资能力，合理安排，以免造成后续私募投资基金管理人向中基协申请登记时难以通过。

2. 相关人员工作经验要求

根据《私募投资基金登记备案办法》及其配套指引的相关规定，私募投资基金管理人法定代表人（执行事务合伙人）或其委派代表、经营管理主要负责人及负责投资管理的高级管理人员应当具有5年以上证券、基金、期货投资管理等相关工作经验。合规风控负责人应当具有3年以上投资相关的法律、会计、审计、监察、稽核，或者资产管理行业合规、风控、监管和自律管理等相关工作经验。负责投资管理的高级管理人员还应当具有符合要求的投资管理业绩证明等（详见本章第二节）。

3. 相关人员基金从业资格要求

根据《私募投资基金登记备案办法》及其配套指引的要求，私募投资基金管理人的高级管理人员及基金投资经理均应当取得基金从业资格。其中，高级管理人员包括法定代表人、执行事务合伙人（委派代表）、总经理、副总经理、合规负责人和风控负责人等。

同时，参照中基协在2023年11月发布的修订后的《基金从业人员管理规则》及其配套规则，下列从业人员应当注册取得基金从业资格：私募证券投资基金管理人中从事与基金业务相关的基金销售、产品开发、研究分析、投资管理、交易、风险控制、份额登记、估值核算、清算交收、监察稽核、合规管理、信息技术、财务管理等专业人员，包括相关业务部门的管理人员。

因此，在私募投资基金管理人成立过程中，应提前筹划高级管理人员和投资经理人选。尤其是法定代表人（执行事务合伙人）、合规负责人、风控负责人、投资经理。在招聘员工时，应当以通过基金从业资格考试者优先。

4. 员工人数要求

从业务运作角度来看，私募投资基金管理人开展业务，必须有5人以上的专职人员。在《私募基金管理人登记指引第1号——基本经营要求》中，也明确了“专职员工”是指与私募投资基金管理人签订劳动合同并缴纳社保的正式员工，签订劳动合同或者劳务合同的外籍员工、退休返聘员工，以及国家机关、事业单位、政府及其授权机构控制的企业委派的高级管理人员。

5. 劳动合同和社保要求

私募投资基金管理人必须与员工签订书面的劳动合同，并按照规定缴纳社保。这不仅仅是《中华人民共和国劳动合同法》《中华人民共和国社会保险法》赋予企业的法定义务，也是稳定员工队伍、规范经营管理的重要措施。

6. 有效的风险控制体系要求

私募投资基金管理人应当严格按照《私募投资基金管理人内部控制指引》的规定，建立完善的内部控制体系和风险控制体系，保持经营合法、合规，保证内部控制制度健全、有效。从满足监管要求和业务运作要求的角度，私募投资基金管理人应当建立科学合理、运转有效的合规管理和风险控制制度。这些制度应包括但不限于：

（1）运营风险控制制度；

（2）信息披露制度；

（3）机构内部交易记录制度；

（4）关联交易管理制度；

（5）从业人员买卖证券申报制度；

（6）防范内幕交易、利益冲突的投资交易制度；

（7）合格投资者风险揭示制度、合格投资者内部审核流程及相关制度；

（8）私募证券投资基金宣传推介及募集、合格投资者适当性制度；

（9）投资业务控制、公平交易及外包控制制度；

（10）财务制度；

（11）行政人事制度；
（12）其他制度。

7. 相关基础设施要求

例如：有符合要求的信息技术系统、安全防范设施、与私募证券投资基金管理业务有关的其他设施等。

二、私募证券投资基金管理人的内部管理

（一）私募证券投资基金管理人的组织架构

私募证券投资基金管理人需要有完整的组织架构，并匹配相应的人员，这样才能满足业务的开展和企业的正常运作。在实务中，私募证券投资基金管理人一般采取公司制这一组织形式。下面以公司制私募证券投资基金管理人为例，介绍其组织架构及相关制度。通常私募证券投资基金管理公司组织架构如图 2-1 所示。

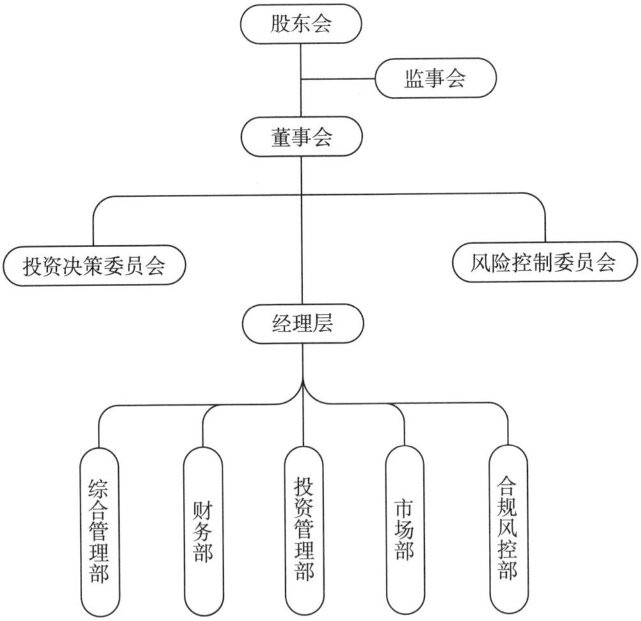

图 2-1　公司制私募证券投资基金管理人组织架构

图 2-1 为公司制私募证券投资基金管理人一般性、常设性的组织架构。因每个公司的实际情况有所不同，所以仅供参考借鉴。比如，在规模较小或人数不多的情况下，有的公司不会设立董事会和监事会，只设执行董事、监事。有的公司可能不设风险控制委员会，只设投资决策委员会，等等。

下面结合《公司法》的规定，就公司制私募证券投资基金管理人组织架构的功能进行简要说明。

1. 股东会

股东会由公司全体股东组成，决定公司经营管理的重大事项。股东会是公司最高权力机构，其他机构都由它产生并对它负责，股东会有权选任和解除董事及公司职工民主选举之外的监事，对公司的经营管理有广泛的决定权。

2. 董事会

董事会由股东会选举产生的全体董事组成，对股东会负责，是公司最高决策机构。

董事会的职权包括：听取投资决策委员会、风险控制委员会、总经理的报告，决定公司运营风险控制机构的设立，制定公司运营风险控制制度、原则及方法，根据公司章程等规定在职权范围内决定公司的自有资金投资事宜，根据公司章程对职权范围内事务作出决定，执行股东会决议等。

3. 监事会

监事会是由股东会选举的监事及由公司职工民主选举的监事组成的，对股东会负责。其职责是对公司的董事会、管理层及相关业务活动进行监督和检查。监事会应当包括股东代表和适当比例的职工代表，其中职工代表的比例不得低于1/3，具体比例由公司章程规定。董事、高级管理人员不得兼任监事。监事会设主席一人，由全体监事过半数选举产生。监事会主席负责召集和主持监事会会议。

4. 投资决策委员会

投资决策委员会是私募证券投资基金管理人在投资管理方面的最高决策机构，负责决定公司所管理基金的投资计划、投资策略、投资原则、投资目标、资产分配及投资组合的总体计划，包括确定并调整产品的资产配置原则，审核批准投资部门提报的投资策略报告、重大资产配置调整方案和重大投资决策建议，听取投资研究部门提报的市场研究分析报告、基金产品运作评估报告等基金投资决策相关的事项。

投资决策委员会以上职责的实现需要依赖合理且系统的议事规则，即明确投资决策委员会的人员组成与权限，明确会议的召开程序，明确议事程序与表决程序，建立会议记录制度以保证会议内容被真实记录和留档的议事规则。

投资决策委员会是非常设议事机构，在遵守国家有关法律法规、条例的前提下，拥有对所管理基金的投资事务的最高决策权。投资决策委员会通常由5~11名委员组成，委员一般由董事会推荐，股东会或股东大会决定。投资决策委员会履行职责时，相关职能部门应给予配合。投资决策委员会可以聘请外部的专业咨询顾问机构和中介机构提供专业的投资建议。

5. 风险控制委员会

风险控制委员会的职责主要是对所管理基金运营中的各种风险，包括公司的运营风险、投资风险、合规风险及基金自身的运营风险等进行综合性的监督评判，并提出相关的建议或整改要求。其人员通常由3~5人组成，由公司董事会选举产生，一般是行业专家、律师、会计师等专业人士。

风险控制委员会主要行使下列职权：

（1）制定所管理基金投资风险管理的总体目标和政策，制定风险管理基本制度；

（2）审议审查公司投资管理、投资决策、投资风险、业务流程方面的风险；

（3）发布关于政治、经济、金融、行业等方面的风险警示；

（4）审议相关部门提交的风险控制评价报告；

（5）对公司职员及高级管理人员的独立性和专业能力进行独立检查；

（6）公司董事会授权的其他事项。

风险控制委员会作为风险监测和管理机构，应明确自身议事规则，包括委员的产生、委员会的权限、会议召开及表决的流程等。

6. 经理层

经理层是以总经理为核心的经营管理团队，一般由总经理、副总经理、财务负责人及合规/风控负责人等构成。总经理负责全面主持公司的日常经营管理工作，主要行使下列职责：主持公司的日常经营、行政及财务的管理工作，组织实施公司的年度经营计划和投资方案，主持公司基金产品的设计、销售和投资管理工作以及基金对外信息披露工作，拟订公司内部机构设置方案、基本管理制度，组织制定公司的具体制度，拟订公司员工的薪酬制度和福利保障方案等。总经理由董事会聘任，对董事会负责。

7. 投资管理部

投资管理部负责基金的投资和管理。具体职责包括：

（1）根据国家有关法律法规、基金合同约定、公司内部制度等，确定基金投资的基本方针，包括基本目标、基本原则和投资限制等；

（2）对投资标的进行前期市场调研，及时准确地收集信息；

（3）综合考虑政策环境、经济环境、资本市场状况等因素，根据投资目标、原则、限制和研究建议，确定投资策略和资产配置方案；

（4）采用宏观研究、行业研究、个体公司研究、债权市场研究、其他金融产品研究、技术分析等方法和手段，结合整体投资策略，形成具体投资方案；

（5）当政策、经济、市场流动性等发生重大变化时，及时作出响应，制定应对策略，调整投资的具体退出方案等。

8. 合规风控部

合规风控部是公司的风险控制部门，其职责包括拟订并完善风险管理流程和风险管理制度，建立风险预警系统，协调相关部门对公司业务、运营进行风险分析与评估，独立于投资部门开展项目风险控制、合规检查、监督评价等工作，对投资部门提交的拟投资证券进行审查并评估其风险点，审核投资证券的可行性和风险的可控性，并报送投资证券风险控制分析报告，审阅投资业务的相关合同、协议，确保合同的规范性和合法性，对已投资证券进行合规风险量化，提出风险防范建议，建立风险数据库和跟踪档案，组织对业务部门风险控制情况的检查与管理，监控各类风险防范措施的执行，定期对内部控制体系作出评价报告，发现问题并及时改进，协助总经理依据国家法律法规对公司的重大经营决策活动提供独立风险控制意见等。

9. 市场部

市场部主要负责市场开拓、渠道开发、调查分析、客户维护、形象设计，以及客户关系的建立、往来与联系。其工作职责，包括遴选销售募集机构，规范产品销售募集机构的评价流程，建立齐全且高效的产品销售募集机构体系，对私募证券投资基金进行推介与销售，对合格投资者的审查与确认等。

10. 财务部

财务部负责公司财务管理与会计核算，规划资金的使用与控制，统筹安排税务及预算的管理、监督、控制、执行，基金财产的资金清算，出具财务报告，进行财务分析等。

11. 综合管理部

综合管理部负责公司人力资源调度安排，公司公章、证照、网站、设施、用品的保管维护，会议组织及档案管理，以及与其他各类内勤外联工作等。

（二）私募证券投资基金管理人的内部控制制度建设

私募投资基金管理人的内部控制制度应当建立与其自身业务相适应的且符合实际的制度，决不能照搬照抄。按照《私募基金管理人登记指引第 1 号——基本经营要求》第十条、第十一条规定，私募基金管理人主要制度包括：

（1）内部控制相关制度和合规管理相关制度：包括运营风险控制、信息披露、机构内部交易记录、关联交易管理、防范内幕交易及利益输送、业务隔离、从业人员买卖证券申报等制度。

（2）私募基金运作制度：包括私募基金宣传推介及募集、合格投资者适当性、保障资金安全、投资业务控制、公平交易、外包控制等制度。

（3）应急预案制度：私募基金管理人应当建立突发事件处理预案，对严重损害投资者利益、影响正常经营或者可能引发系统性风险的突发事件的处理机制作出明确安排。

上述几项制度只是作为私募投资基金管理人必备的制度，从公司运营的实际操作角度来讲，这些制度远远不够。在公司运营过程中还需要制定《托管与外包业务管理制度》《投资管理制度》《人员管理制度》《授权管理制度》《档案管理制度》《登记备案与事项报告制度》《财务管理》《流程管理》等制度。

第二节　私募证券投资基金管理人的登记

一、私募证券投资基金管理人的登记制度概述

为规范私募投资基金业务，促进行业健康发展，中基协受中国证监会委托，于 2013 年开始着手启动私募投资基金业务的登记备案工作。

2013 年下半年，参考美国证券交易委员会（SEC）要求私募证券投资基金持续报备机构信息表（ADV 表）和产品信息表（PF 表）的做法，中基协开始研究

并启动登记备案系统的开发工作。

2014 年 1 月 17 日，中基协发布了《私募投资基金管理人登记和基金备案办法（试行）》，该办法明确规定了中基协负责办理私募投资基金管理人登记及私募投资基金备案，对私募投资基金业务活动进行自律管理。

2014 年 2 月，中基协正式启动私募证券投资基金登记备案工作，采取集体讨论过会的方式。

2014 年 8 月 21 日，中国证监会发布了《私募投资基金监督管理暂行办法》，再次明确规定各类私募投资基金管理人应当根据中基协的规定，向中基协申请登记；中基协应当建立私募投资基金登记备案信息系统。

2015 年 4 月，私募投资基金登记备案系统（二期）上线，私募投资基金管理人分类公示平台启用。

2015 年 8 月，资产管理业务综合报送平台建设启动。

在私募投资基金登记备案的过程中，也出现了一些不良信用行为，如滥用登记备案信息，采取非法手段自我增信，合规运作意识和信息报告意识淡薄，从事公开募集、内幕交易、非法集资等违法活动等。为保护投资者合法权益，督促私募投资基金管理人履行诚实守信、谨慎勤勉的受托人义务，促进私募投资基金行业规范健康发展，中基协于 2016 年 2 月 5 日发布了《关于进一步规范私募基金管理人登记若干事项的公告》，对私募投资基金管理人的登记和基金备案提出了新的规定。中基协同时发布了《私募基金管理人登记法律意见书指引》，为律师事务所在私募投资基金管理人登记中出具法律意见书提供了方向性指引。

2016 年 3 月 8 日，私募投资基金管理人后台审核开始实行登记流程化，并明确了对应岗位设置，在资产管理业务综合报送平台系统上线前，进行线下执行。

2016 年 9 月 6 日，资产管理业务综合报送平台第一阶段上线。同时对新机构登记开始实行专业化经营要求，并全面落实自律规则。

2017 年 4 月 5 日，资产管理业务综合报送平台全面上线。

2017 年 12 月 15 日，中基协更新了《私募基金管理人登记须知》，进一步实现登记要求的公开和透明。

2018 年 1 月 12 日，中基协发布实施《私募投资基金备案须知》。

2018 年 12 月 7 日，中基协发布《私募基金管理人登记须知》更新版，进一步明确股东真实性、稳定性要求，厘清私募基金管理人登记边界，强化集团类机构主体资格责任，落实内控指引，加强高管及从业人员合规性、专业性要求，并引入中止办理流程、新增不予登记情形。

2019 年 6 月 3 日，中基协发布了《证券期货经营机构私募资产管理计划备案管理办法（试行）》，资管计划（包含券商资管业务，基金公司资管业务，基金子公司资管业务，期货公司资管业务）迎来了新的备案办法。

2019年12月22日，中基协发布了《证券期货经营机构私募集合资产管理计划适用简易备案核查程序条件清单》，简化了相应备案程序。

2019年12月23日，中基协发布了《私募投资基金备案须知》更新版，进一步明晰了私募投资基金的外延边界、重申合格投资者要求、明确募集完毕概念、细化投资运作要求，并针对不同类型基金提出了差异化备案要求。

2020年2月28日，中基协发布了《关于便利申请办理私募基金管理人登记相关事宜的通知》，按照不同类别私募基金管理人登记申请要求，形成差异化的私募基金管理人申请登记材料清单，便利申请机构对照准备登记申请材料。

2020年3月20日，中基协发布了《关于公布私募投资基金备案申请材料清单的通知》，按照不同私募基金类型，细化梳理形成证券类投资基金备案、非证券类投资基金备案、基金重大变更和清算三套备案所需材料清单，便利私募基金管理人事前对照准备备案申请材料。

上述两个通知标志着私募投资基金登记备案规则进入了一个全新阶段——以清单制为核心的成熟期。清单制是中基协结合六年多办理登记备案的工作实践，梳理和固化现有登记备案的要求形成的重要成果，材料清单汲取了以往积累的经验，将抽象的规范要求转化为具体的材料要求。申请机构只要按照材料清单要求备齐相应材料，中基协也仅就清单要求事项进行核对或问询，降低了沟通成本、极大地提高了效率。同时，根据监管规则和自律工作实践，中基协会适时更新完善清单内容，并及时向社会公布。自此，持续更新的《登记清单》《备案清单》作为登记备案规则的核心要素，持续有效指导私募投资基金登记备案工作。

2022年6月2日，中基协发布了《关于私募基金管理人登记备案工作相关事宜的通知》，更新了《私募基金管理人登记申请材料清单》。一方面，细化专业性材料内容，明确工作经验要求；另一方面，强化诚信信息填报，加强风险防范。

2023年2月24日，《私募投资基金登记备案办法》以及配套指引正式发布。《私募投资基金登记备案办法》将有关登记备案工作的众多碎片化的通知、文件、公告、解答以及部分窗口意见整合、重构，并以自律规则的形式予以体现，并就私募投资基金管理人基本经营要求、出资人要求和高管人员要求等实践中问题比较集中、亟待明确的重要事项，分别起草配套指引以进一步细化业务标准。《私募投资基金登记备案办法》及三个配套指引的架构主次分明、详略得当，初步形成"《私募投资基金登记备案办法》+指引+案例"的规则体系。《私募投资基金登记备案办法》将在很长一段时间成为私募投资基金管理人登记申请、私募投资基金备案，以及持续自律监管的核心规则，推动私募基金自律规则的科学性、透明度和有效性，将成为行业高质量发展保驾护航里程碑式的规则。

2023 年 4 月 7 日，为了配合《私募投资基金登记备案办法》及配套指引的实施，便利私募基金管理人及申请机构办理登记相关业务，中基协发布了《私募基金管理人登记申请材料清单（2023 年修订）》。

2023 年 7 月，国务院公布了《私募投资基金监督管理条例》，自 2023 年 9 月 1 日起施行。条例中规定私募基金管理人应当依法向国务院证券监督管理机构委托的机构履行登记手续，明确注销登记的情形。制定专门的行政法规，将私募投资基金业务活动纳入法治化、规范化轨道进行监管，有利于更好地保护投资者的合法权益，促进行业规范健康发展。这标志着行业监管和自律体系化建设迈上了新台阶。

2023 年 9 月 28 日，中基协发布私募投资基金备案指引 1-3 号及相关材料清单。其出台背景是在基金备案方面，现有规则较为零散、亟须整合，为进一步提高私募基金备案透明度，中基协按照“应公开尽公开”的原则，对现行基金备案自律规则及零散在关注要点、案例中的备案口径进行整合、优化，起草形成《私募投资基金备案指引第 1 号——私募证券投资基金》《私募投资基金备案指引第 2 号——私募股权、创业投资基金》《私募投资基金备案指引第 3 号——私募投资基金变更管理人》，并修订相关材料清单，推动形成覆盖“募投管退”全流程、体系清晰协调的自律规则体系。

2023 年 12 月，为贯彻落实《私募条例》，促进私募基金行业规范健康发展，中国证监会拟对《私募投资基金监督管理暂行办法》进行全面修订，出台了《私募投资基金监督管理办法（征求意见稿）》。该征求意见稿第九条明确规定，私募基金管理人在首次开展资金募集、投资管理等私募基金业务活动前，应当依法向基金业协会报送材料，履行登记手续。

私募投资基金管理人在中基协的登记，一是可以加强机构自身合规运作和信息披露的意识。二是投资者可以通过中基协获悉私募基金管理人及私募投资基金的基本信息。三是中基协可以对以私募为名进行的公募交易、内幕交易、非法集资等非法活动加强自律管理。通过私募基金管理人登记、私募投资基金备案的手段，实现改善私募投资基金行业环境，促进行业规范发展的目标。

但是，中基协为私募投资基金管理人和私募投资基金办理登记备案这一行为并不意味着对私募投资基金管理人投资能力、持续合规情况的认可，也不能作为对基金财产安全的保证。私募投资基金管理人在登记后应按照相关规定继续合规运营，按时报送信息，严格履行私募基金管理人的职责，保障私募基金财产的独立性和安全性。

二、私募证券投资基金管理人登记的原则

在中国境内开展各类私募投资基金管理业务，均需在中基协登记为私募投资基金管理人，之后方可进行基金的募集。基金成立后，私募投资基金管理人应当对基金进行备案，私募投资基金管理人的登记应遵循如下原则：

1. 及时性

私募投资基金管理人在取得营业执照之后，在进行基金的募集前，应当及时向中基协进行登记。未经登记不得进行基金的募集。

登记申请材料不完备或不符合规定的，私募投资基金管理人应当根据中基协的要求及时补正。申请登记期间，登记事项发生重大变化的，私募投资基金管理人应当及时告知中基协并变更申请登记内容。私募投资基金管理人在登记后12个月内仍未备案自主发行的私募投资基金产品的，中基协将注销该基金管理人的登记。

私募投资基金管理人变更控股股东、实际控制人或者法定代表人（执行事务合伙人）等事项时，属于重大事项变更。私募投资基金管理人应当依据基金合同的约定，向投资者如实地、及时地、准确地、完整地披露相关变更情况以获得投资者的认可。关于上述事项，私募投资基金管理人应当在完成工商变更登记后的10个工作日内，通过资产管理业务综合报送平台向中基协进行重大事项变更，并提交由律师事务所出具的“私募基金管理人重大事项变更专项法律意见书”。

2. 信息报送的真实性、准确性、完整性、合规性

私募投资基金管理人进行登记时，应确保其通过资产管理业务综合报送平台所提交材料的真实性、准确性、完整性和合规性，不得使用不实或已无效的信息进行填报。

（1）真实性。私募投资基金管理人申请登记时，应当通过资产管理业务综合报送平台，如实填报私募投资基金管理人基本信息、高级管理人员及其他从业人员基本信息、股东或合伙人基本信息、管理基金基本信息。在基金备案时，应根据私募投资基金的主要投资标的注明基金类别，如实填报基金名称、资本规模、投资者、基金合同（公司章程或者合伙协议）等基本信息。

（2）准确性。私募投资基金管理人申请登记和基金备案时，应填报准确的信息，所填报的信息内容应保证质量，尽可能详尽，且表述准确规范。

（3）完整性。私募投资基金管理人披露的信息在内容上必须完整，不得有

重大遗漏。

（4）合规性。私募投资基金管理人应当按照相关法律法规和中基协自律规则的要求报送信息。

三、私募证券投资基金管理人登记的依据及条件

（一）私募证券投资基金管理人登记法律、法规依据

《证券投资基金法》：

第八十九条：担任非公开募集基金的基金管理人，应当按照规定向基金行业协会履行登记手续，报送基本情况。

第九十条：未经登记，任何单位或者个人不得使用“基金”或者“基金管理”字样或者近似名称进行证券投资活动；但是，法律、行政法规另有规定的除外。

《私募条例》：

第十条：私募基金管理人应当依法向国务院证券监督管理机构委托的机构（以下称登记备案机构）报送下列材料，履行登记手续：

（1）统一社会信用代码；

（2）公司章程或者合伙协议；

（3）股东、实际控制人、董事、监事、高级管理人员，普通合伙人、执行事务合伙人或者委派代表的基本信息，股东、实际控制人、合伙人相关受益所有人信息；

（4）保证报送材料真实、准确、完整和遵守监督管理规定的信用承诺书；

（5）国务院证券监督管理机构规定的其他材料。

私募基金管理人的控股股东、实际控制人、普通合伙人、执行事务合伙人或者委派代表等重大事项发生变更的，应当按照规定向登记备案机构履行变更登记手续。

登记备案机构应当公示已办理登记的私募基金管理人相关信息。

未经登记，任何单位或者个人不得使用“基金”或者“基金管理”字样或者近似名称进行投资活动，但法律、行政法规和国家另有规定的除外。

《私募投资基金监督管理办法（征求意见稿）》：

第九条　私募基金管理人在首次开展资金募集、投资管理等私募基金业务活动前，应当依法向基金业协会报送下列材料，履行登记手续：

（1）《私募条例》第十条规定的材料；

（2）实缴资本、财务状况的文件材料；

（3）主要关联方的基本信息；

（4）内部控制、风险管理、资金募集、投资者适当性、信息披露和信息报送等相关制度文件；

（5）律师事务所出具的法律意见书；

（6）会计师事务所出具的审计报告；

（7）中国证监会和基金业协会规定的其他材料。

私募基金管理人的控股股东、普通合伙人、实际控制人、法定代表人、执行事务合伙人或者委派代表等重大事项发生变更的，应当按照要求及时向基金业协会履行变更登记手续。

未经登记，任何单位或者个人不得使用“私募基金”“私募基金管理”“创业投资基金”字样或者近似名称进行资金募集、投资管理等私募基金业务活动，法律、行政法规另有规定的除外。

（二）私募证券投资基金管理人登记申请条件

1. 法律规定的登记申请条件

《证券投资基金法》规定要求：

第十二条：基金管理人由依法设立的公司或者合伙企业担任。

第九十条：未经登记，任何单位或者个人不得使用“基金”或者“基金管理”字样或者近似名称进行证券投资活动；但是，法律、行政法规另有规定的除外。

2. 行政法规规定的登记申请条件

《私募条例》规定要求：

《私募条例》中有关私募投资基金管理人的登记要求主要集中在第七条、第八条、第九条、第十条、第十二条、第十三条和第十四条等。

3. 证监会部门规章及规范性文件规定的登记申请条件

《私募投资基金监督管理办法（征求意见稿）》规定要求：

《私募投资基金监督管理办法（征求意见稿）》中有关私募投资基金管理人的登记要求主要集中在第七条、第八条、第九条等。

因中基协发布的《私募投资基金登记备案办法》及其配套指引中对上述《私募条例》《私募投资基金监督管理办法（征求意见稿）》相关登记申请条件进行了细化和明确，有关内容将在后文中具体介绍，此处不再赘述。

4. 中基协自律规则规定的登记申请条件

根据《私募投资基金登记备案办法》及配套指引，由于涉及信息过多，不再逐一列举，这里将私募投资基金管理人登记申请条件要点整理如下：

（1）出资要求。基金管理人财务状况良好，实缴货币资本不低于1000万元人民币或者等值可自由兑换货币。同时，要求基金管理人出资架构清晰、稳定，股东、合伙人和实际控制人具有良好的信用记录，控股股东、实际控制人、普通合伙人具有符合要求的相关经验。

（2）高级管理人员持股要求。法定代表人、执行事务合伙人或其委派代表、负责投资管理的高级管理人员均直接或者间接持有私募投资基金管理人一定比例的股权或者财产份额，且合计实缴出资不低于私募投资基金管理人实缴资本的20%，或者不低于《私募投资基金登记备案办法》规定的最低实缴资本（1000万元）的20%。除特殊情形外，自登记或者变更登记之日起3年内不得转让。

（3）高级管理人员从业经验要求及其他专职人员要求。私募证券投资基金管理人法定代表人、执行事务合伙人或其委派代表、经营管理主要负责人以及负责投资管理的高级管理人员应当具有5年以上证券、基金、期货投资管理等相关工作经验。同时，私募基金管理人的高级管理人员24个月内在3家以上非关联单位任职的，或者24个月内为2家以上已登记私募基金管理人提供相同业绩材料的，其工作经验和投资业绩不予认可。

合规风控负责人应当具有3年以上投资相关的法律、会计、审计、监察、稽核，或者资产管理行业合规、风控、监管和自律管理等相关工作经验。

专职员工不少于5人。原高级管理人员离职后，应于6个月内聘任符合岗位要求的高级管理人员。

需要注意的是，私募基金管理人在首只私募基金完成备案手续之前，不得更换法定代表人、执行事务合伙人或其委派代表、经营管理主要负责人、负责投资管理的高级管理人员和合规风控负责人。

（4）负责投资管理的高级管理人员业绩要求。私募证券投资基金管理人负责投资管理的高级管理人员的投资管理业绩，是指在商业银行、证券公司、基金管理公司、期货公司、信托公司、保险公司及相关资产管理子公司等金融机构，作为基金经理或者投资决策负责人管理的证券、基金、期货产品业绩或者证券自营投资业绩，或者在私募基金管理人作为投资经理管理的私募证券基金业绩，以及其他符合要求的投资管理业绩。

上述规定的投资业绩应当为最近5年内连续2年以上的投资业绩，单只产品或者单个账户的管理规模不低于2000万元人民币。多人共同管理的，应提供具体材料说明其负责管理的产品规模；无法提供相关材料的，按平均规模计算。

需要注意的是，上述规定的投资业绩不包括个人或者其他企业自有资金证券期货投资，作为投资者投资基金产品，管理他人证券、期货账户资产相关投资，模拟盘交易等其他无法体现投资管理能力或者不属于证券期货投资的情形。

（5）基本经营要求。提请办理私募证券投资基金管理人登记的公司、合伙企业应当以开展私募证券投资基金管理业务为目的而设立，除特殊情况外，应于市场主体工商登记之日起 12 个月内提请办理私募证券投资基金管理人登记。

私募证券投资基金管理人应当在经营范围中标明“私募投资基金管理”“私募证券投资基金管理”等体现受托管理私募基金特点的字样，不得包含与私募基金管理业务相冲突或者无关的业务。申请登记为私募证券投资基金管理人的，其经营范围不得包含“投资咨询”等咨询类字样。

（6）管理人登记基本信息。私募投资基金管理人应当在开展基金募集、投资管理等私募基金业务活动前，向基金业协会报送以下基本信息和材料，履行登记手续。

1）统一社会信用代码等主体资格证明材料；

2）公司章程或者合伙协议；

3）实缴资本、财务状况的文件材料；

4）股东、合伙人、实际控制人、法定代表人、高级管理人员、执行事务合伙人或其委派代表的基本信息、诚信信息和相关投资能力、经验等材料；

5）股东、合伙人、实际控制人相关受益所有人信息；

6）分支机构、子公司以及其他关联方的基本信息；

7）资金募集、宣传推介、运营风控和信息披露等业务规范和制度文件；

8）经中国证监会备案的会计师事务所审计的财务报告和经中国证监会备案的律师事务所出具的法律意见书；

9）保证提交材料真实、准确、完整和遵守监督管理、自律管理规定，以及对规定事项的合法性、真实性、有效性负责的信用承诺书；

10）中国证监会、协会规定的其他信息和材料。

（7）其他要求。如私募投资基金管理人注册地、有效的风险控制体系和相关的基础设施要求等。

（三）私募证券投资基金管理人登记申请禁止性行为

（1）申请机构不符合私募投资基金管理人要求；

（2）法律法规、监管规定或自律规则规定的其他禁止性行为。

四、私募证券投资基金管理人登记的方式、程序和内容

（一）私募证券投资基金管理人登记的方式和程序

私募投资基金管理人登记方式：在线电子材料申请方式，即通过“资产管理业务综合报送平台”（https：//ambers. amac. org. cn）提交相关材料或信息。

私募投资基金管理人登记程序：登记申请、核查、退回补正、办结、结果公示等。

登记申请：申请机构通过资产管理业务综合报送平台填报相关材料或信息，依据《私募基金管理人登记申请材料清单（2023年修订）》上传登记申请材料并提交。

核查：登记申请材料上传完毕后，中基协按照相关法律法规、监管规定和自律规则规定的要求，对申请材料进行全面核查。

退回补正：经核查后，中基协就相关问题反馈补正意见，并将申请退回给申请机构。申请机构应按照补正意见修正相关信息、补充相关材料并再次提交。

办结：中基协对申请机构作出登记申请通过、登记申请中止办理和登记申请终止办理的办理意见。如果申请材料完备，符合私募基金管理人登记申请要求，中基协应当自收齐登记材料之日起20个工作日内作出登记申请通过办理意见；如果申请材料存在《私募投资基金登记备案办法》第24条的情形，则作出中止办理的意见，待中止情形消失后，可提请恢复办理；如果申请材料存在《私募投资基金登记备案办法》第25条的情形，则作出终止办理的意见。

结果公示：根据《私募投资基金登记备案办法》第二十三条，基金业协会通过官方网站对私募投资基金管理人的基本信息、办理进度和办理结果等信息进行公示。

基金业协会做出办理通过、终止办理的办理结果后，会实时通过AMBERS系统通知、定向向机构联系人发送邮件等方式送达办理结果，并于1个工作日后在基金业协会官方网站信息公示界面（https：//gs. amac. org. cn）公示办理结果。

私募基金管理人登记最新情况，以基金业协会官方网站信息公示界面的“私募基金管理人分类查询公示”栏目公示的私募基金管理人登记的实时基本情况为准。

经登记后的私募投资基金管理人依法主动解散，被依法解散或者被依法宣告破产的，中基协应当及时注销私募投资基金管理人登记。

具体报送信息及登记流程如图 2-2 所示。

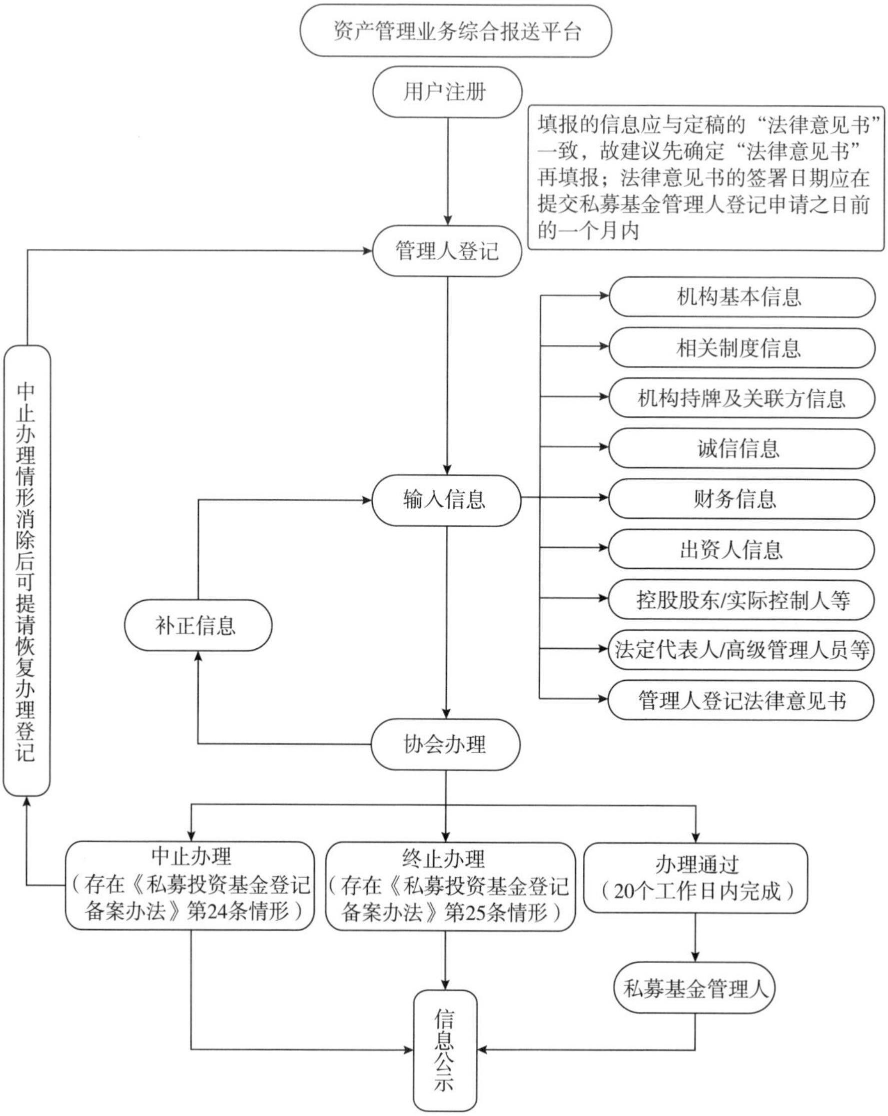

图 2-2　私募投资基金管理人登记流程

私募投资基金管理人变更控股股东、实际控制人或者法定代表人（执行事务合伙人）的（以下统称重大事项变更），私募投资基金管理人应就重大事项变更向中基协进行变更登记。具体办理方式为：通过资产管理业务综合报送平台提交变更后的控股股东、实际控制人或法定代表人的基本信息及有关重大事项变更的“法律意见书”，中基协将依据相关规定进行核对办理。

（二）私募证券投资基金管理人登记文件内容

根据《私募投资基金登记备案办法》及配套指引的规定，按照《私募基金管理人登记申请材料清单（2023年修订）》的要求提交材料。向基金业协会报送的材料信息主要包括：基本信息，相关制度信息，机构持牌及关联方信息，诚信信息，财务信息，出资人信息，控股股东、实际控制人、普通合伙人信息，法定代表人、高级管理人员、执行事务合伙人或其委派代表信息，管理人登记的“法律意见书”信息。

以上提交的信息及材料应当真实、准确、完整，不得有虚假记载、误导性陈述或者重大遗漏。

1. 基本信息（如表2-1所示）

表2-1　基本信息

序号	上传材料名称	备　注
1	组织机构代码证/税务登记证/营业执照	必填；如申请机构实现了三证合一，可提交三证合一后的营业执照；复印件加盖申请机构公章
2	公司章程/合伙协议	必填；内容要求（略）；复印件加盖申请机构公章，多页加盖骑缝章
3	实收资本/实缴出资证明	必填；内容要求（略）；银行回单加盖银行业务章，验资报告加盖会计师事务所公章
4	全体员工简历、社保缴费记录、劳动合同或劳务合同	必填；内容要求（略）；社保缴费记录加盖社保主管部门章
5	办公场地使用证明	必填；内容要求（略）；复印件加盖申请机构公章，多页加盖骑缝章
6	商业计划书	必填；内容要求（略）；加盖申请机构公章，多页加盖骑缝章
7	集团化新设合理性及集团各私募基金管理人合规风控安排	选填；内容要求（略）；由实际控制人签字或加盖公章，多页加盖骑缝章
8	相关承诺函	必填；有模板；落款处加盖公章；多页加盖骑缝章。控股股东等规定人员签字或加盖公章

续表

序号	上传材料名称	备　注
9	相关登记信息变更材料	选填；内容要求（略）；复印件加盖申请机构公章，多页加盖骑缝章
10	其他材料	选填；内容要求（略）；复印件加盖申请机构公章，多页加盖骑缝章

需要注意的是，上述涉及申请机构员工有关信息提交时，申请机构应先登录“从业人员管理系统”，进行从业资格注册或个人信息登记。只有员工信息在“从业人员管理系统”注册或登记成功后，才能在“资产管理业务综合报送平台”提交员工简历、社保缴费记录、劳动合同或劳务合同等材料。

2. 相关制度（如表 2-2 所示）

表 2-2　相关制度

序号	上传材料名称	备　注
1	内部控制相关制度和合规管理相关制度	必填。按照《私募基金管理人登记指引第 1 号——基本经营要求》第十条、第十一条规定，建立与申请机构业务相适应的且符合实际的制度。复印件加盖申请机构公章
2	私募基金运作相关制度	
3	应急预案相关制度	

3. 机构持牌及关联方信息（如表 2-3 所示）

表 2-3　机构持牌及关联方信息

上传材料名称	备　注
冲突业务许可文件	内容要求（略）。如有关联方经营范围含冲突业务须填报；冲突业务的批复文件应当有相关主管部门盖章

4. 诚信信息（如表 2-4 所示）

表 2-4 诚信信息

序号	内容要求	备 注
1	相关主体是否存在《私募投资基金登记备案办法》第十五条、第十六条及《私募基金管理人登记指引第 2 号——股东、合伙人、实际控制人》第七条及《私募基金管理人登记指引第 3 号——法定代表人、高级管理人员、执行事务合伙人或其委派代表》第二条规定的负面情形	必填。复印件加盖申请机构公章，多页加盖骑缝章
2	相关主体是否存在《私募基金管理人登记指引第 2 号——股东、合伙人、实际控制人》第八条及《私募基金管理人登记指引第 3 号——法定代表人、高级管理人员、执行事务合伙人或其委派代表》第三条规定的协会加强核查的情形	必填。复印件加盖申请机构公章，多页加盖骑缝章
3	相关主体是否存在《私募投资基金登记备案办法》第二十四条规定的情形	必填。复印件加盖申请机构公章，多页加盖骑缝章

5. 财务信息（如表 2-5 所示）

表 2-5 财务信息

上传材料名称	备 注
审计报告或经审计的财务报告（含资产负债表、利润表、现金流量表等）	必填。内容要求（略）。原件加盖会计师事务所公章，复印件加盖申请机构公章，多页加盖骑缝章

6. 出资人信息（如表 2-6 所示）

表 2-6 出资人信息

序号	上传材料名称	备 注
1	证件扫描件、学历/学位文件	自然人必提交，内容要求（略）
2	营业执照或主体资格文件	非自然人必提交，内容要求（略）。复印件加盖申请机构公章
3	实缴出资证明	必填，内容要求（略）。银行回单加盖银行业务章，验资报告加盖会计师事务所公章

续表

序号	上传材料名称	备　注
4	出资人出资能力材料	必填，内容要求（略）。复印件加盖申请机构公章，多页加盖骑缝章。
5	法定代表人、执行事务合伙人或其委派代表、负责投资管理的高级管理人员出资材料	必填，内容要求（略）。原件落款处加盖申请机构公章，多页加盖骑缝章。复印件加盖申请机构公章，多页加盖骑缝章
6	出资架构合理性说明	选填，内容要求（略）。落款处加盖申请机构公章，多页加盖骑缝章
7	其他材料	选填，内容要求（略）。知悉说明文件加盖金融机构公章，批复文件无须加盖申请机构公章

7. 控股股东、实际控制人、普通合伙人信息（如表2-7所示）

表2-7　控股股东、实际控制人、普通合伙人信息

序号	上传材料名称	备　注
1	证件扫描件、学历/学位文件	必填，自然人提交。内容要求（略）
2	营业执照或主体资格文件	必填，非自然人提交，内容要求（略）。复印件加盖申请机构公章
3	实际控制人与管理人之间的控制关系图	必填，内容要求（略）。控制关系图由实际控制人签字或加盖公章，并加盖申请机构公章
4	实际控制人认定材料	必填，内容要求（略）。原件落款处加盖申请机构公章，多页加盖骑缝章。复印件加盖申请机构公章，多页加盖骑缝章
5	实际控制人财务材料	必填，内容要求（略）。复印件加盖申请机构公章，多页加盖骑缝章
6	相关经验材料	必填，内容要求（略）。原件落款处加盖申请机构公章，多页加盖骑缝章。复印件加盖申请机构公章，多页加盖骑缝章
7	实际控制权变更材料	选填，内容要求（略）。复印件加盖申请机构公章，多页加盖骑缝章
8	其他材料	选填，内容要求（略）。原件落款处加盖申请机构公章，多页加盖骑缝章，控股股东等规定人员签字或加盖公章。复印件加盖申请机构公章，多页加盖骑缝章。知悉说明文件加盖金融机构或上市公司公章

8. 法定代表人、高级管理人员、执行事务合伙人或其委派代表信息（如表 2-8 所示）

表 2-8 法定代表人、高级管理人员、执行事务合伙人或其委派代表信息

序号	上传材料名称	备 注
1	证件扫描件、学历/学位文件	必填；内容要求（略）
2	相关经验材料	按照《私募投资基金登记备案办法》第十条和《私募基金管理人登记指引第 3 号——法定代表人、高级管理人员、执行事务合伙人或其委派代表》第四条、第五条、第六条和第十一条相关规定提交；提交加盖原任职机构公章的材料
3	投资能力材料	必填；按照《私募基金管理人登记指引第 3 号——法定代表人、高级管理人员、执行事务合伙人或其委派代表》第七条、第十一条规定提交，加盖原任职机构公章的材料
4	高级管理人员承诺函	必填；内容要求（略）。相关人员需在承诺函签字
5	其他材料	选填；内容要求（略）。知悉说明文件加盖上市公司公章

9. 管理人登记法律意见书信息（如表 2-9 所示）

表 2-9 管理人登记法律意见书信息

序号	上传材料名称	备 注
1	律师事务所执业许可证	必填；内容要求（略）。复印件加盖律师事务所公章，多页加盖骑缝章
2	法律意见书	必填；符合《私募投资基金登记备案办法》及相关指引要求，并按要求签字、盖章
3	律师尽调底稿	选填；承办律师可自愿提交尽调材料或协会视情况要求承办律师提交

上述文件准备完成后，申请机构即可在“资产管理业务综合报送平台”上填报相关信息，等待中基协办理，中基协将在 20 个工作日内给予是否同意登记的意见。如果登记未通过，则需申请机构根据中基协提出的反馈问题进行回复和补充相关材料；如果登记通过，则基金管理人登记工作完成。需要注意的是，所有的登记信息有 5 次补正提交机会，补正次数超过 5 次，将会被系统锁定，3 个月后才可再次申请登记。

私募投资基金管理人应当于登记完成之日起 10 个工作日内向注册地中国证监会派出机构报告。

【本章小结】

私募证券投资基金管理人是证券类私募基金产品的募集者和管理者，其主要职责是凭借专业的知识与经验，按照基金合同约定，负责私募证券投资基金资产的投资运作，在有效控制风险的基础上为私募证券投资基金的投资者争取最大的投资收益。

私募证券投资基金管理人只能是依法设立的公司或合伙企业。公司制私募证券投资基金管理人由于治理结构完整、决策科学、管理规范，在实际中被广泛使用。

私募证券投资基金管理人应当以开展私募证券投资基金管理业务为目的而设立。因此，成为私募证券投资基金管理人要完成工商注册，然后到中基协完成登记，登记成功后方可开展私募证券投资基金的募集和投资管理业务。

私募证券投资基金管理人登记方式是通过中基协的“资产管理业务综合报送平台（AMBERS 系统）”以在线电子材料申请方式进行的。

私募证券投资基金管理人登记程序：包括登记申请、核查、退回补正、办结、结果公示等。

私募证券投资基金管理人登记提交的信息及材料主要包括：基本信息，相关制度，机构持牌及关联方信息，诚信信息，财务信息，出资人信息，控股股东、实际控制人、普通合伙人信息，法定代表人、高级管理人员、执行事务合伙人或其委派代表信息，管理人登记法律意见书信息。

私募证券投资基金管理人登记提交的信息及材料应当及时、真实、准确、完整，不得有虚假记载、误导性陈述或者重大遗漏。

【复习思考题】

1. 什么是私募投资基金管理人？其组织形式包括哪些？

2. 为什么私募投资基金管理人要进行登记，其登记的主要原则是什么？

3. 简述公司制私募投资基金管理人注册成立的主要步骤及应注意的事项。

4. 私募投资基金管理人登记申请时提交的材料及信息主要包括哪些方面？

5. 根据相关法律、法规及自律规则的规定，关于私募证券投资基金管理人企业名称、经营范围、注册资本、注册地址、实际控制人和高级管理人员持股及从业经验有哪些具体要求？

6. 简述私募投资基金管理人登记申请的方式、程序及审核时限。

第三章　私募证券投资基金的募集、设立及备案

【学习要点】

- 掌握私募证券投资基金募集资金的方式
- 了解私募证券投资基金的募集对象
- 掌握"私募证券投资基金募集说明书"的制作
- 掌握私募证券投资基金募集的流程
- 掌握私募证券投资基金的设立
- 掌握私募证券投资基金备案的内容、步骤和相关要求

第一节　私募证券投资基金的募集

基金募集是私募证券投资基金运营的前提，是私募证券投资基金资本循环与周转的初始点，只有募集金额达到设立的条件，才能进一步开展基金设立工作和备案工作；只有备案成功后的私募投资基金，才能进行基金的投资运作。无论即将设立的私募证券投资基金是公司型、合伙型或契约型，稳定充足的资金都是保障私募证券投资基金顺利运转的前提，基金募集额的大小决定了投资规模的大小，也决定了基金管理人自身利益的大小。因此，私募证券投资基金管理人必须高度重视基金的募集。

一、私募证券投资基金的募集方式和募集对象

（一）募集方式

基金募集，是指基金管理人或者受其委托的募集服务机构（统称为基金募集机构）向少数特定的合格投资者募集资金用于设立基金的行为。成功的基金募集对私募证券投资基金的运作至关重要。根据环境、形势及待成立的基金自身的特点，选择相匹配的募集方式是成功募集的基础。

根据募集主体不同，私募证券投资基金的募集可以分为自行募集和委托募集。

自行募集是由基金发起人自行拟定私募证券投资基金募集说明书、寻找投资者的基金募集方式。募集方式为自行募集的私募证券投资基金管理人需要在中基协办理登记，且只能对自设的基金进行募集，即基金管理人不能销售其他基金管理人的基金。

委托募集是指基金发起人委托第三方基金销售服务机构寻找投资者或者借用第三方基金销售服务机构的融资渠道完成资金募集工作，并支付相应报酬。《私募投资基金募集行为管理办法》第二条规定：在中国证监会注册取得基金销售业务资格并已成为中基协会员的机构（以下简称基金销售机构）可以受私募基金管理人的委托募集私募基金。其他任何机构和个人不得从事私募基金的募集活动。由此可见，私募投资基金管理人只能委托具有基金销售资格且与该私募基金管理人及其股东、合伙人、实际控制人、从业人员不存在关联关系的私募基金销售机构进行募集。基金销售机构则需要取得中国证监会基金销售资格，并符合基金业协会规定条件成为基金业协会的会员，且只能接受基金管理人的委托。

为了将基金管理人与基金销售机构之间“管理”“募集”的责任进行划分，《私募投资基金募集行为管理办法》第八条规定：私募基金管理人委托基金销售机构募集私募基金的，应当以书面形式签订基金销售协议，并将协议中关于私募基金管理人与基金销售机构权利义务划分以及其他涉及投资者利益的部分作为基金合同的附件。基金销售机构按照规定负责向投资者说明相关内容，履行投资者适当性义务，并承担相应法律责任。基金销售协议与作为基金合同附件的关于基金销售的内容不一致的，以基金合同附件为准。在实际中，取得基金销售资格的机构一般是商业银行、证券公司等大型金融机构。

关于“基金销售协议”，有以下几点需要明确或注意：

（1）协议双方当事人的资质申明及佣金支付；

（2）双方权利义务的明确划分，即“募集”“管理”环节的划分；

（3）募集结算资金专用账户的设置；

（4）投资冷静期的约定及回访确认；

（5）投资冷静期协议解除权。

需要强调的是，私募证券投资基金管理人委托基金销售机构募集时，不能因为“委托”而免除应依法承担的责任。

有关委托代销基金的监管制度如下：

1.《证券期货投资者适当性管理办法》

第二十六条　经营机构委托其他机构销售本机构发行的产品或者提供服务，应当审慎选择受托方，确认受托方具备代销相关产品或者提供服务的资格和落实相应适当性义务要求的能力，应当制定并告知代销方所委托产品或者提供服务的适当性管理标准和要求，代销方应当严格执行，但法律、行政法规、中国证监会其他规章另有规定的除外。

第二十七条　经营机构代销其他机构发行的产品或者提供相关服务，应当在合同中约定要求委托方提供的信息，包括产品或者服务分级考虑因素等，自行对该信息进行调查核实，并履行投资者评估、适当性匹配等适当性义务。委托方不提供规定的信息、提供信息不完整的，经营机构应当拒绝代销产品或者提供服务。

第二十八条　对在委托销售中违反适当性义务的行为，委托销售机构和受托销售机构应当依法承担相应法律责任，并在委托销售合同中予以明确。

2.《基金募集机构投资者适当性管理实施指引（试行)》

第三十六条　委托第三方机构提供基金产品或者服务风险等级划分的，基金募集机构应当要求其提供基金产品或者服务风险等级划分方法及其说明。基金募集机构应落实的适当性义务不因委托第三方而免除。

3.《私募投资基金监督管理办法（征求意见稿）》

第四十六条　私募基金管理人应当履行投资者适当性义务，对投资者的风险识别能力和风险承担能力进行评估，制作风险揭示书。风险揭示书应当在显著位置对私募基金无托管、投资单一标的、关联交易等情形进行特别风险提示，由投资者签字确认。

私募基金管理人委托私募基金销售机构销售的，私募基金销售机构应当按照前款规定，履行投资者适当性义务，并承担相应法律责任。

因此，基金管理人或基金募集者在基金募集时应当结合当前市场的资金充盈程度、自身的募集能力、基金产品特点等因素，综合考虑并采用合适的募集方式。

（二）募集对象

私募证券投资基金的募集对象，即私募证券投资基金的投资者群体或资金来源的渠道，主要包括个人投资者、机构投资者、资管计划和其他投资者等。私募证券投资基金募集对象的多样性，要求私募证券投资基金管理人或基金销售机构在资金募集过程中准确把握经济环境和自身特点，找准目标群体，从而节约成本，尽快实现基金募集成功。

1. 个人投资者

根据中基协2021年末数据，个人投资者为第一大类投资者，数量占比高达86.0%，居民持有2.45万亿元基金资产，占比43.57%。个人投资者主要指高净值人群，他们对市场洞察敏锐，思维活跃，有意愿也有能力承担高风险，所以是私募证券投资基金募资时所看重的对象。

全球权威高净值人群研究机构胡润研究院发布的《2023胡润财富报告》揭示了截至2023年1月1日，富裕家庭、高净值家庭和超高净值家庭的数量及可投资资产的家庭数量。中国拥有600万元资产的富裕家庭数量达到514万户。其中，拥有600万元可投资资产的富裕家庭更是高达185万户；中国拥有千万资产高净值家庭数量达到208万户。其中，拥有千万可投资资产的高净值家庭数量达到110万户；中国拥有亿元资产的超高净值家庭数量达到13.3万户。其中，拥有亿元可投资资产的超高净值家庭数量达到8.0万户。可见，这些家庭不仅拥有巨额的财富，更具备强大的投资能力，是推动中国经济发展的重要力量。随着国家整体经济增长，个人收入的提高，富有的个人投资者将逐渐成为参与私募证券投资基金的重要力量。中国私人财富市场未来前景广阔，且正逐渐显现出充足的增长潜力。

2. 资管计划

资管计划主要指私募基金、信托计划、证券公司及其子公司资管计划、基金公司及其子公司资管计划、期货公司及其子公司资管计划、保险资产管理计划、商业银行理财产品等。各类资管计划数量占比仅次于个人投资者占比，是私募证券投资基金第二大资金来源。根据中基协2021年末数据，资管计划持有2.39万亿元基金资产，占比42.73%。

3. 机构投资者

机构投资者是指使用自有资金或者从分散的公众手中筹集资金，专门从事投资活动的机构组织。主要包括：①工商企业，包括国有企业、民营企业、外资企业等。②金融机构，包括保险公司、商业银行、证券公司、基金子公司等金融机构。③社会保障基金。

总体来看，机构投资者较为理性，资金拥有量充足且稳定，是私募证券投资基金资金的主要来源之一。根据 2021 年中基协数据，机构投资者持有 0.75 万亿元基金资产，占私募证券投资基金的 13.41%。

4. 其他投资者

其他投资者主要包括社会基金、境外基金和政府基金。其中，境外基金主要包括 QFII 和 RQFII。2020 年中国证监会发布的《合格境外机构投资者和人民币合格境外机构投资者境内证券期货投资管理办法》指出，QFII 和 RQFII 可以投资证券期货经营机构及在中基协登记的私募投资基金管理人依法设立的私募投资基金。QFII 和 RQFII 所投资的私募证券投资基金的投资范围，是证券交易所交易或转让的股票、存托凭证、债券、债券回购、资产支持证券等证券。

总之，中国私募证券投资基金的资金来源越来越广泛，资金供给也越来越充足，为私募证券投资基金行业发展提供了良好的基础保证，未来私募证券投资基金行业前景十分广阔。

二、《私募证券投资基金募集说明书》的制作

要想取得基金募集成功，向投资者推介的一个重要材料就是《私募证券投资基金募集说明书》（以下简称《基金募集说明书》）。制作一份优秀的、有吸引力的《基金募集说明书》，可以快速、直观地帮助投资者了解该基金，使投资者产生兴趣并吸引投资者加入，从而为募集基金成功打下良好基础；同时《基金募集说明书》也是私募证券投资基金管理人向中基协进行基金备案时须提交的材料之一。因此，基金管理人应该高度重视《基金募集说明书》的制作工作。

《基金募集说明书》是私募证券投资基金管理人募集资金需要准备和制作的重要文件，简单来说就是私募证券投资基金的产品说明书，对产品要素、各方主体的权利及义务进行明确的说明和分配，旨在充分披露可能对投资者所作出的投资判断产生重大影响的相关信息，以帮助投资者了解基金。《基金募集说明书》较为详尽地阐释了基金的设立信息、拟募集的资金规模、参与者的权利及义务、

拟采取的管理结构与组织架构、管理团队的历史业绩、所募资金的使用规则、基金投资理念、费用类型及费用比率、投资目标、投资策略、投资限制、风险管理、收益分配方式等。

(一)《基金募集说明书》的主要内容和要求

《私募投资基金募集行为管理办法》第二十三条对私募证券投资基金推介材料（主要是《基金募集说明书》）的内容做了较为详细的要求，其内容应该包括但不限于：

（1）私募投资基金的名称和基金类型。

（2）私募投资基金管理人的名称、私募投资基金管理人的登记编码、基金管理团队的基本信息。

（3）私募投资基金管理人及私募投资基金公示信息（含相关诚信信息）。

（4）私募投资基金托管情况（如无，应以显著字体特别标注）、其他服务提供商（如律师事务所、会计师事务所等）、是否聘用投资顾问等。

（5）私募投资基金的外包情况。

（6）私募投资基金的投资范围、投资策略和投资限制概况。

（7）私募投资基金收益与风险的匹配情况。

（8）私募投资基金的风险揭示。

（9）私募投资基金募集结算资金专用账户及其监督机构信息。

（10）投资者承担的主要费用及费率，投资者的重要权利（如认购、赎回、转让等时间限制、时间和要求等）。

（11）私募投资基金承担的主要费用及费率。

（12）私募投资基金信息披露的内容、方式及频率。

（13）明确指出该文件不得转载或给第三方传阅。

（14）私募投资基金采取合伙企业、有限责任公司组织形式的，应当明确说明入伙（股）协议不能替代合伙协议或公司章程。说明根据《合伙企业法》或《公司法》，合伙协议、公司章程依法应当由全体合伙人、股东协商一致，以书面形式订立。申请设立合伙企业、公司或变更合伙人、股东的，应当向企业登记机关履行申请设立及变更登记手续。

（15）中基协规定的其他内容。

对上述要求进行分析，《私募投资基金募集行为管理办法》第二十三条着重强调了以下几点：

1）基金和基金管理人的合规性：登记、备案、相关公示信息等。

2）投资者保护：风险揭示、风险匹配、募集结算资金专用账户、投资者权利等。

3）私密性：募集资料不得转载或给第三方传阅等。

以上是私募证券投资基金管理人制作《基金募集说明书》时应该重点注意的地方。一般来讲，《基金募集说明书》的大体章节划分及内容设置如表3-1所示。在实务中，可根据基金的实际情况和募集环境进行章节和内容的调整。

表3-1 《基金募集说明书》的章节划分与内容设置

章节划分	内容设置
声明	对说明书的性质、真实性、保密要求等进行声明
摘要	可将《基金募集说明书》的重点内容进行摘要性说明
释义	针对本基金相关词语进行法律定义与描述
第一章　基金概况	主要包括设立背景、要素说明、组织架构、投资策略、赎回方式等
第二章　基金管理人	主要包括公司基本信息、基金业协会登记备案情况、组织架构、管理团队简介、过往业绩简介等
第三章　基金的投资	主要包括投资理念、投资策略、投资范围、投资限制、投资决策流程、投资收益与风险揭示等
第四章　风险及应对	主要对基金的投资风险进行全方位说明，并提出风险控制措施
第五章　投资者保护	主要包括说明义务、风险揭示、冷静期设置、无因解约权等
第六章　募集与认购	主要包括认购须知、认购流程等
附件	主要包括委托销售协议相关条款、认购说明、意向认购书等

《基金募集说明书》在制作时常被误认为是基金合同的简化版，尽管两者的内容有所重合，但仍有本质区别。在此通过表3-2将《基金募集说明书》与“基金合同”做简要区分。

表3-2 《基金募集说明书》与“基金合同”的差异之处

	基金募集说明书	基金合同
目的与作用	让投资者了解管理人基本情况，说明私募证券投资基金募集事宜，并认可该基金，为后续认购奠定基础	投资者认购、参与私募证券投资基金的正式法律合同
内容	风险警示内容；募集说明书摘要；基金合同摘要；托管协议摘要等	募集基金目的和基金名称；持有人、管理人和托管人的权利和义务；持有人大会召集、议事及表决的程序和规则；合同解除和终止的事由、程序及财产清算方式；争议解决方式；封闭式基金份额总额和期限，开放式基金最低募集份额；收益分配原则、执行方式等

（二）《基金募集说明书》制作中的关键问题

《私募投资基金登记备案办法》明确指出：私募证券投资基金初始实缴募集资金规模不低于1000万元人民币，投向单一标的的私募投资基金不低于2000万元人民币。这就意味着首次募集存在失败的可能。在私募基金募集的实际操作过程中，往往会受到许多因素的影响，因此私募投资基金管理人对潜在投资者所关心的问题会提前考量，最大限度地降低基金募集失败的概率。作为能让投资者快速了解基金的重要推介材料，投资者关心的问题及监管要求基金管理人向投资者披露的要素，都会在《基金募集说明书》中有所体现。

私募证券投资基金的初始实缴募集资金规模不低于1000万元。私募证券投资基金上一年度日均基金资产净值低于500万元，或者连续60个交易日出现基金资产净值低于500万元情形的，应当停止申购并在5个工作日内向投资者披露；停止申购后连续120个交易日基金资产净值仍低于500万元的，应当进入清算程序。私募基金托管人应当配合执行并督促私募基金管理人及时按要求办理基金清算等事宜。

——《私募证券投资基金运作指引》

1. 向投资者展示基金产品概况

基金产品概况包含基金名称、产品类型、运作方式、投资目标、投资方向、投资范围、投资比例、投资限制、基金的存续期间、基金风险等级、业绩报酬计提基准和比例、最低资产要求（单个投资者的最低投资要求及基金产品初始募集最低资金规模）、托管及投顾事项、预警线和止损线等，其中投资者较为关心的要素有产品类型、运作方式、基金产品的投资、基金风险等级、业绩报酬计提基准和比例等。

（1）运作方式。私募证券投资基金通常采取定期开放型的运作方式。开放的周期往往是投资者较为关心的要素，因为这直接关系到投资者自身资产的流动性安排。通常，投资者购买私募证券投资基金后，会有3个月以上的份额锁定期，即3个月内无法进行赎回，锁定期满后，在开放日可以进行追加申购或赎回，新的投资者也可以在开放期进行申购。私募证券投资基金常见的定期开放模式有：每月开放2个工作日、每3个月定期开放2个工作日等，运作方式及开放期的安排与基金产品的投资策略、投资标的、投资经理的投资理念等因素相关。

开放式私募证券投资基金应当明确投资者申购、赎回的程序、时间、次数及限制事项。开放式私募证券投资基金至多每周开放一次申购、赎回，每次开放不得超过2天。私募基金管理人应当引导投资者关注基金长期业绩，强化对投资者短期投资行为的管理。基金合同中应当约定不少于3个月的份额锁定期或者与基金份额持有期限对应的短期赎回费用安排，收取的赎回费用应当归属基金财产。

——《私募证券投资基金运作指引》

（2）基金产品的投资。基金产品的投资包括投资目标、投资方向、投资范围、投资策略、投资比例、投资限制等。这些投资要素有助于投资者了解其选择的产品大概的风险收益特征，投资者可以根据这些特征判断该产品与自己的投资目标及风险承受能力是否相匹配。

1）投资方向与投资范围。私募证券投资基金往往根据其所属产品类型确定投资方向和投资范围。产品类型为固定收益类私募证券投资基金的，其投资范围主要为各类债券；产品类型为权益类私募证券投资基金的，其主要投资范围为股票等股权类资产；产品类型为期货和衍生品类私募证券投资基金的，投资范围主要为期货和衍生品合约；产品类型为私募证券投资母基金的，其主要投资范围为其他证券投资基金份额；混合类私募证券投资基金的投资范围和投资比例限制则相对宽泛。

私募证券投资基金的投资范围主要包括股票、债券、存托凭证、资产支持证券、期货合约、期权合约、互换合约、远期合约、证券投资基金份额，以及中国证监会认可的其他资产。固定收益类私募证券投资基金是指投资于存款、债券等债权类资产的比例不低于私募证券投资基金已投资产80%的基金；期货和衍生品类私募证券投资基金是指投资于期货和衍生品的持仓合约价值的比例不低于私募证券投资基金已投资产80%，且期货和衍生品账户权益超过私募证券投资基金已投资产20%的基金；权益类私募证券投资基金是指投资于股票等股权类资产的比例不低于私募证券投资基金已投资产80%的基金；混合类私募证券投资基金是指投资于固定收益类、权益类、期货和衍生品类资产的比例不符合前三类基金标准的基金；私募证券投资母基金是指组合投资于其他证券投资基金的比例不低于该私募证券投资母基金已投资产80%的基金。

——《私募证券投资基金运作指引》

2）投资策略。私募证券投资基金的投资策略往往与其所属产品类型密切相关。如权益类私募证券投资基金大多采取“主观多头”或“量化多头”投资策略；期货及衍生品类私募证券投资基金往往采取“管理期货”（CTA）投资策略。产品类型和投资策略往往决定了产品的风险收益特征，投资者可以依据产品类型、投资策略、收益特征等要素判断基金是否符合自己的投资目标和理念。

私募证券投资基金应当具有明确、合法的投资方向，具备清晰的投资策略与风险收益特征，确定所属产品类型，分为权益类、期货和衍生品类、混合类、固定收益类私募证券投资基金，以及私募证券投资母基金。私募证券投资基金的基金名称、产品类型应当与基金合同约定的投资策略、投资品种、对冲工具等相匹配，投资运作应当遵循基金合同有关约定。

——《私募证券投资基金运作指引》

3）组合投资。为了分散风险，私募证券投资基金产品通常会采用资产组合的方式进行投资，这是为了避免投资单一资产或过于集中的投资于某些资产造成的风险；《基金募集说明书》中需明确各类资产的投资比例和投资限制。

私募证券投资基金应当采用资产组合的方式进行投资并符合下列要求，银行活期存款、国债、债券通用质押式回购、中央银行票据、政策性金融债、地方政府债券、公开募集基金等中国证监会、协会认可的投资品种除外：单只私募证券投资基金投资于同一资产的资金，不得超过该基金净资产的25%；同一私募基金管理人管理的全部私募证券投资基金投资于同一资产的资金，不得超过该资产的25%。

——《私募证券投资基金运作指引》

（3）基金产品的预警线与止损线。为了保护投资者利益，预防投资者出现过大损失，私募证券投资基金有时会设置预警线与止损线作为一项风险控制措施。但设置预警线与止损线有利有弊：在风险扩大到一定比例时，可以作为一种强制保护措施，进行及时止损，防止损失进一步扩大；但同时很多业内的基金经理及基金管理人指出：预警线和止损线的设置通常会给他们造成较大的压力，尤其是在内外环境变化及不确定性较高的时期，一些突发事件往往会造成资产价格的大幅波动，有时便可能会造成资产短期大幅缩水，但在不久的将来资产又会较大幅度向上修复；若恰巧在大幅波动时达到了预警线和止损线，导致了基金的强制清盘，则会造成投资者的既定损失；而未设置预警线和止损线的产品，基金管理人和基金经理则可以基于当时的判断，选择等待修复、调仓换股或及时止损等不同的方案。这样，基金管理人和基金经理可以更加从容和理智地面对基金资产短期的大幅波动。

随着行业的发展，预警线和止损线的设置与否逐步成为了共识：即原则上不设置预警线和止损线。从行业指引性文件也可以看出其变化过程：2023 年 4 月发布的《私募证券投资基金运作指引（征求意见稿）》中表述为“私募证券投资基金应当审慎设置预警线、止损线及触发后的相关安排”，到了 2024 年 4 月《私募证券投资基金运作指引》正式发布后表述为“开放式私募证券投资基金原则上不设置预警线、止损线。”虽然这并不意味着每只私募基金产品都不再设置预警线和止损线，但可以看出随着行业发展逐步达成共识的过程：相当比例的私募证券基金会设置预警线和止损线→中基协引导审慎设置预警线和止损线→中基协引导不设置预警线和止损线。

开放式私募证券投资基金原则上不设置预警线、止损线。私募基金管理人、私募基金托管人应当按照要求向协会报送预警线、止损线相关情况。

——《私募证券投资基金运作指引》

2. 基金产品的风险揭示

基金产品的风险揭示是《基金募集说明书》中必须具备的内容，监管部门规定必须向投资者充分揭示产品的风险。风险揭示的内容则需要根据产品的特点、投资方向和范围进行充分揭示。

3. 基金产品的费用及税收

基金产品的费用通常包含认购费/申购费、赎回费、管理费、托管费、投资顾问费（如产品聘有投资顾问）等。

（1）认购费/申购费、赎回费：认购费/申购费是指基金初次募集或开放期投资者购买时的交易费用，此部分根据投资者购买的金额按一定比例一次性收取。不同基金管理人发行的不同产品的认购费/申购费和赎回费不尽相同，有些产品认购费/申购费为零，只在赎回时收取一定比例的赎回费；有些产品则认购费/申购费、赎回费都免收取；当然也有些产品认购费/申购费、赎回费都收取。

赎回费是指在开放期投资者赎回其持有份额时产生的交易费用，也是按赎回资产的比例一次性收取。

（2）管理费则是基金管理人根据投资者实际持有份额的时间，按一定的年化比例进行计提收取。管理费的比例通常为 0. 75%～2. 5%/年不等，管理费的比例通常与基金的运作方式、产品类型、规模及收益特征等有关。

（3）托管费为基金需要向托管人支付的费用，也是根据投资者实际持有份额的时间按一定的年化比例进行计提收取。

（4）投资顾问费：如果基金产品聘请有投资顾问，则需要按约定向投资顾问支付投顾顾问费，投顾顾问费通常分为固定投资顾问费和浮动投资顾问费；固定投资顾问费通常是每年按基金资产的固定比例进行计提收取。浮动投资顾问费则通常与基金产品业绩挂钩。

认购费/申购费、赎回费通常在交易时一次性收取；而管理费、托管费、投资顾问费等一般是按日计提，按季度或实际持有时间进行收取。

4. 基金产品管理人、托管人、产品投顾的概况

《基金募集说明书》应向投资者披露基金管理人、托管人及投资顾问的基本信息。

5. 收益分配

私募证券投资基金管理人通常会收取一定比例的业绩报酬，这也是其主要收入来源，这个比例通常设置在20%，即高于业绩计提基准的部分收取收益的20%作为业绩报酬。也有些私募证券投资基金的业绩报酬设置高于20%，例如有些私募基金管理人对其产品比较有信心，有时会采用低管理费高业绩报酬的组合。

设置公平、合理的业绩报酬，对私募基金管理人和投资者可以达到双赢的效果。私募基金管理人与公募基金管理人不同，公募基金管理人的主要收入为基金管理费，而私募基金管理人的主要收入往往为超额业绩报酬，在业绩表现好的时候私募基金管理人获得的业绩报酬往往远高于管理费收入，所以不乏有些私募投资基金管理人采取低管理费+高业绩报酬的组合。业绩报酬对私募投资基金管理人是一种激励，基金运作的业绩表现越好，私募投资基金管理人的业绩报酬越高，同时，投资者的收益也越高，基金管理人与投资者的利益是一致的。所以，公平、合理的收益分配机制更能吸引投资者，获得投资者的认可。例如，由于资本市场在2023年表现较差，大部分基金业绩都出现了较大回撤和亏损的情况，但即使在业绩出现亏损的情况下，部分指数增强类私募证券投资基金仍然计提了业绩报酬，原因就是基金的业绩表现高于业绩计提基准或业绩比较基准，这种现象给投资者的感受自然就很差。对于这种业绩亏损却依然计提业绩报酬的现象是否合理，一度引起了业内广泛的讨论，也引起了广大投资者的不满。当然，期间不乏有顶级私募基金管理人提出：对于其管理的基金出现业绩亏损的不再收取管理费，即使业绩表现超过业绩计提基准，也不再计提业绩报酬的方案，获得了投资者认可。

私募证券投资基金设定业绩报酬的，应当在基金合同中合理设定业绩报酬的计提方法、频率、比例，并与基金业绩表现挂钩。私募基金管理人应当与投资者利益保持一致，不得在合同中约定不公平或者不合理的业绩报酬相关条款，不得采用对自身明显有利或者过度激励的计提方式。私募证券投资基金只能采取一种业绩报酬计提方法，且该种计提方法应当基于单一基金份额的整体收益情况进行计算，不得对同一基金的不同策略分别计提业绩报酬，保证公平对待投资者。

——《私募证券投资基金运作指引》

6. 利益冲突及关联交易

为切实保障投资者的利益，防止私募投资基金管理人用基金资产进行利益输送，监管部门明确规定：私募投资基金管理人应当制定并有效执行防范内幕交易和利益冲突的内部制度及具体措施。这部分内容需在《基金募集说明书》中予以披露说明。

私募基金管理人应当建立从业人员进行证券、私募基金等投资的申报、登记、审查、处置等管理制度和廉洁从业规范，制定有效的事前防范体系、事中管控措施和事后追责机制，防止从业人员或者其他利益相关方违规从事投资，严格防范内幕交易、市场操纵、利用未公开信息交易、利益冲突和利益输送等不当行为，确保投资者合法权益不受侵害。私募基金管理人应当公平对待自有资金投资与其管理的私募证券投资基金或者担任投资顾问的资产管理产品投资，不得利用资金、信息、技术、策略等优势为自有资金牟取不正当利益，防范利益冲突，严禁利益输送。

——《私募证券投资基金运作指引》

7. 基金的成立与备案

《基金募集说明书》需载明基金成立的条件、基金募集失败的处理方式及基金的备案相关流程；基金成立、募集失败及备案情况需公告并向投资者定向披露。

8. 投资者的权利与义务

《基金募集说明书》中需明确投资者的权利与义务，如分享基金财产的收益、监督基金管理人及基金托管人履行投资管理及托管义务的情况、按合同约定的时间和方式获得基金信息披露的文件等。

9. 基金产品的销售机构

《基金募集说明书》中需向投资者披露该基金产品的销售机构名录，以及这些销售机构的基本信息。

总之，《基金募集说明书》中相关条款的内容，是私募投资基金管理人在综合考量自身的优劣势、潜在投资者的收益需求和风险要求的基础上作出的，其合理性、合适性和合规性，直接关系着基金募集的成功与否。

三、私募证券投资基金的募集流程

近年来，私募证券投资基金的募集和适当性管理环节一直是监管的重要领域，也是违法违规行为频发的环节。中基协统计的 2021 年处罚案例中，涉及基金募集和投资者适当性环节违规的情况最多，占比 24.62%，近 1/4。这表明，仍需不断完善私募证券投资基金募集环节的相关法律法规，加大监督和打击违法行为的力度。

根据《私募投资基金募集行为管理办法》的有关规定并结合实际基金募集情况，私募证券投资基金的募集流程为：特定对象的确定——投资者适当性匹配——基金推介——基金风险揭示——合格投资者确认——基金合同签署——投资者交纳认购基金款——投资冷静期——回访确认——认购基金款项划转。

上述流程及涉及的文件如图 3-1 所示。

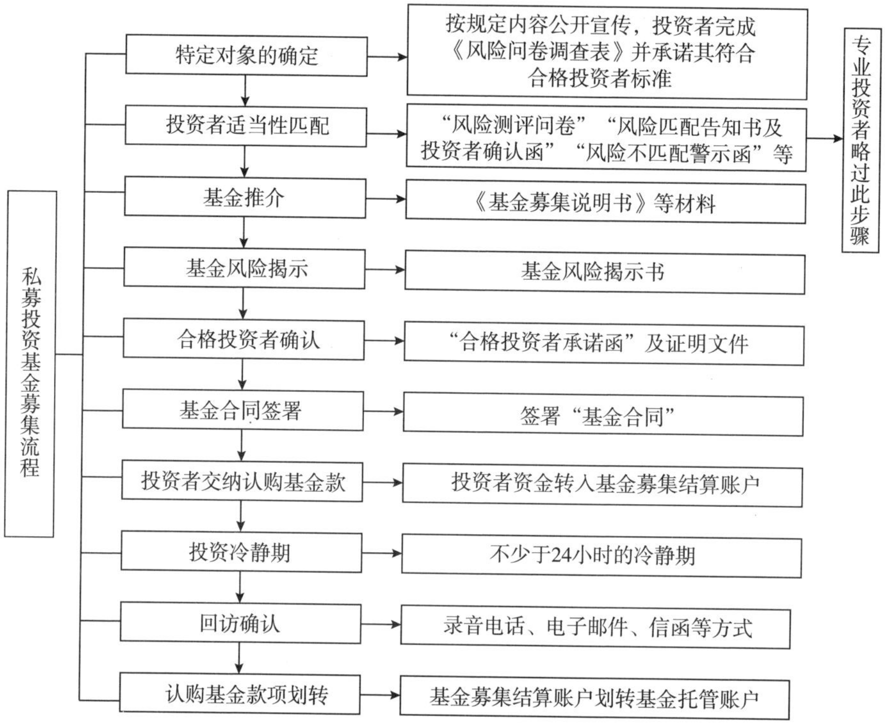

图 3-1　私募投资基金募集流程

（一）特定对象的确定

在确定特定对象即寻找潜在投资人前，基金募集机构可以通过合法途径公开对外宣传，但宣传内容仅限于：私募证券投资基金管理人的品牌、发展战略、投资策略、管理团队、高管信息及基金业协会公示的已备案私募证券投资基金的基本信息，并对以上信息的真实性、准确性、完整性负责。

如基金募集机构需进一步宣传推介私募基金，则只能向特定对象宣传。基金募集机构必须先履行特定对象确定程序，未经特定对象确定程序，不得向任何人宣传推介私募基金。根据《私募投资基金募集行为管理办法》的规定，在向投资者推介私募基金之前，募集机构应当采取问卷调查等方式履行特定对象确定程序，对投资者的风险识别能力和风险承担能力进行评估。投资者应当以书面形式承诺其符合合格投资者标准。

基金募集机构可以采用线上或者线下的推介方式履行特定对象确定程序。

1. 非互联网媒介宣传推介（线下推介）

（1）确定方式。采取问卷调查等方式确定特定对象，对投资者风险识别能力和风险承担能力进行评估，由投资者书面承诺其符合合格投资者标准，并且所投资的资金属于自有资金，并未汇集他人资金。问卷调查主要内容包括但不限于：投资者基本信息，财务状况，投资知识，投资经验，风险偏好等（详见“私募基金投资者风险问卷调查内容与格式指引（个人投资者模板）”）。

（2）有效期。评估结果有效期最长不得超过3年。募集机构逾期再次向投资者推介私募证券投资基金时，需要重新进行投资者风险评估；同一私募证券投资基金产品的投资者持有期间超过3年的，无须再次进行投资者风险评估。

2. 互联网媒介宣传推介（线上推介）

（1）推介渠道。包括官方网站、短信、电子邮箱等方式。

（2）确定方式。设置特定对象在线确定程序，投资者应承诺其符合合格投资者标准。

特定对象在线确定程序包括但不限于：

1）投资者如实填报真实身份信息及联系方式。

2）募集机构应通过验证码等有效方式核实用户的注册信息。

3）投资者阅读并同意募集机构的网络服务协议。

4）投资者阅读并主动确认其自身符合有关法规关于合格投资者的规定。

5）投资者在线填报风险识别能力和风险承担能力的问卷调查。

6）募集机构根据问卷调查及其评估方法在线确认投资者的风险识别能力和风险承担能力。

由公开宣传到特定对象确定的流程如图3-2所示。

（二）投资者适当性匹配

私募投资基金应当向合格投资者募集。根据《证券期货投资者适当性管理办法》的相关规定，投资者分为普通投资者和专业投资者。专业投资者（包括机构和自然人）有规定的认定范围，除此之外，均为普通投资者（包括机构和自然人）。普通投资者在信息告知、风险警示、适当性匹配等方面享有特别保护。

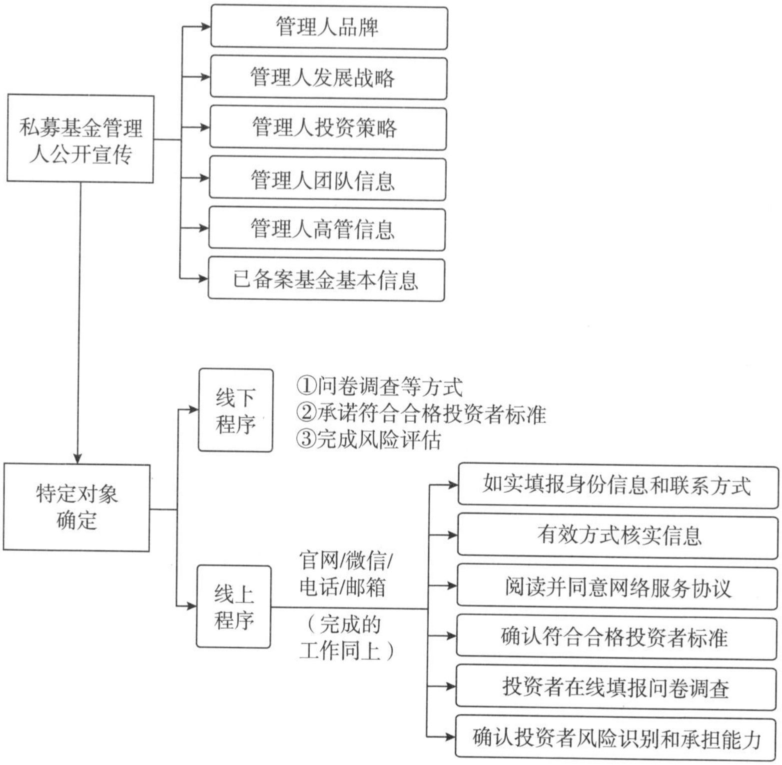

图 3-2　私募投资基金由公开宣传到特定对象确定的流程

基金募集机构在基金产品销售或者提供服务的过程中，必须履行投资者适当性匹配义务，即在确保普通投资者中符合合格投资者认定标准的基础上，必须履行对合格投资者进行风险评估。

实务中，尽管投资者做出了符合合格投资者标准的书面承诺，但基于对投资者的特别保护，此时募集机构仍不能进行基金产品推介，必须履行对投资者进行风险评估，适当性匹配等适当性义务。投资者适当性，就是把合适的产品卖给适合的投资者，匹配投资者的风险偏好度。即募集机构在销售基金产品或者提供服务的过程中，应当勤勉尽责、审慎履职，全面了解投资者情况，深入调查分析基金产品信息或者服务信息，科学有效地评估并充分揭示风险，并基于投资者的不同风险承受能力，以及基金产品或者服务的不同风险等级等因素，提出明确的适当性匹配意见，将适当的私募基金产品提供给风险识别能力和风险承担能力相匹配的投资者，并向投资者充分揭示风险，并对相关违法违规行为承担法律责任。

1. 投资者风险承受能力等级和风险类型评定

在确定特定对象的基础上，募集机构应当根据投资者提供的信息对投资者风险承受能力进行综合评估。投资者按其风险承受能力由低到高可至少划分为五级，分别为：C_1（含风险承受能力最低类别的投资者）、C_2、C_3、C_4、C_5。

实务中，募集机构首先对“投资者风险承受能力评估问卷（个人投资者模板）”各题每个选项慎重、科学地给予分值，建立如表3-3所示的“投资者风险承受能力评分表（个人版）”，并对总分值不同的区间段由低到高划分风险承受能力五个等级标准C_1、C_2、C_3、C_4、C_5及五个风险类型，建立如表3-4所示的“投资者风险承受能力划分标准对照表（个人版）”；其次根据每个投资者针对“投资者风险承受能力评估问卷（个人版）”的回答结果进行统计并加总；最后根据投资者加总后的最终得分，结合“投资者风险承受能力划分标准对照表（个人版）”，评定出投资者风险承受能力五个等级中的某一级和风险类型，并与投资者签署如表3-5所示的《投资者风险承受能力评估结果告知书》。

表3-3　投资者风险承受能力评分表（个人版）

序号	1	2	3	4	5	6	7	8	9	10	11	12	13	14	15	16	17	18	19	20	21
A	2	1	4	0	4	0	0	0	0	0	1	1	2	1	0	2	4	0	3	1	4
B	4	2	3	3	4	2	2	2	1	2	2	3	4	3	3	4	5	0	2	2	2
C	4	3	1	4	4	4	3	3	3	3	3	4	5	4	4	5	2	3	1	3	0
D	3	4	0	5	0	5	4	4	4	4	4	5	6	6	5	6	1	5		4	3
E	0	5							5	5	0		6	7		7	0	4			1
F	0															0		2			
G																		0			

表3-4　投资者风险承受能力划分标准对照表（个人版）

风险承受能力（风险类型及等级）	分值区间
保守型（C_1）	28分及以下
谨慎型（C_2）	29~42分
稳健型（C_3）	43~57分
积极型（C_4）	58~72分
激进型（C_5）	73分及以上

表 3-5 投资者风险承受能力评估结果告知书

<table>
<tr><td colspan="2">投资者风险承受能力评估结果告知书（一式两份）</td></tr>
<tr><td colspan="2">提示：本表由证券经营机构填写，证券经营机构和投资者双方各自留存</td></tr>
<tr><td>投资者留存</td><td>尊敬的投资者（姓名/名称：__________资金账号：__________）：
根据您填写的《投资者风险承受能力评估问卷》，本公司对您的风险承受能力进行了综合评估，现得到评估结果如下：
您的风险承受能力为：__________（根据公司风险承受能力等级划分填写，例如：□C_1（含风险承受能力最低类别的投资者）□C_1（不含风险承受能力最低类别的投资者）□C_2 □C_3□C_4□C_5）
本公司在此郑重提醒：本公司向您销售的产品或提供的服务将以您的风险承受能力等级为基础，若您提供的信息发生任何重大变化，您都应当及时书面通知本公司。本公司建议您审慎评判自身风险承受能力，结合自身投资行为作出审慎的投资判断。
如您在审慎考虑后同意本公司的评估结果，请认真阅读下列内容，并签字以示同意。

××公司××营业网点
签署日期：</td></tr>
<tr><td>证券经营机构留存</td><td>××公司××营业网点：
本人（机构）在贵公司的提醒下，已经审慎考虑自身的风险承受能力，在此确认：
本人（机构）的风险承受能力为：__________（根据公司风险承受能力等级划分填写，例如：□C_1（含风险承受能力最低类别的投资者）□C_1（不含风险承受能力最低类别的投资者）□C_2□C_3□C_4□C_5）
本人（机构）经贵公司提醒，已充分知晓贵公司向本人（机构）销售的产品或提供的服务将以本人（机构）此次确认的风险承受能力等级为基础。若本人（机构）提供的信息发生任何重大变化，本人（机构）都会及时书面通知贵公司。本确认书系本人（机构）独立、自主、真实的意思表示，特此确认。

投资者确认签章：
签署日期：</td></tr>
</table>

下面以个人投资者为例，给出投资者风险承受能力评估问卷（个人投资者模板）：

投资者风险承受能力评估问卷（个人投资者模板）

投资者姓名：　　　　　　　　　　　填写日期：

适当性评估是本公司向投资者履行适当性职责的重要环节，其目的是使本公司所提供的基金产品或服务与您的风险承受能力等级相匹配。

本公司特别提醒您：本公司向投资者履行适当性评估等适当性职责，并不能取代您自己的投资判断，也不会降低基金产品或服务的固有风险。与基金产品或服务相关的投资风险、履约责任以及费用等将由您自行承担。

本公司提示您：本公司根据您提供的信息对您进行适当性评估，开展适当性工作。您应当如实提供相关信息及证明材料，并对所提供的信息和证明材料的真实性、准确性、完整性负责。

当您的各项状况发生重大变化时，本公司需对您所投资的产品及时进行重新审视，以确保您的投资决定与您可承受的投资风险程度等实际情况一致。

本公司在此承诺，对您在本问卷中所提供的一切信息，本公司将严格按照法律法规要求承担保密义务。除法律法规规定的有权机关依法定程序进行查询以外，本公司保证不会将涉及您的任何信息提供、泄露给任何第三方，或者将相关信息用于不当用途。

风险提示：私募基金投资需承担各类风险，本金可能遭受损失。同时，私募基金投资还要考虑市场风险、信用风险、流动性风险、操作风险等各类投资风险。您在基金认购过程中应当注意核对自己的风险识别能力和风险承受能力，选择与自己风险识别能力和风险承受能力相匹配的私募基金。

以下一系列问题可在您选择合适的私募基金前，协助评估您的风险承受能力、理财方式及投资目标：

请签字承诺您是为自己购买私募基金产品　【　　】

请签字确认您符合以下何种合格投资者财务条件：

符合家庭金融净资产不低于300万元（金融资产包括银行存款、股票、期货、债券、基金份额、资产管理产品等）　【　　】

符合最近三年个人年均收入不低于40万元　【　　】

一、财务状况

1. 您的主要收入来源是：

A. 工资、劳务报酬

B. 生产经营所得

C. 利息、股息、转让证券等金融性资产收入

D. 出租、出售房地产等非金融性资产收入

E. 无固定收入

F. 非自己劳动收入

2. 最近您家庭预计进行证券投资的资金占家庭现有总资产（不含自住房产、自用房产及汽车等固定资产）的比例是：

A. 70%以上　B. 50%~70%　C. 30%~50%　D. 10%~30%

E. 10%以下

3. 您是否有尚未清偿的数额较大的债务？如有，其性质是：

A. 没有

B. 有，住房抵押贷款等长期定额债务

C. 有，信用卡欠款、消费信贷等短期信用债务

D. 有，亲朋之间借款

4. 您可用于投资的资产数额（包括金融资产和不动产）为：

A. 不超过 50 万元人民币　B. 50 万~300 万元（不含）人民币

C. 300 万~1000 万元（不含）人民币　D. 1000 万元人民币以上

二、投资知识

5. 以下描述中何种符合您的实际情况：

A. 现在或此前曾从事金融、经济或财会等与金融产品投资相关的工作超过两年

B. 已取得金融、经济或财会等金融产品投资相关专业学士以上学位

C. 取得证券从业资格证、期货从业资格证、注册会计师证书（CPA）或注册金融分析师证书（CFA）中的一项及以上

D. 我不符合以上任何一项描述

三、投资经验

6. 您的投资经验可以被概括为：

A. 有限：除银行活期账户和定期存款外，我基本没有其他投资经验

B. 一般：除银行活期账户和定期存款外，我购买过基金、保险等理财产品，但还需要进一步的指导

C. 丰富：我是一位有经验的投资者，参与过股票、基金等产品的交易，并倾向于自己做出投资决策

D. 非常丰富：我是一位非常有经验的投资者，参与过权证、期货或创业板等高风险产品的交易

7. 有一位投资者一个月内做了 15 笔交易（同一品种买卖各一次算一笔），您认为这样的交易频率：

A. 太高了　B. 偏高　C. 正常　D. 偏低

8. 过去一年时间内，您购买的不同产品或接受的不同服务（含同一类型的不同产品或服务）的数量是：

A. 5 个及以下　B. 6~10 个　C. 11~15 个　D. 16 个及以上

9. 以下金融产品或服务，您投资经验在两年以上的有：

A. 银行存款等

B. 债券、货币市场基金、债券型基金或其他固定收益类产品等

C. 股票、混合型基金、偏股型基金、股票型基金等权益类投资品种等

D. 期货、融资融券

E. 复杂金融产品、其他产品或服务

（注：本题可多选，但评分以其中最高分值选项为准。）

10. 您有多少年投资基金、股票、信托、私募证券或金融衍生产品等风险投资品的经验？

A. 没有经验　　B. 少于 2 年　　C. 2~5 年　　D. 5~10 年

E. 10 年以上

11. 如果您曾经从事过金融市场投资，在交易较为活跃的月份，平均月交易额大概是多少：

A. 10 万元以内　　B. 10 万~30 万元

C. 30 万~100 万元　　D. 100 万元以上

E. 从未从事过金融市场投资

四、投资目标

12. 您用于证券投资的大部分资金不会用作其他用途的时间段为：

A. 0~1 年　　B. 1~5 年　　C. 5 年以上　　D. 无特别要求

13. 您打算重点投资于哪些种类的投资品种？

A. 债券、货币市场基金、债券基金等固定收益类投资品种

B. 股票、混合型基金、偏股型基金、股票型基金等权益类投资品种

C. 期货、期权、融资融券等

D. 高风险、复杂金融产品或服务

E. 其他产品或服务

（注：本题可多选，但评分以其中最高分值选项为准。）

14. 假设有两种不同的投资：投资甲预期获得 5% 的收益，有可能承担非常小的损失；投资乙预期获得 20% 的收益，但有可能面临 25% 甚至更高的亏损。您将您的投资资产分配为：

A. 全部投资于甲　　B. 大部分投资于甲

C. 两种投资各一半　　D. 大部分投资于乙

E. 全部投资于乙

五、风险偏好

15. 当您进行投资时，您的首要目标是：

A. 尽可能保证本金安全，不在乎收益率比较低

B. 产生一定的收益，可以承担一定的投资风险

C. 产生较多的收益，可以承担较大的投资风险

D. 实现资产大幅增长，愿意承担很大的投资风险

16. 您认为自己能承受的最大投资损失是多少？

A. 10%以内　B. 10%~30%　C. 30%~50%　D. 50%~100%

E. 损失超过本金　F. 不能承受任何损失

17. 您打算将自己的投资回报主要用于：

A. 改善生活

B. 个体生产经营或证券投资以外的投资行为

C. 履行扶养、抚养或赡养义务

D. 本人养老或医疗

E. 偿付债务

六、其他信息

18. 您的年龄是：

A. 不满 16 岁　B. 16~18 岁（不含）C. 18~30 岁　D. 31~50 岁

E. 51~60 岁　F. 61~79 岁　G. 80 岁以上（含）

19. 今后五年时间内，您的父母、配偶及未成年子女等需负法定抚养义务和赡养义务的人数为：

A. 1~2 人　B. 3~4 人　C. 5 人以上

20. 您的最高学历是：

A. 高中或以下　B. 大学专科　C. 大学本科　D. 硕士及以上

21. 您家庭的就业状况是：

A. 您与配偶均有稳定收入的工作

B. 您与配偶其中一人有稳定收入的工作

C. 您与配偶均没有稳定收入的工作或者已退休

D. 未婚，但有稳定收入的工作

E. 未婚，目前暂无稳定收入的工作

2. 基金产品风险等级评定

募集机构应通过科学、合理的方法对拟推介的基金产品或服务进行综合评

估，确定该基金产品或服务的风险等级。

一方面，为有效指引募集机构对基金产品或服务进行风险分级，《基金募集机构投资者适当性管理实施指引（试行）》中规定了基金产品或者服务风险等级划分参考标准，如表3-6所示。这为募集机构评定拟推介的私募基金产品或服务的风险等级提供了重要的参考依据。

表3-6 基金产品或者服务风险等级划分参考标准

风险等级	产品参考要素
R_1	产品结构简单，过往业绩及净值的历史波动率低，投资标的流动性很好、不含衍生品，估值政策清晰，杠杆不超监管部门规定的标准
R_2	产品结构简单，过往业绩及净值的历史波动率较低，投资标的流动性好、投资衍生品以套期保值为目的，估值政策清晰，杠杆不超监管部门规定的标准
R_3	产品结构较简单，过往业绩及净值的历史波动率较高，投资标的流动性较好、投资衍生品以对冲为目的，估值政策清晰，杠杆不超监管部门规定的标准
R_4	产品结构较复杂，过往业绩及净值的历史波动率较高，投资标的流动性较差、估值政策较清晰，一倍（不含）以上至三倍（不含）以下杠杆
R_5	产品结构复杂，过往业绩及净值的历史波动率很高，投资标的流动性差、估值政策不清晰，三倍（含）以上杠杆

需要注意的是，在实操过程中，私募基金管理人还应该根据具体情况对评级因素进行细化，制定符合自身实际情况的划分标准。

另一方面，募集机构为实现科学合理的基金产品或服务风险等级评定，除了结合如表3-6所示的《基金产品或者服务风险等级划分参考标准》外，根据《证券期货投资者适当性管理办法》第十六条的规定，对推介的基金产品或服务风险等级评定时，募集机构还应当综合考虑以下因素：流动性，到期时限，杠杆情况，结构复杂性，投资单位产品或者相关服务的最低金额，投资方向和投资范围，募集方式，发行人等相关主体的信用状况，同类产品或服务过往业绩等。涉及投资组合的基金产品或者服务，应当按照产品或者服务整体风险等级进行评估。

通过上述两方面的结合，最终评定出拟推介的基金产品或服务风险等级在R_1、R_2、R_3、R_4、R_5五个等级中的某一级。

3. 投资者适当性匹配

根据投资者的风险承受能力等级及风险类型的评定结果（C），结合拟推介的基金产品或服务风险等级评定结果（R），向投资者推介的基金产品或服务应当与投资者的风险承受能力相匹配，把适当的基金产品或者服务提供给适合的投资者。即建立以下适当性匹配原则：

（1）C_1 型（含最低风险承受能力类别）普通投资者可以购买 R_1 级基金产品或者服务。

（2）C_2 型普通投资者可以购买 R_2 级及以下风险等级的基金产品或者服务。

（3）C_3 型普通投资者可以购买 R_3 级及以下风险等级的基金产品或者服务。

（4）C_4 型普通投资者可以购买 R_4 级及以下风险等级的基金产品或者服务。

（5）C_5 型普通投资者可以购买所有风险等级的基金产品或者服务。

根据上述匹配原则，募集机构依据投资者风险承受能力等级及风险类型，对其推介的基金产品或服务风险等级作出合理判断。对投资者提出适当性匹配意见，履行适当性义务。

若投资者风险承受能力等级及风险类型与推介的基金产品或服务风险等级相匹配，募集机构应当与投资者签署确认适当性匹配结果，签署如表 3-7 所示的《适当性匹配意见及投资者确认书》。

表 3-7　适当性匹配意见及投资者确认书（一式两份）

适当性匹配意见	尊敬的投资者（姓名/名称：__________资金账号：__________）： 您的风险承受能力等级为：（例如：□C_1　□C_2　□C_3　□C_4　□C_5）； 您拟投资的金融产品__________或拟接受的服务__________： 风险等级为：（例如：□R_1　□R_2　□R_3　□R_4　□R_5）； 本营业网点已经向您充分揭示了该金融产品或服务的风险。您的风险承受能力等级与该金融产品或服务风险等级相匹配。本适当性评估意见供您决策参考，并不代表本营业网点对上述产品或服务的风险或收益作出实质性判断和保证。 本营业网点就上述适当性评估意见与您进行确认，并建议您审慎考察该产品或服务的特征及风险并进行充分风险评估，自行做出投资决定。 营业网点/公司盖章： 日期：
投资者确认	××××证券经营机构××营业网点： 本人/本机构已认真阅读了贵营业网点关于__________产品或__________服务的风险揭示书，并已充分了解该产品或服务的特征和风险，签署了风险揭示书。 本人/本机构在此确认自身风险承受能力等级与该金融产品或服务风险等级相匹配。 本人/本机构投资该项产品或接受该项服务的决定，系本人/本机构独立、自主、真实的意思表示，与贵营业网点及相关从业人员无关。 投资者签名或盖章： 日期：

若投资者风险承受能力等级与推介的基金产品或服务风险等级不相匹配的，募集机构应当与投资者签署如表 3-8 所示的《产品或服务风险不匹配警示函及投资者确认书》。

表 3-8 产品或服务风险不匹配警示函及投资者确认书（一式两份）

风险等级不匹配警示	尊敬的投资者（姓名/名称：__________资金账号：__________）： 您拟投资的金融产品__________或金融服务，__________其风险等级为__________，高于您的风险承受能力等级。购买该产品或接受该服务，可能导致您产生损失。 我营业网点就上述情况向您提出警示，并建议您关注该产品或服务的特征及风险，审慎作出投资决策。 若您经审慎考虑后，仍坚持购买该产品或接受该服务，请签署下附投资确认书。 营业网点/公司盖章： 日期：
投资者确认书	××××证券经营机构××营业网点： 本人/本机构已认真阅读了贵营业网点关于__________产品或__________服务的相关警示，并已充分了解该产品或服务的特征和风险，充分知悉上述不匹配情况。 本人/本机构经审慎考虑后，仍坚持购买该产品或接受该服务，并愿意承担由此可能产生的损失和其他后果。购买该产品或接受该服务的决定，系本人/本机构独立、自主、真实的意思表示，与贵营业网点及相关从业人员无关。 投资者签名或盖章： 日期：

根据《证券经营机构投资者适当性管理实施指引（试行）》相关规定，募集机构告知投资者不适合购买相关基金产品或者接受相关服务，投资者主动要求购买风险等级高于其风险承受能力的基金产品或者接受相关服务的，募集机构在确认投资者不属于风险承受能力最低类别的投资者后，应当就基金产品或者服务风险高于其承受能力进行特别的书面风险警示，投资者仍坚持购买的，可以向其销售相关基金产品或者提供相关服务。

投资者适当性匹配流程如图 3-3 所示。

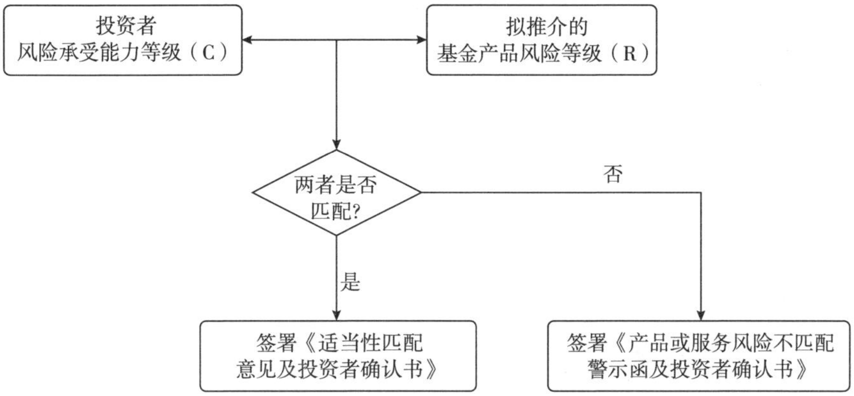

图 3-3 投资者适当性匹配流程

（三）基金推介

在履行了特定对象确定程序和投资者适当性匹配后，基金募集机构可以进一步推介宣传相关私募证券投资基金产品的具体信息。

1. 推介原则

私募证券投资基金推介材料应由私募证券投资基金管理人制作并使用，私募证券投资基金管理人应对其内容的真实性、完整性、准确性负责。

除私募证券投资基金管理人委托募集的基金销售机构可以使用推介材料向特定对象宣传推介外，其他任何机构或个人不得使用、更改、变相使用私募基金推介材料。

2. 推介材料

私募证券投资基金的宣传推介材料主要包括《基金募集说明书》《基金合同》《风险揭示书》等。根据《私募投资基金募集行为管理办法》，募集机构应当采取合理方式向投资者披露私募基金信息，揭示投资风险，确保推介材料的相关内容清晰、醒目。私募基金推介材料内容应与基金合同主要内容一致，不得有任何虚假记载、误导性陈述或者重大遗漏。如有不一致的，应当向投资者特别说明。私募基金推介主要内容详见本章第一节中的“二、”，这里不再赘述。

3. 基金推介禁止事项

私募投资基金在募集环节存在诸多违法违规现象，“伪私募”“乱私募”往往在这一环节出现最多，主要体现在销售基金产品或者提供服务的活动中、推介销售渠道上和推介行为上等出现违法违规事项。鉴于此，监管部门相继出台了相关制度，提出明确的基金推介禁止事项。

（1）销售基金产品或提供服务活动的禁止事项。

根据《证券期货投资者适当性管理办法》，经营机构在进行销售产品或者提供服务的活动禁止出现以下情况：

1）向不符合准入要求的投资者销售产品或者提供服务。

2）向投资者就不确定事项提供确定性的判断，或者告知投资者有可能使其误认为具有确定性的意见。

3）向普通投资者主动推介风险等级高于其风险承受能力的产品或者服务。

4）向普通投资者主动推介不符合其投资目标的产品或者服务。

5）向风险承受能力最低类别的投资者销售或者提供风险等级高于其风险承

受能力的产品或者服务。

6）其他违背适当性要求，损害投资者合法权益的行为。

（2）推介销售渠道的禁止事项。

根据《私募投资基金募集行为管理办法》，募集机构不得通过下列媒介渠道推介私募投资基金：

1）公开出版资料。

2）面向社会公众的宣传单、布告、手册信函、传真。

3）海报、户外广告。

4）电视、电影、电台及其他音像等公共传播媒体。

5）公共、门户网站链接广告、博客等。

6）未设置特定对象确定程序的募集机构官方网站、微信朋友圈等互联网媒介。

7）未设置特定对象确定程序的讲座、报告会、分析会。

8）未设置特定对象确定程序的电话、短信和电子邮件等通讯媒介。

9）法律、行政法规、中国证监会规定和基金业协会自律规则禁止的其他行为。

（3）推介行为的禁止事项。

根据《私募投资基金募集行为管理办法》，募集机构及其从业人员推介私募基金时，禁止有以下行为：

1）公开推介或者变相公开推介。

2）推介材料虚假记载、误导性陈述或者重大遗漏。

3）以任何方式承诺投资者资金不受损失，或者以任何方式承诺投资者最低收益，包括宣传“预期收益”“预计收益”“预测投资业绩”等相关内容。

4）夸大或者片面推介基金，违规使用“安全”“保证”“承诺”“保险”“避险”“有保障”“高收益”“无风险”等可能误导投资者进行风险判断的措辞。

5）使用“欲购从速”“申购良机”等片面强调集中营销时间限制的措辞。

6）推介或片面节选少于 6 个月的过往整体业绩或过往基金产品业绩。

7）登载个人、法人或者其他组织的祝贺性、恭维性或推荐性的文字。

8）采用不具有可比性、公平性、准确性、权威性的数据来源和方法进行业绩比较，任意使用“业绩最佳”“规模最大”等相关措辞。

9）恶意贬低同行。

10）允许非本机构雇佣的人员进行私募基金推介。

11）推介非本机构设立或负责募集的私募基金。

12）法律、行政法规、中国证监会和中国基金业协会禁止的其他行为。

同时，根据《私募投资基金监督管理办法（征求意见稿）》第五十条规定，私募基金管理人、私募基金销售机构及其从业人员在募集过程中不得有下列行为：

1）《私募条例》第二十条规定的行为（即：私募基金不得向合格投资者以外的单位和个人募集或者转让；不得向为他人代持的投资者募集或者转让；不得通过报刊、电台、电视台、互联网等大众传播媒介，电话、短信、即时通讯工具、电子邮件、传单，或者讲座、报告会、分析会等方式向不特定对象宣传推介；不得以虚假、片面、夸大等方式宣传推介；不得以私募基金托管人名义宣传推介；不得向投资者承诺投资本金不受损失或者承诺最低收益。）；

2）为投资者提供多人拼凑、资金借贷等满足合格投资者要求的便利；

3）向不特定对象宣传推介，通过设置特定对象确定程序的官网、客户端等互联网媒介向合格投资者进行宣传推介的除外；

4）使用安全、高收益、预期收益率等可能导致投资者不能准确认识私募基金风险的表述；

5）直接或者间接向投资者承诺保本保收益，包括投资本金不受损失、固定比例损失或者承诺最低收益等情形；

6）宣传推介材料有虚假记载、误导性陈述或者重大遗漏；

7）以登记备案、金融机构托管、政府出资、第三方回购担保等名义进行误导性宣传推介；

8）使用私募基金财产支付资金募集过程中的费用；

9）法律、行政法规和中国证监会禁止的其他行为。

私募基金管理人的股东、合伙人、实际控制人、关联方不得从事或者变相从事前款所列行为。

（四）基金风险揭示

在基金推介过程中，私募证券投资基金管理人应在私募证券投资基金推介材料中采取合理的方式揭示基金风险。风险揭示环节尤为重要，要求相关内容清晰、醒目，并以合理的方式提醒投资者注意，让投资者在充分了解基金风险的情况下作出投资与否的决定。

风险揭示环节安排在投资者签署基金合同之前，即募集机构应当向投资者说明有关法律法规，说明投资冷静期、回访确认等程序性安排及投资者的相关权利，重点揭示该投资基金产品的风险，并与投资者签署《风险揭示书》。《风险揭示书》主要内容如图 3-4 所示。

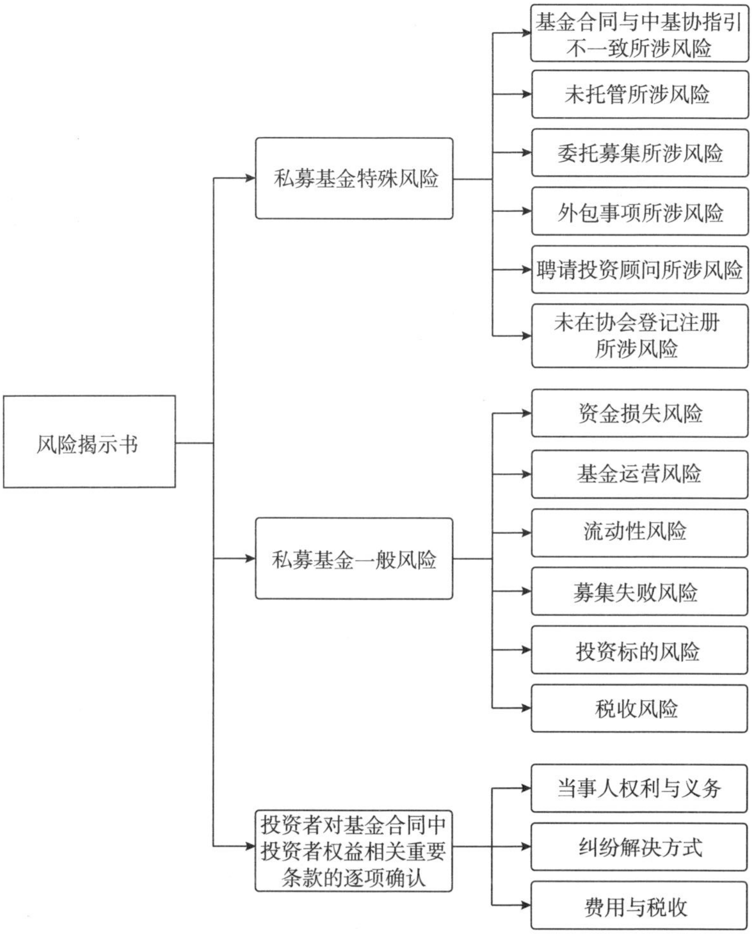

图 3-4 《风险揭示书》主要内容

另外，根据《私募投资基金登记备案办法》第二十八条的规定，有下列情形之一的，私募基金管理人应当通过风险揭示书向投资者进行特别提示：

（1）基金财产不进行托管。

（2）私募基金管理人与基金销售机构存在关联关系。

（3）私募基金投资涉及关联交易。

（4）私募基金通过特殊目的载体投向投资标的。

（5）基金财产在境外进行投资。

（6）私募基金存在分级安排或者其他复杂结构，或者涉及重大无先例事项。

（7）私募证券基金主要投向收益互换、场外期权等场外衍生品标的，或者流动性较低的标的。

（8）私募基金管理人的控股股东、实际控制人、普通合伙人发生变更，尚未在协会完成变更手续。

（9）其他重大投资风险或者利益冲突风险。

私募基金投向单一标的、未进行组合投资的，私募基金管理人应当特别提示风险，对投资标的的基本情况、投资架构、因未进行组合投资而可能受到的损失、纠纷解决机制等进行书面揭示，并由投资者签署确认。

有关募集机构与投资者签署的《风险揭示书》详见中基协发布的《私募投资基金风险揭示书内容与格式指引》。

（五）合格投资者确认

在完成基金风险揭示后，募集机构应当要求投资者提供必要的投资经历证明、资产证明文件或收入证明用于资格审核。募集机构应合理审慎地审查投资者是否符合私募证券投资基金合格投资者标准，依法履行反洗钱义务，并确保任一时点单只私募证券投资基金的合格投资者人数累计不得超过《证券投资基金法》《公司法》《合伙企业法》等法律规定的特定数量。根据规定，公司型基金合格投资者人数有限责任公司的不得超过 50 人，股份有限公司的不得超过 200 人，合伙型基金合格投资者人数不得超过 50 人，契约型基金合格投资者人数不得超过 200 人。

任何单位和个人不得通过将私募基金份额进行拆分或者转让，或者通过为投向单一标的设立多只私募基金等方式，以降低合格投资者标准或者突破法律规定的人数限制。

根据《私募投资基金监督管理办法（征求意见稿）》，合格投资者是指达到规定的资产规模或者收入水平，具备相应风险识别能力和风险承担能力，单个投资者投资于单只私募证券基金实缴金额不低于 100 万元的自然人、法人或者其他组织，且符合下列条件之一：

（1）具有两年以上投资经历，且满足下列条件之一的自然人：家庭金融资产不低于 500 万元，家庭金融净资产不低于 300 万元，或者近三年本人年均收入不低于 40 万元；

（2）净资产不低于 1000 万元的法人或者其他组织。

上述所称金融资产，是指银行存款、股票、期货、债券、基金份额、资产管理产品等。

合格投资者确认流程如图 3-5 所示。

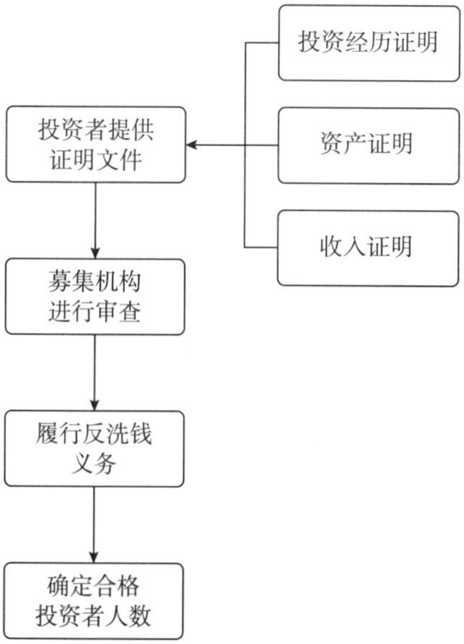

图 3-5 合格投资者确认流程

审查过程采用穿透核查。投资者应当以真实身份和自有资金购买私募基金，确保投资资金来源合法，不得非法汇集他人资金进行投资。以合伙企业、契约等非法人形式投资私募基金的，除另有规定外，私募证券投资基金管理人、基金销售机构应当穿透核查最终投资者是否为合格投资者，并合并计算合格投资者人数，确保合格投资者人数不超过法律规定的人数。

根据有关规定，下列投资者视为合格投资者（不再穿透核查最终投资者是否为合格投资者和合并计算投资者人数）：

（1）依法设立并接受国务院金融监督管理机构监管的机构，包括证券公司及其子公司、基金管理公司及其子公司、期货公司及其子公司、商业银行及其理财子公司、保险公司、保险资产管理公司、金融资产投资公司、信托公司、财务公司及中国证监会规定的其他机构；

（2）上述第（1）项规定中规定机构依法发行的资产管理产品；

（3）在基金业协会登记备案的私募基金管理人、私募基金；

（4）社会保障基金、基本养老保险基金、年金基金等养老基金，慈善基金等社会公益基金；

（5）合格境外投资者；

（6）政府资金或者符合条件的政府资金参与设立的基金；

（7）中国证监会规定的其他投资者。

需要说明的是，符合上述第（2）（3）项规定的，不合并计算投资者人数，但私募基金管理人或者私募基金销售机构应当有效识别私募基金的实际投资者与最终资金来源。

（六）签署基金合同

各方在完成合格投资者确认程序后，即可按照双方意愿签署私募证券投资基金合同。但在签署基金合同之前，基金管理人还应向投资者充分说明投资冷静期、回访确认等程序性安排，以及投资者的相关权利。

针对不同类型的基金组织形式，在签署基金合同时，应按照中基协发布的《私募投资基金合同指引 1 号（契约型私募基金合同内容与格式指引）》《私募投资基金合同指引 2 号（公司章程必备条款指引）》《私募投资基金合同指引 3 号（合伙协议必备条款指引）》，确保所签署的基金合同主要内容与指引保持一致，避免出现特殊风险。

（七）投资者交纳认购基金款

基金合同签署成功后，投资者需要按照约定交纳认购基金款，即由投资者的资金账户划转到基金管理人的募集结算资金专用账户。

基金设立过程中，需要设立以下资金账户：

（1）私募基金募集结算资金专用账户，用于统一归集私募基金募集结算资金、向投资者分配收益、给付赎回款项及分配基金清算后的剩余基金财产等，确保资金原路返还。私募基金管理人需要与监督机构签署账户监督协议，明确对私募基金募集结算资金专用账户的控制权、责任划分及保障资金划转安全的条款。

（2）基金托管账户，即基金财产账户。在实践中，私募基金管理人与基金托管机构签署托管协议，设立托管资金专门账户，用于托管资金的归集、存放与支付，托管机构对基金资金的使用情况进行监督。托管账户的主要目的是确保基金财产的独立性和安全性。

募集资金划转的流程为：投资者资金账户→募集结算资金专用账户→基金财产账户（基金托管账户），同时要保证退出时资金要遵循“同进同出”的原则，即必须原路返回给投资者。

（八）投资冷静期

根据《私募投资基金募集行为管理办法》，基金合同应当约定给投资者设置不少于二十四小时的投资冷静期，募集机构在投资冷静期内不得主动联系投资者。私募证券投资基金合同应当约定，投资冷静期自基金合同签署完毕且投资者交纳认购基金的款项后起算，不得自行约定。

（九）回访确认

募集机构应当在冷静期满后，指令本机构从事基金销售推介业务以外的人员以录音电话、电邮、信函等适当方式进行投资回访。回访过程不得出现诱导性陈述。在投资冷静期内进行的回访确认无效。

冷静期满后，根据《私募投资基金募集行为管理办法》，回访的主要内容包括但不限于：

（1）确认受访人是否为投资者本人或机构。

（2）确认投资者是否为自己购买了该基金产品以及投资者是否按照要求亲笔签名或盖章。

（3）确认投资者是否已经阅读并理解基金合同和风险揭示的内容。

（4）确认投资者的风险识别能力及风险承担能力是否与所投资的私募基金产品相匹配。

（5）确认投资者是否知悉投资者承担的主要费用及费率，投资者的重要权利、私募基金信息披露的内容、方式及频率。

（6）确认投资者是否知悉未来可能承担投资损失。

（7）确认投资者是否知悉投资冷静期的起算时间、期间及享有的权利。

（8）确认投资者是否知悉纠纷解决安排。

需要特别强调的是：

（1）24 小时冷静期内的回访无效。

（2）在回访确认成功前，投资者有权解除基金合同。

（3）未经回访确认成功，投资者交纳的认购基金款项不得由募集结算资金专用账户划转到基金财产账户（基金托管账户），私募基金管理人不得投资运作投资者交纳的认购基金款项。

实务中，为了确保不在基金募集环节中出现违法违规问题，避免投资者投诉和应对中基协检查，募集机构往往要求投资者签署《投资者冷静期回访确认表》。

投资冷静期回访确认表

尊敬的投资者：

按照《证券期货投资者适当性管理办法》、《基金募集机构投资者适当性管理实施指引（试行）》和《私募投资基金募集行为管理办法》的相关规定，现对您/贵机构进行投资回访。

请仔细阅读下列内容，签字/盖章确认（自然人投资者在每段段尾【　　】内签名；机构投资者在本页、尾页盖章，加盖骑缝章）并签署日期。请将签字（盖章）后的确认表扫描，以电子邮件方式反馈至本公司的联系邮箱×××××@163.com。

1. 此回访确认表的填写者为投资者本人/本机构。【　　】

2. 本人/本机构的本次投资行为是为自己购买本基金产品，并已按照要求亲笔签名或盖章。【　　】

3. 本人/本机构已经阅读并理解基金合同和风险揭示书的内容。【　　】

4. 本人/本机构的风险识别能力及风险承担能力与所投资的私募基金产品相匹配。【　　】

5. 本人/本机构知悉投资者承担的主要费用及费率，投资者的重要权利、私募基金信息披露的内容、方式及频率。【　　】

6. 本人/本机构知悉未来可能承担投资损失。【　　】

7. 本人/本机构知悉投资冷静期的起算时间、期间以及享有的权利。【　　】

8. 本人/本机构知悉纠纷解决安排。【　　】

9. 销售机构是否有下列销售产品的活动：（是/否）【　　】

（1）向不符合准入要求的投资者销售产品或者提供服务；

（2）向投资者就不确定事项提供确定性的判断，或者告知投资者有可能使其误认为具有确定性的意见；

（3）向普通投资者主动推介风险等级高于其风险承受能力的产品或者服务；

（4）向普通投资者主动推介不符合其投资目标的产品或者服务；

（5）向风险承受能力最低类别的投资者销售或者提供风险等级高于其风险承受能力的产品或者服务；

（6）其他违背适当性要求，损害投资者合法权益的行为。

基金投资者（自然人签字或机构盖章）：

日期：

回访确认流程图如图 3-6 所示。

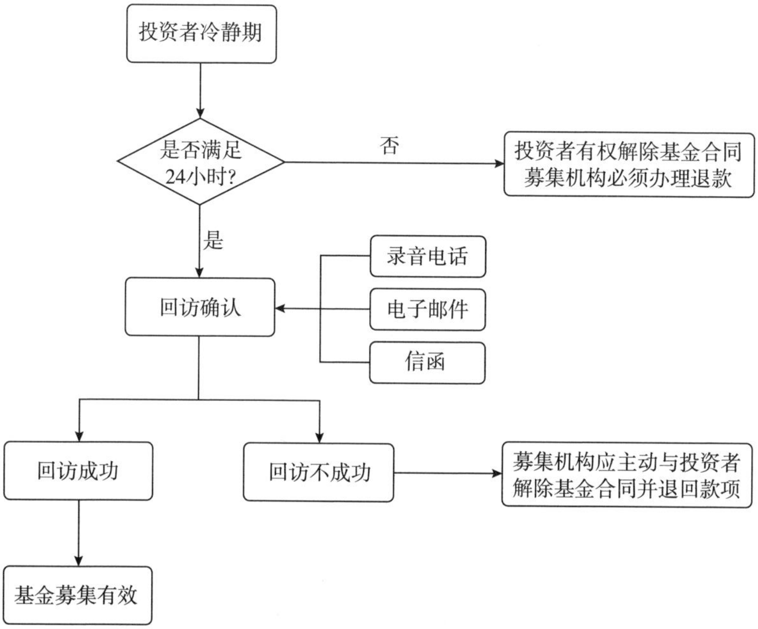

图 3-6　回访确认流程

（十）认购基金款项划转

回访确认成功后，募集机构将投资者认购基金款项由募集结算资金专用账户划转到基金财产账户（基金托管账户）。

当募集规模达到基金计划的募集规模后，就视为基金募集成功。需要注意的是，根据《私募投资基金登记备案办法》，私募证券投资基金初始实缴募集资金规模除另有规定外不得低于 1000 万元人民币；投向单一标的的私募基金不低于 2000 万元人民币。

以上募集工作完成后，基金募集机构还要建立完善的档案管理制度，妥善保存投资者适当性管理业务资料。其中，投资者适当性管理制度、投资者信息资料、告知警示投资者资料、录音录像资料、自查报告等至少应当保存 20 年。

私募投资基金募集环节是整个私募基金生命周期中的重要一环，是涉及合规要求较多的一环。也是基金行业违法违规行为频发的环节。从严格的基金募集流程可以看出，要避免出现“伪私募”“乱私募”等扰乱社会经济秩序现象，优化私募基金行业生态，就要从基金募集端开始，真正做到阳光私募，通过非公开方式向合格投资者募集，促使基金管理人诚实守信，勤勉尽责，坚持投资者利益优先，投资者应当“收益自享、风险自担”，做到“卖者尽责、买者自负”。因此，基金管理人要真正做到从普通投资者人群中，严格按照法律法规和自律规则要求募集，找到真实的合格投资者，这是一个不断排查、不断过滤、淘汰的过程。

第二节　私募证券投资基金的设立与备案

一、私募证券投资基金的设立

相比公司型和合伙型的私募证券投资基金形式，契约型私募证券投资基金的特点是无民事主体资格、规避了双重征税和复杂的程序设定，基金管理人与投资者之间的权利与义务均可自由约定，还有可灵活调整基金规模等优点，奠定了契约型私募证券投资基金被广泛接受的基础。

由于现实中，契约型私募证券投资基金占比最大，所以在此以契约型私募证券投资基金的设立为例进行说明。关于契约型私募证券投资基金的具体概念详见本教材第一章第三节。

（一）契约型私募证券投资基金设立指引

此设立指引由中基协参照《证券法》《信托法》《证券投资基金法》等法律法规制定设立。

1. 定义

契约型私募证券投资基金是指双方当事人通过订立专门的基金契约来明确各自的权利义务关系而形成的投资于资本市场的私募证券投资基金。

2. 法律特征

契约型私募证券投资基金的信托特征显著，不具有法人资格，且契约型私募证券投资基金的财产具有高度独立性——独立于基金管理人、托管人的固有财产，也独立于投资者未投入基金的其他财产。

信托关系是指委托人基于对受托人的信任，将其财产权委托给受托人，由受托人按委托人的意愿以自己的名义，为受益人的利益或者特定目的，进行管理或者处分的行为。因此，在信托关系中，契约型私募证券投资基金的基金管理人作为受托人以自己的名义管理、处分信托财产，是对外缔约和履约的主体。

三种类型的私募证券投资基金中，数量最大、占绝大多数的便是以信托契约的形式成立的契约型私募证券投资基金，所以首先适用于《证券投资基金法》，《证券投资基金法》中没有规定的内容应当首先参考《信托法》。

根据《私募投资基金登记备案办法》第三十三条，契约型私募基金份额的初始募集面值应当为 1 元人民币，在基金成立后至到期日前不得擅自改变。

3. 组织架构

合格投资者通过购买私募基金份额参与基金，享有基金投资收益。私募基金管理人依法及合同规定负责基金的日常运营与管理。基金托管人负责基金资产的保管和处置，并对私募基金管理人的运作实行监督。相关内容详见本教材第一章第三节。

4. 私募证券投资基金管理人与基金财产相互独立的法律条件

（1）成立私募证券投资基金管理人，并完成在中基协的登记。

（2）向合格投资者募集契约型基金，签署基金合同，并与基金托管人签署托管合同。

（3）基金募集完毕后，向中基协备案。

（4）基金资产应当由基金托管人托管。

托管是将基金财产与基金管理人财产相区别的有效方式，如果不进行托管，基金财产很容易被认为与基金管理人财产混同的，缺乏独立性的基本支撑。

综上，随着私募证券投资基金地位的合法化，契约型私募证券投资基金的发展有了新机遇和新前景。相比较而言，在规章制度上，基金管理人发行契约型基金的灵活性更大了，这大大减少了基金管理人发行的费用支出，同时进一步激励着契约型私募证券投资基金的种类不断朝着多样化和规模化扩张，届时契约型私募证券投资基金的概念定位也会更加清晰，其包含的范畴也将更加丰富。

（二）私募证券投资基金设立的步骤

设立公司型、有限合伙型的私募证券投资基金，需要经过名称预先核准、申请设立登记、再领取营业执照等几个繁琐步骤，而相对于公司型私募证券投资基金、有限合伙型私募证券投资基金，契约型私募证券投资基金的设立相对来讲更简单且便于操作：即只需要在中基协指定的资产管理业务综合报送平台（AMBERS 系统）上登记填写与设立或备案相关的资料即可。

其中在设立时，需要在资产管理业务综合报送平台上设立业务界面具体要填的事项如表 3-9 所示：

表 3-9　私募证券投资基金设立需要填的内容

产品名称（全称）	
产品编码	
业务模式	
产品类型	
是否为量化基金/对冲基金	
投资策略	
组织形式	
基金成立日期	
募集完成日	
币种	
是否涉及跨境投资	
是否存在保本情形	
是否仅投资单一标的	
是否涉及关联交易	
是否通过特殊目的公司进行投资	
主要投资方向	

以上必要字段填写完成并提交后，可得到所设立的此只私募证券投资基金的基金编码。得到基金编码，即可证明此只私募证券投资基金的诞生合法合规，具备开展基金募集、基金备案等后续一系列工作的资格。

（三）基金合同

契约型私募证券投资基金通过订立基金合同明确投资者、管理人及托管人在私募基金管理业务过程中的权利、义务及职责，确保基金财产的安全，以保护各方当事人的合法权益。基金合同是设立备案中最为重要，也是必不可少的资料之一，2016 年 4 月 18 日，中基协发布了《私募投资基金合同指引 1 号（契约型私募投资基金合同内容与格式指引）》，为私募基金管理人起草和制定基金合同提供了完整的思路。

根据《私募投资基金合同指引 1 号（契约型私募投资基金合同内容与格式指引）》，合同中需要包含的内容主要有：

（1）私募基金的名称。

（2）私募基金的运作方式，具体载明封闭式、开放式或者其他方式。

（3）私募基金的计划募集总额（如有）。

（4）私募基金的投资目标和投资范围。

（5）私募基金的存续期限。

（6）私募基金份额的初始募集面值。

（7）私募基金的结构化安排（如有）。

（8）私募基金的托管事项（如有）。

（9）私募基金的外包事项，订明外包机构的名称和在中国基金业协会登记的外包业务登记编码（如有）。

（10）其他需要订明的内容。

有关契约型私募投资基金合同的具体内容请参见中基协《私募投资基金合同指引 1 号（契约型私募投资基金合同内容与格式指引）》。

二、私募证券投资基金的备案

《证券投资基金法》《私募条例》等法律法规和自律规则明确要求，私募投资基金募集完毕后，私募基金管理人应当向基金业协会办理备案手续；私募基金管理人不得管理未备案的私募基金；基金募集完毕未按照要求履行备案手续，情节严重的，可以撤销私募基金管理人登记。可见，私募投资基金备案属于一项管理性强制规定。

募集完毕是指私募基金的已认缴投资者已签署基金合同，且首期实缴募集资金已进入托管账户等基金财产账户。单个投资者首期实缴出资除另有规定外，不得低于合格投资者的最低出资要求。

根据规定，为保证私募基金应当具有保障基本投资能力和抗风险能力的实缴募集资金规模，私募证券基金初始实缴募集资金规模不得低于 1000 万元人民币，投向单一标的的私募基金不低于 2000 万元人民币。

根据《私募投资基金登记备案办法》第三章第三十九条的规定，私募基金管理人应当自私募基金募集完毕之日起 20 个工作日内，通过“私募基金登记备案系统”向基金业协会报送材料，办理备案手续。

需要特别说明的是，基金业协会为私募基金管理人和私募基金办理登记备案不构成对私募基金管理人投资能力、持续合规情况的认可，不作为对基金财产安全的保证。

（一）私募证券投资基金备案的准备工作

1. 私募证券投资基金备案申请条件

私募基金管理人只能管理已备案通过的私募投资基金产品。因此，私募投资基金产品必须满足一定的申请条件，方可申请备案通过：

（1）已完成私募基金管理人登记并正常展业；

（2）私募投资基金已募集完毕；

（3）私募投资基金备案申请材料齐备、形式合规；

（4）符合私募投资基金行业相关法律法规、部门规章/规范性文件和行业自律规则相关要求。

可见，只有符合上述私募投资基金备案条件、申请材料真实、准确、完整且不存在法律法规或自律规则规定的禁止性行为方可申请备案通过。这里的禁止性行为在《私募投资基金登记备案办法》第四十一条中明确规定的 9 种情况不予办理私募投资基金备案。

2. 私募证券投资基金备案材料准备

根据私募证券投资基金申请备案时限要求，私募基金管理人自私募基金募集完毕之日起 20 个工作日内向基金业协会报送材料，办理备案手续。因此，在准备阶段的主要工作就是准备相关文件。

相关文件材料的准备，主要是对照《私募投资基金登记备案办法》《私募投资基金备案指引第 1 号》的规定，按照《私募投资基金备案材料清单（证券类）（2023 年修订）》要求提交材料。

契约型私募证券投资基金备案需要准备的主要材料文件如下（具体内容和要求参考中基协官网要求）：

（1）备案承诺函（有模板，盖章）；

（2）计划说明书/招募说明书/推介材料（盖章）；

（3）基金销售协议（盖章）；

（4）私募基金合同/合伙协议/公司章程（原件及 Word 版，盖章）；

（5）电子合同服务协议（特殊情形，盖章）；

（6）风险揭示书（有模板，盖章）；
（7）实缴出资证明与基金成立日证明（盖章）；
（8）私募投资基金投资者风险问卷调查（盖章）；
（9）募集结算资金专用账户监督协议或者相关证明文件（盖章）；
（10）管理人员工证明文件（投资者中存在员工跟投情形，盖章）；
（11）外包服务协议（如有，盖章）；
（12）投资顾问协议（如有，盖章）；
（13）跨境投资许可证明文件（如有涉及跨境投资，盖章）；
（14）其他相关需要说明的文件（如有，盖章或手签）；
（15）管理人（投顾）需要说明问题的文件（加盖相关机构签章）。

3. 私募证券投资基金备案材料审核要点

私募投资基金管理人在申请基金备案时，提供的私募证券投资基金信息及材料不仅要真实、准确、完整，不得有虚假记载、误导性陈述或者重大遗漏。同时，每一备案材料的内容必须满足法律法规或自律规则的各项规定。基金业协会重点关注私募证券投资基金在基金名称、存续期限、投资范围、开放安排、基金份额类别、结构化安排、业绩报酬、托管情况、投资经理、投资者、募集推介材料、风险揭示书、募集监督、募集完毕备案、交易模式承诺函、禁止性要求等方面是否符合各项规定。因此，私募证券投资基金管理人在办理基金备案申请前，一定要对备案材料的内容进行认真审核，确保符合法律法规和自律规则的各项要求，否则，出现反馈问题多，即使努力补正也往往会拖延一定的时间，严重的甚至造成基金备案不予通过，给后续进行基金运作与管理带来很大麻烦。

（二）私募证券投资基金备案申请接收方式、审核办理时限和程序

1. 私募证券投资基金备案申请接收方式

在线电子材料接收方式，即通过资产管理业务综合报送平台（https：//ambers. amac. org. cn）报送。

2. 私募证券投资基金备案审核办理时限

基金业协会自备案材料齐备之日起20个工作日内为私募投资基金办结备案手续。但基金管理人对备案信息、材料进行解释说明或者补充、修改的时间和基金业协会采取核查、研判的时间，不计入办理时限。

3. 私募证券投资基金备案程序

私募投资基金备案程序分为一般备案程序和系统自动办理备案程序。

（1）私募投资基金一般备案程序（人工办理备案程序）：包括申请、核查、退回补正、办结、结果公示等。

申请：私募基金管理人通过资产管理业务综合报送平台填报私募投资基金相关信息、上传备案材料并提交。

核查：备案材料齐备性核查和形式合规性核查。其中，备案材料齐备性核查，指基金业协会按照《私募投资基金备案申请材料清单（证券类）（2023年修订）》对私募证券投资基金备案材料的齐备性进行反馈；形式合规性核查，是指在备案材料齐备的基础上核查私募证券投资基金是否符合备案相关要求。

退回补正：经核查后，基金业协会就相关问题反馈补正意见，并将申请退回给私募基金管理人。私募基金管理人应按照补正意见修正相关信息、补充相关材料并再次提交。

办结：基金业协会对申请备案的私募证券投资基金作出备案通过、不予备案的办理意见。

结果公示：基金业协会作出备案通过、不予备案的核查结果后，会实时在资产管理业务综合报送平台更新产品备案状态。若备案通过，私募投资基金备案状态将更新为“已备案”，显示备案通过日期；若不予备案，私募投资基金备案状态将更新为“不予备案”。

对于备案通过的私募证券投资基金，基金业协会将于T+1日在官网信息公示界面（https：//gs. amac. org. cn）公示私募证券投资基金相关信息。

私募证券投资基金一般备案程序如图3-7所示。

（2）私募证券投资基金系统自动办理备案程序（“分道制+抽查制”备案程序）：包括申请、自动校验通过、结果公示、抽查、抽查补正、办结。

2020年，基金业协会为了扶优限劣，节约私募基金管理人备案的时间成本和资金成本，对一部分符合条件的私募基金管理人提交的私募投资基金备案申请开辟快速通道，实行“分道制+抽查制”。

所谓“分道制+抽查制”是指围绕合规性、稳定度、专业度、透明度四大维度指标，对私募投资基金管理人进行分类，支持符合条件的私募基金管理人通过基金业协会资产管理业务综合报送平台提交私募投资基金备案申请后，系统进行校验后自动通过，并于T+1日在官网以公示该基金基本情况的方式完成备案。备案完成后，协会对其合规情况进行随机抽查。若抽查中发现该基金存在不符合法

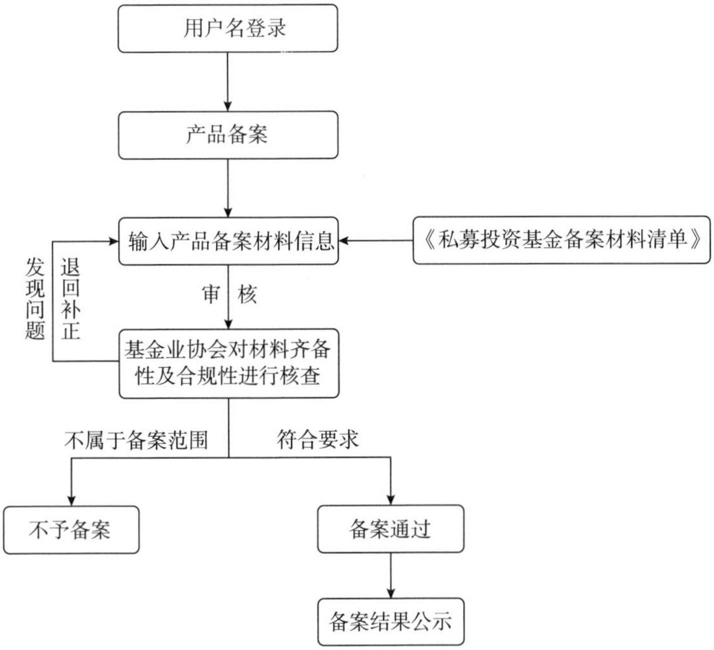

图 3-7　私募证券投资基金一般备案程序

律法规和自律规则的情形，将要求基金管理人进行整改。

申请：指符合“分道制+抽查制”条件的私募基金管理人通过资产管理业务综合报送平台填报私募投资基金相关信息、上传备案材料并提交。

自动校验通过：指符合“分道制+抽查制”条件的私募基金管理人通过资产管理业务综合报送平台提交私募投资基金备案申请，系统校验后自动通过。

结果公示：指在基金业协会官网信息公示界面公示备案通过的私募投资基金相关信息。

抽查：指基金业协会视情况随机对自动通过的私募投资基金进行抽查，核实备案材料齐备性和形式合规性。

抽查补正：指对于抽查发现存在问题的私募投资基金，基金业协会就相关问题形成补正意见，并对私募基金管理人生成“抽查任务变更”待办事项。私募基金管理人按要求发起对私募投资基金的抽查任务变更，按基金业协会补正意见修改备案信息。

办结：指基金业协会对私募投资基金的抽查未发现问题或对抽查任务变更申请作出办理通过的意见。

私募证券投资基金“分道制+抽查制”备案程序如图 3-8 所示。

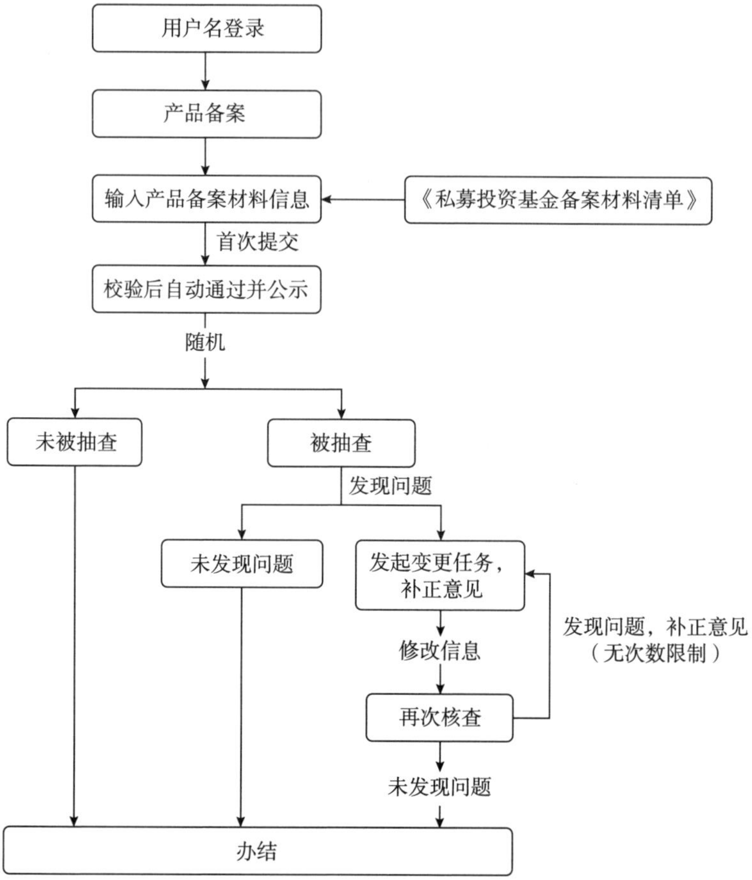

图 3-8　私募证券投资基金“分道制+抽查制”备案程序

【本章小结】

基金募集是指基金管理人或者委托的募集服务机构向投资者募集资金用于设立证券投资基金的行为，是私募证券投资基金运营的前提，也是私募证券投资基金资本循环与周转的起始点。

根据募集主体不同，私募证券投资基金的募集方式可以分为自行募集和委托募集。自行募集是由基金发起人自行拟定私募证券投资基金募集说明书、寻找投资者的基金募集方式。委托募集是指基金发起人委托第三方机构寻找投资者或者借用第三方的融资渠道完成资金募集工作，并支付相应报酬的基金募集方式。

私募证券投资基金募集的对象，即私募证券投资基金的投资者群体或资金来源的渠道，主要包括个人投资者、机构投资者、资管计划和其他投资者。

投资者分为专业投资者和普通投资者。其中普通投资者在信息告知、风险警示、适当性匹配等方面享有特别保护。基金募集机构在基金产品销售或者提供服务的过程中，必须履行投资者适当性匹配义务，将适当的私募基金提供给风险识别能力和风险承担能力相匹配的投资者，并向投资者充分揭示风险。

私募投资基金管理人只能通过非公开方式向合格投资者募集。合格投资者在投资经历、风险识别和风险承担能力和资金实力等具有特别规定的认定标准。合格投资者制度是私募投资基金监管理念的核心与基石。

根据中基协《私募投资基金募集行为管理办法》第十五条的规定，基金的募资流程为：特定对象确定——投资者适当性匹配——基金推介——基金风险提示——合格投资者确认——基金合同签署——投资冷静期——回访确认。

私募投资基金募集是整个私募基金生命周期中的重要一环，也是涉及合规要求较多的一环。基金募集机构需要符合法律法规和自律规则的要求，做到诚实守信、勤勉尽责，坚持投资者利益优先，投资者应当收益自享、风险自担，做到“卖者尽责、买者自负”。

由于契约型私募证券投资基金具有诸多优势，实务中，契约型私募证券投资基金占比最大，因此契约型私募证券投资基金是私募证券投资基金管理人设立基金产品的主要组织形式。

私募证券投资基金备案必须满足私募投资基金备案条件、申请材料真实、准确、完整且不存在法律法规或自律规则规定的禁止性行为。

私募投资基金管理人不得管理未经备案的私募投资基金。私募投资基金管理人自私募投资基金募集完毕之日起 20 个工作日内向基金业协会报送材料，办理备案手续；基金业协会自备案材料齐备之日起 20 个工作日内为私募投资基金办结备案手续。但基金管理人对备案信息、材料进行解释说明或者补充、修改的时间和基金业协会采取核查、研判的时间，不计入办理时限。

私募投资基金备案程序分为一般备案程序和系统自动办理备案程序。一般备案程序（人工办理备案程序）包括申请、核查、退回补正、办结、结果公示等，系统自动办理备案程序（“分道制+抽查制”备案程序）包括申请、自动校验通过、结果公示、抽查、抽查补正、办结。

【复习思考题】

1. 私募证券投资基金的募集方式有哪些？每一募集主体是什么？
2. 私募证券投资基金的资金来源和募集渠道主要有哪些？

3. 简述私募证券投资基金募集的全过程和关键步骤。
4. 简述募集机构推介渠道的禁止事项及推介行为的禁止事项。
5. 简述私募投资基金行业的合格投资者认定标准。
6. 简述私募证券投资基金募集说明书的主要内容。
7. 简述私募证券投资基金的备案程序及其具体内容。
8. 私募证券投资基金在备案时要准备的主要材料文件有哪些?
9. 列举私募投资基金募集过程中涉及哪些具体的法律法规和自律规则。

第四章　私募证券投资基金的投资管理

【学习要点】

- 掌握私募证券投资基金的投资理论
- 熟悉私募证券投资基金的投资决策组织架构
- 了解私募证券投资基金的主流投资策略
- 熟悉私募证券投资基金的投资决策流程
- 了解私募证券投资基金的业绩评价方法

第一节　私募证券投资基金的投资理论

一、有效市场假说

1970 年美国经济学家尤金・法玛（Eugene F. Fama）首次提出有效市场假说（Efficient Markets Hypothesis，EMH），其主要结论是在法律健全、功能良好、透明度高、竞争充分的股票市场中，一切有价值的信息已经及时、准确、充分地反映在股价走势当中，其中包括企业当前和未来的价值。除非存在市场操纵，否则投资者不可能通过分析以往历史价格来获得高于市场平均水平的超额利润。即有效市场假说认为，一切有价值的信息都反映在了股价中，所以传统投资策略难以战胜市场。

（一）有效市场假说的前提假设

（1）资本市场上所有的投资者都是理性人，他们能够对证券进行理性评价，投资者的理性预期与理性决策保证了资本市场的有效性。

（2）当部分投资者为非理性投资者时，他们的交易表现出随机性，这些交易将在彼此之间互相抵消，尽管非理性投资者之间交换证券会引起大量的市场交易，却不会对资产价格产生影响，价格仍将趋近于基本价值。

（3）即使这些非理性投资者的交易以相同的方式偏离于理性标准，竞争市场中理性套利者的存在也会消除非理性投资者的交易对价格的影响，使资产价格回归于基本价值，从而保持资本市场的有效性。

（4）即使非理性交易者在非基本价值的价格交易时，他们的财富也将逐渐减少，以至于不能在市场上存在。因此，从长久来看，由于竞争选择和套利的存在，市场仍将有效。

（二）有效市场假说的分类

尤金·法玛将信息分为三大类，即历史信息、公开信息和内幕信息。投资者可以无成本获得的信息越多，市场的有效性也随之提高。根据有效市场假设模型中可获得的信息类型的不同，市场的有效性被分为弱式有效、半强式有效和强式有效三种。

1. 弱式有效市场假说

在弱式有效市场里，市场价格已充分反映出所有的历史证券价格信息，包括股票的成交价、成交量，卖空金额、融资金额等，因此过去的市场交易数据对将来的证券价格预测没有任何作用。即按照由历史信息得出的交易规律进行证券买卖，将无法获得超额收益。

2. 半强式有效市场假说

在半强式有效市场里，价格已充分反映出所有已公开的有关公司运营前景的信息，这些信息包括成交价、成交量、盈利预测值、公司管理状况及其他公开披露的财务信息等。半强式有效市场假说还认为，投资者能迅速获得这些信息并采取行动，股价也能对此迅速作出反应。因此，如果半强式有效市场假说成立，则基本面分析将失去作用，内幕消息可能获得超额收益。

3. 强式有效市场假说

强式有效市场假说认为价格已充分反映了所有关于公司运营的信息，这些信息包括已公开的信息和内部未公开的内幕信息。所谓内幕信息，指的是公司内部人员掌握的、公司还没有公开的信息，即在强式有效市场中，任何方式都不能帮助投资者获得超额收益，即使是专业的机构投资者或有内幕消息者也一样不能。

虽然有效市场假说的假设条件过于严格苛刻，现实市场无法达到该要求，但从有效市场假说中可以得出，提高证券市场的有效性，根本环节在于解决证券价格形成过程中在信息披露、信息传输、信息解读及信息反馈各个环节所出现的问题，其中最关键的一项便是建立上市公司强制性信息披露制度。从有效市场假说的角度来看，信息披露制度是建立有效资本市场的基础，也是使资本市场的有效性得以不断提高的重要举措。

二、资本资产定价模型

资本资产定价模型（Capital Asset Pricing Model，CAPM）是在资产组合理论和资本市场理论的基础上发展起来的，主要研究证券市场中资产的预期收益率与风险资产之间的关系，以及均衡价格是如何形成的，是现代金融市场价格理论的支柱，广泛应用于投资决策和公司理财领域。

（一）假设条件

第一，投资者都依据期望收益率评价证券组合的收益水平，依据方差（标准差）评价证券组合的风险水平，并按照投资者共同偏好规则选择最优证券组合。

第二，投资者对证券的收益、风险及证券间的关联性具有完全相同的预期。

第三，资本市场没有摩擦，即不考虑交易成本和对红利、股息及资本利得的征税，信息在市场中自由流动，任何证券的交易单位都是无限可分的，市场只有一个无风险借贷利率，在借贷和卖空上没有限制。

（二）主要内容

1. 资本市场线

投资组合的有效前沿如图 4-1 所示，横轴用组合标准差表示组合的风险，纵轴为投资组合期望收益率，在马科维茨的资产组合理论下，所有的有效组合点连成图中的弧线。从无风险资产的收益率 F 出发，向有效组合线做一条切线（即射线 FM）便是资本市场线 CML（Capital Market Line）。

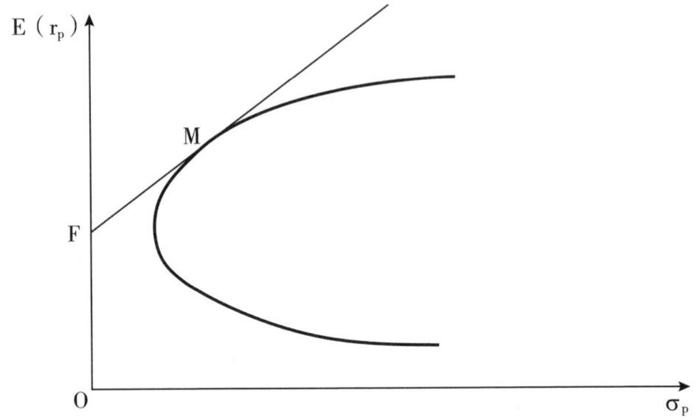

图 4-1　资本市场线

资本市场线揭示了有效组合的收益和风险之间的均衡关系，用公式可以表示为：

$$E(r_p)=r_F+\left[\frac{E(r_M)-r_F}{\sigma_M}\right]\sigma_p \tag{4-1}$$

式（4-1）中：

$E(r_p)$ 为有效组合 p 的期望收益率；

σ_p 为有效组合 p 的标准差；

$E(r_M)$ 为市场组合 M 的期望收益率；

σ_M 为市场组合 M 的标准差；

r_F 为无风险证券收益率。

资本市场线方程完整阐述了有效组合的期望收益率和风险之间的关系，即有效组合的期望收益率由两部分构成：

（1）无风险利率 r_F，是由时间创造的，是对放弃即期消费的补偿。

（2）$\left[\frac{E(r_M)-r_F}{\sigma_M}\right]\sigma_p$ 是对承担风险 σ_p 的补偿，通常称为“风险溢价”，与承担的风险大小成正比。其中，$\left[\frac{E(r_M)-r_F}{\sigma_M}\right]$ 代表了对单位风险的补偿，称为风险的价格。

2. 证券市场线

单个证券和证券组合的 β 系数都可以作为风险的合理测定，它们的期望收益与由系数测定的系统风险之间存在线性关系。证券市场线即以 β_p 为横坐标，$E(r_p)$ 为纵坐标，衡量由 β 系数测定的系统风险与期望收益间呈线性关系的直线。

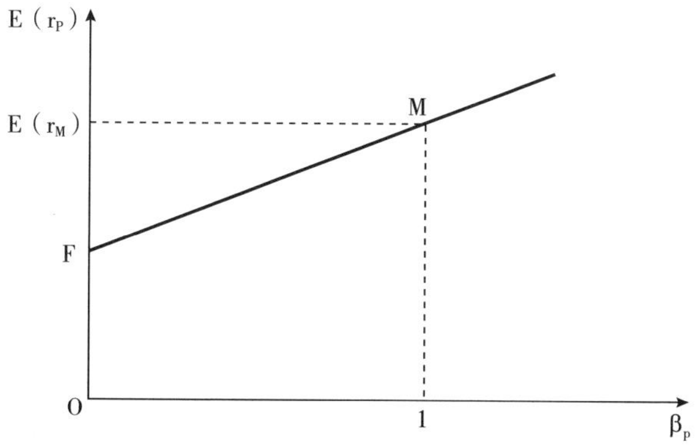

图 4-2 证券市场线

证券市场线可以用公式表示为：

$$E(r_p)=r_F+[E(r_M)-r_F]\beta_p \tag{4-2}$$

证券市场线公式为任意证券或组合的期望收益率和风险之间的关系提供了十分完整的阐述。任意证券或组合的期望收益率由以下两部分构成：

（1）无风险利率 r_F 由时间创造，是对放弃即期消费的补偿。

（2）风险溢价 $[E(r_M)-r_F]\beta_p$ 是对承担风险的补偿，它与承担的风险 β_p 的大小成正比，其中的系数 $[E(r_M)-r_F]$ 代表了对单位风险的补偿，称为风险的价格。

（三）资本市场线与证券市场线的区别

第一，资本市场线的横轴是标准差（既包括系统风险又包括非系统风险），证券市场线的横轴是 β 系数（只包括系统风险）。

第二，资本市场线是由风险资产和无风险资产构成的投资组合的有效边界，仅适用于有效组合，测度风险的工具是整个资产组合的标准差。证券市场线描述的是市场均衡条件下单项资产或资产组合（无论是否已经有效地分散风险）的期望收益与风险之间的关系，适用于单项资产或资产组合（无论是否有效分散风险），测度风险的工具是单项资产或资产组合的 β 系数。

第三，资本市场线揭示的是“持有不同比例的无风险资产和市场组合”情况下的风险和报酬的权衡关系。证券市场线揭示的是“证券本身的风险和报酬”之间的对应关系。

第四，资本市场线表示的是期望报酬率，即投资后期望获得的报酬率。证券市场线表示的是“要求收益率”，即投资前要求得到的最低收益率。

第五，资本市场线的作用在于确定投资组合的比例。证券市场线的作用在于根据必要报酬率，利用股票估价模型，计算股票的内在价值。

第六，资本市场线和证券市场线的斜率都表示风险价格，但含义不同，前者表示整体风险的风险价格，后者表示系统风险的风险价格。

（四）资本资产定价模型的应用

1. 资产估值

在资产估值方面，资本资产定价模型主要用于判断证券是否被市场错误定价。主要步骤为：

第一，根据资本资产定价模型，每一证券的期望收益率应等于无风险利率加上该证券由 β 系数测定的风险溢价，即：

$$E(r_i)=r_F+[E(r_M)-r_F]\beta_i$$

第二，市场对证券在未来所产生的现金流（股息加期末价格）预期值与证券 i 的期初市场价格及其预期收益率 $E(r_i)$ 之间有如下关系：

$$E(r_i)=\frac{E(股息+期末价格)}{期初价格}-1$$

第三，在均衡状态下，上述两个 $E(r_i)$ 应有相同的值。因此：

$$均衡的期初价格=\frac{E(股息+期末价格)}{1+E(r_i)}$$

当实际价格低于均衡价格时，说明该证券是廉价证券，此时应购买该证券；相反，则应卖出该证券。

2. 资源配置

在资源配置方面，资本资产定价模型可以根据对市场走势的预测来选择具有不同 β 系数的证券或组合以获得较高收益或规避市场风险。证券市场线表明，β 系数反映了证券或组合对市场变化的敏感性。因此，牛市时，应选择高 β 系数的证券或组合，以提高收益；熊市时，应选择低 β 系数的证券或组合，以减少因市场下跌而造成的损失。

三、行为金融学

随着现代投资理论无法解释的市场异象不断出现，以及金融学界对行为金融学的关注度不断上升，行为金融学相关理论日益丰富，也逐渐被主流经济学接受。行为金融学认为，投资者的行为常常不理性，因此建立在理性投资者假设和有效市场假说基础之上的现代投资理论不能对证券市场的实际运行情况作出合理的解释。行为金融学以投资者的实际决策心理为出发点，讨论投资者决策对市场的影响，使研究更加接近实际。

（一）行为金融学的主要理论

行为金融学目前尚未形成完整的理论体系，本教材主要对行为金融学界内普遍认可的基础性理论进行介绍。具有代表性的四大理论分别是预期理论、后悔理论、过度反应理论和过度自信理论。

1. 预期理论

预期理论认为，经济主体进行决策实际上是对“前景”（即各种风险可能结果）的选择。人们在做决策时，往往难以逃脱以下两个规律：一是情绪经常会破坏作出理性选择需要的自我控制能力；二是人们往往无法理解其所遇到的问题。因此，人们在决策过程中，其理性和控制力均有限，决策将存在不确定性。

2. 后悔理论

后悔理论认为，当投资者作决策时，往往会考虑此决策产生的负效用，即后悔，为了减轻这种负效用，投资者会把产生后悔的可能性考虑到决策中。由于投资者将后悔成本加入到成本与收益的相关计算中，投资者的行为将偏离现代投资理论。

3. 过度反应理论

过度反应理论认为，投资者作决策时，往往由于系统性认知的偏差而造成其过度重视当期信息且忽视往期信息，并导致证券市场出现超涨或者超跌的现象。按照现代投资理论，当上市公司的股价超过其实际价值时，投资者会卖出股票，而当股价小于其实际价值时，投资者会购入股票。但实际上，在证券市场中，证券价格偏离其实际价值的现象长期存在。

4. 过度自信理论

过度自信主要表现在两个方面：第一，投资者往往高估信息的准确度，即经常认为自身得到的市场信息更加准确；第二，投资者往往高估自己预估股票价值的能力，并低估价格估算的误差。即投资者过度自信时，经常认为自己能够预测上市公司未来的价值。研究表明，过度自信的投资者偏好更高风险的投资组合，这也使投资风险进一步增加。

（二）行为金融学的理论模型

1. BSV 模型

BSV 模型认为，人们在进行投资决策时会存在两种心理认知偏差：一是选择性偏差，即投资者过分重视近期实际的变化模式，而忽略数据的总体特征；二是保守性偏差，即投资者不能根据变化了的情况修正增加的预测模型。这两种偏差常常导致投资者反应不足或过度反应。

2. DHS 模型

DHS 模型将投资者分为有信息与无信息两类。无信息的投资者不存在判断偏差，而有信息的投资者则存在过度自信和对自己所掌握信息过分偏爱两种判断偏差。证券价格由拥有信息的投资者决定。过度自信导致投资者不切实际地高估了自己对股票价值判断的准确性，而过分偏爱则往往使投资者对自己掌握的信息反应过度，对公开信息反应不足。因此，这两种判断偏差的作用就会导致股票价格短期过度反应和长期的连续回调。

3. 统一理论模型

统一理论模型（HS 模型）考虑了不同交易者的作用机制，将有限理性的投资者分为消息观察者和动量交易者两个群体。消息观察者不依赖过去的价格信息，而是利用有关未来价值的私有信息对股价进行预测并投资。动量交易者则完全依赖最近的价格信息。HS 模型假设私有信息在消息观察者中的扩散速度缓慢，使消息观察者表现出反应不足的倾向，但消息观察者的交易在股价上产生了动量；动量交易者观察到这一价格变化而进行交易套利，就将推动股价的变动，最终导致股价反应过度。

第二节　私募证券投资基金的投资决策组织架构和流程

一、私募证券投资基金的投资决策组织架构

在我国，私募证券投资基金只能由依法设立并登记的私募证券投资基金管理

人进行管理、投资和运作。基金投资的目标以实现所管理基金的具体投资目标为导向，在深入进行宏观研究、行业分析和公司研究的基础上，结合证券市场研究、投资策略研究、技术分析等手段，根据投资对象的收益特征和风险特征，精选各种证券品种进行有效投资组合，并随着企业生命周期的演化、行业发展的阶段性差异、经济周期的波动及风险控制的要求，不断优化调整组合，获得持续稳定增长的资本收益和利润分配收益。

国际上，基金投资管理的基本模式按照投资决策主体的不同可以分为三大类：投资决策委员会制、投资团队制和单基金经理制。从国际趋势来看，单基金经理制已成为主流。但就目前而言，我国主要实行投资决策委员会领导下的基金经理负责制，这种机制最主要的特点就是投资决策委员会拥有最终投资决策权，委员会能够确定各基金经理可以自主决定投资的权限，并审批各基金经理提出的投资额超过自主投资额度的投资事项。

投资决策委员会领导下的基金经理负责制存在着一些问题：首先，由于这种投资决策机制在每年年初和年中都会对其后的总体投资作出一个预测，然后依据这个预测进行具体的投资计划，往往会错失市场机会；其次，这种投资决策机制对基金经理的素质提出了较高的要求，而现在的基金经理素质还难以达到这个要求。当然，这种投资决策机制也具有积极意义，主要是这种决策机制下的基金既可以有效地防止基金黑幕事件的发生，又能发挥基金经理的积极性，给予基金经理较大的自主性。

我国私募证券投资基金管理人大多在内部设有投资决策委员会，负责指导基金财产的运作，确定基金投资策略和投资组合的原则。投资决策委员会是公司非常设机构，是公司最高投资决策机构，一般由总经理、投资总监、研究总监等相关人员组成。总经理通常为投资决策委员会主任，督察长列席会议。基金经理作为基金投资的负责人，执行投资决策委员会的投资计划。国内私募证券投资基金具体的投资决策组织架构及决策流程如图 4-3 所示。

为实现基金投资的预期目标，私募证券投资基金管理人的各个职能部门应积极承担各自的责任，履行相关义务：

1. 投资决策委员会

投资决策委员会在认真分析研究部门提供的研究报告及投资建议的基础上，根据现行法律法规和基金合同的有关规定，制定投资的总体目标和总体规划。

2. 研究策划部

公司研究策划部负责向投资决策委员会和其他投资部门提供研究指导，包括

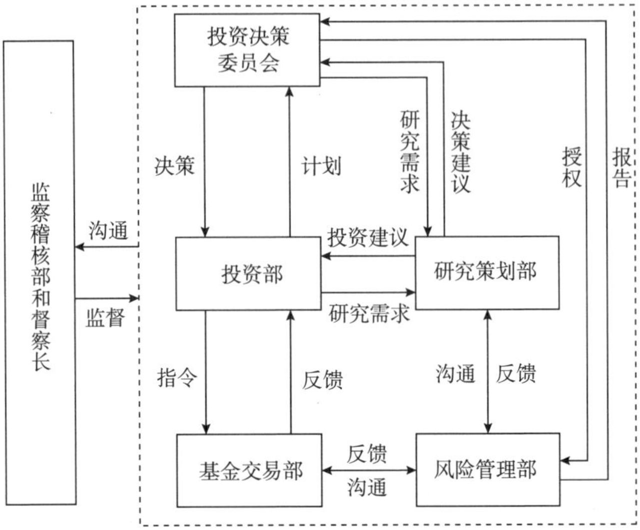

图 4-3　投资决策组织架构及决策流程

宏观经济分析报告、行业分析报告、上市公司分析报告和证券市场行情报告等。此外，研究策划部和投资部需要共同根据基金合同和有关规定，依据定量、定性相结合的综合指标，建立相关证券备选池。

3. 投资部

在投资决策委员会制定总体投资计划的基础上，投资部参考研究策划部的研究报告，提出进一步的资产配置方案并及时反馈给投资决策委员会。

4. 基金交易部

在资产配置方案获得投资决策委员会的批准后，基金交易部将按照投资部下达的交易指令准确及时地予以执行，并及时反馈投资执行情况，同时将基金经理认可的成交回报单报送基金会计进行核对和记账。

5. 监察稽核部和督察长

监察稽核部和督察长负责对整个投资决策过程进行监督和检查，确保基金管理人的投资行为符合法律法规和公司规定。

6. 风险管理部

风险管理部通过监控投资决策、实施和执行的整个投资过程，并根据市场价格水平及公司风险控制政策，提出风险控制建议。

二、私募证券投资基金的投资策略

投资策略是一只私募投资基金的灵魂和核心，直接影响或决定了基金的预期收益和风险偏好。有关投资策略的分类，不同的视角和标准会有不同的分类结果，因此目前业内和学界对于私募证券投资基金策略的分类并无统一、公认的分类结果。目前中基协在对私募证券基金备案时将其分为五类，具体为权益类基金、固定收益类基金、混合类基金、期货及其他衍生品基金和私募证券投资母基金（FOF）。但在实务中，为了方便采用不同投资策略的投资基金之间的业绩比较，会对投资策略进行更为细化的分类。在此，我们以国内研究私募基金较为深入的朝阳永续基金研究平台的分类标准为例进行介绍。

朝阳永续基金研究平台将私募证券投资基金按照投资标的和投资方法的不同，进行了一级分类和二级分类。其投资策略整体分类如表 4-1 所示：

表 4-1　投资策略分类

分类	一级分类	二级分类
股票型基金	股票多头基金	主观多头
		量化多头
	股票市场中性基金	交易型
		传统多因子
		机器学习
		T+0
		复合
	股票多空基金	量化股票多空
		主观股票多空
非股票型基金	债券基金	纯债
		强债
		固收复合策略
	管理期货基金	主观
		量化
		趋势
		套利
		复合

续表

分类	一级分类	二级分类
跨资产型基金	套利基金	可转债套利
		固定收益套利
		交易型开放式指数基金（ETF）套利
		其他套利策略
		基金套利
		股指期货套利
		期权套利
	宏观基金	
	FOF 基金/MOM 基金/多策略基金	

（一）股票型私募基金的分类

1. 股票多头基金

股票多头基金即布局于股票市场且无对冲或空头头寸的基金产品。与公募基金中的股票型基金不同的是，股票多头基金可以布局股票市场，也可以在市场行情不好的情况下选择空仓操作或者购买货币型基金和债券来进行择时。

根据投资理念和决策手段的不同，股票多头基金又分为主观多头基金与量化多头基金。根据是否对标指数和跟踪误差的大小，又将股票多头基金分为指数增强型基金和选股型基金。目前市场上存续的指数增强基金大多为量化基金，且对标指数多为中证 500，中证 1000 和沪深 300。

2. 股票市场中性基金

股票市场中性基金即股票对冲基金，其使用对冲手段对冲基金所持有的股票多头，在不暴露 Beta 的情况下，获取 Alpha。一般国内所使用的对冲手段有股指期货，融券，场外衍生品/场内衍生品等。

股票市场中性基金多使用量化作为其投资理念和决策手段。根据策略应用还可以进一步细分为交易型、传统多因子、机器学习、T+0 和复合。

3. 股票多空基金

股票多空基金策略的基本思想是将基金部分资产买入股票，部分资产卖空股票。买入股票的多头资产金额经其系数（衡量股票与市场相关度的系数）调整后形成多头头寸，卖空股票的空头资产金额经其系数调整后形成空头头寸，多头头寸与空头头寸的差形成全部基金资产的市场头寸。该市场头寸可为多头、空头或零，从而调节基金面临的市场风险。当市场头寸为零时，多空策略成为市场中性策略，此时基金的收益与市场波动完全无关。股票多空基金通过调整市场头寸，或进一步调整组合中股票种类，可以调节组合所面临的风险程度及风险种类，同时具备多空的能力，这为基金经理提供了更大的灵活性。

（二）非股票型私募基金的分类

1. 债券基金

债券基金，又称为债券型基金，是指专门投资于债券的基金，它通过集中众多投资者的资金，对债券进行组合投资，寻求较为稳定的收益。根据中国证监会对基金类别的分类标准，基金资产 80%以上投资于债券的为债券基金。债券基金也可以有一小部分资金投资于股票市场，投资于可转债和打新股也是债券基金获得收益的重要渠道。在国内，债券基金的投资对象主要是国债、金融债和企业债。通常，债券具有在约定日期还本付息的特征，风险低于股票，所以相比较股票基金，债券基金具有收益稳定、风险较低的特点。

2. 管理期货基金

管理期货基金（Commodity Trading Advisors，CTA），指在期货市场或期权市场根据价格的变动获取收益的一种投资基金。该类基金投资于股指期货、国债期货、商品期货、场内期权等标的。由于期货市场相较权益市场存在多空制度与杠杆制度，管理期货基金可以在市场上涨或者是下跌中获取收益，也可以利用杠杆放大基金的收益。

（三）跨资产型私募基金的分类

1. 套利基金

套利基金指利用信息不对称、估值分析与高速交易，发现错误定价的资产，通过买入持有或者多空配对等方式，获取价差收益的一种投资基金。该类基金可以布局于各类资产，如商品、外汇、ETF 等。

2. 宏观基金

宏观基金是指使用大类资产配置的方法，在经济周期的波动中通过主观判断或数量化的手段，遴选合适的资产进行配置，在寻求最大化收益的同时，降低组合波动的一种投资基金。

此策略具有两个典型的特征：一是全球性。二是关注经济趋势和结构性的宏观经济失衡。一般来说，全球宏观投资基金管理的资产规模较大，因而基金管理人会选择在高流动性市场上投资，如外汇、大宗商品、国债市场等，以便灵活进出，及时把握投资机会。全球宏观投资策略通常都是自上而下的分析范式和操作思路，决策主要是依据基于基金资产配置所在国家的不同宏观经济变量的宏观经济分析而来。前瞻性的市场预测主要由一些经济计量模型产生，通过一些宏观经济变量的统计分析来获取短暂的杠杆化收益，例如国民经济产出、贸易平衡、公共债务、人口、国债收益率、股票收益率、原材料价格及汇率等。

3. FOF 基金/MOM 基金/多策略基金

FOF（Fund of Funds）基金是一种专门投资于其他证券投资基金的基金，即由投资经理通过对全市场基金的长期跟踪和研究，在各个投资领域挑选出符合其自身投资理念和投资风格的优秀基金，并将账户资金委托于这些基金进行管理的一种投资基金。

MOM（Manager of Mangers）基金是由投资经理通过对全市场投资管理人的长期追踪，深入研究其投资决策过程、理念和风格，在各个投资领域挑选出符合其自身投资理念和投资风格的优秀基金管理人，并委托子账户给多个管理人进行投资管理的一类产品。

多策略基金是指由投资经理通过对各策略体系的长期跟踪，深入研究其理论基础，在不同的市场行情下择优挑选策略配置于投资组合的一种投资基金。

以上三类基金的共同点在于其利用分散化的手段，将资金布局于多个基金或管理人或子策略进行管理，有效降低基金的系统性风险。

上述分类整体上基本覆盖了国内私募证券投资基金的主流策略。我国资本市场建设起步较晚，仍处于较为早期的阶段。股票作为二级市场最主要的投资标的，而衍生品等其他品种的发展较为缓慢，因此国内私募证券投资基金的主要投资策略一直以股票策略为主，尤其是股票多头策略。长期以来，采用股票策略的产品在所有产品中占比一直超过一半以上。

随着我国资本市场的逐步完善，以及更多金融工具的推出，国内私募证券投资基金的投资策略也将逐渐丰富，给投资者带来更多的选择。

三、私募证券投资基金的投资决策流程

私募证券投资基金的投资决策流程一般包括投资策略确定、资产配置策略确

定、证券分析、决策执行、风险管理、业绩评估、报告披露七大步骤。

（一）投资策略确定

私募证券投资基金的投资策略应该根据基金经理的专业能力和市场情况制定。投资策略的确定包括确定基金的投资目标、收益特征和风险控制等。有关投资策略的分类详见“（二）资产配置策略确定”相关内容。

基金管理人团队在选取基金投资策略、确定基金投资风格时会受到多方面因素的干扰，包括但不限于以下因素：

（1）投资目标和风险偏好。私募证券投资基金的投资策略通常是根据投资者的目标和风险偏好来确定的。比如，有些私募基金的目标是寻找高风险、高回报的投资机会，而另一些则可能更关注保本和稳定收益。

（2）市场环境。私募证券投资基金的投资策略会受到市场环境的影响。比如，如果市场处于熊市，基金经理可能会选择降低投资组合的风险，并寻找较为稳健的投资机会。

（3）投资组合和资产配置。私募证券投资基金的投资策略会受到投资组合和资产配置的影响。基金经理需要考虑不同资产类别之间的相关性，以及如何优化投资组合来达到最佳的风险收益比。

（4）资金规模。私募证券投资基金的资金规模会影响投资策略。规模较小的基金可能更容易实现灵活的投资策略，而规模较大的基金则可能需要更加谨慎地管理投资组合，以避免风险过度集中。

（5）基金经理和研究团队的能力和经验。私募证券投资基金的投资策略也受到基金经理和研究团队的能力和经验的影响。基金经理和研究团队需要有深入的市场洞察力和投资经验，以及不同行业和资产类别的专业知识。

（二）资产配置策略确定

资产配置是私募证券投资基金的一个重要决策环节。在资产配置过程中，基金经理需要根据投资策略确定不同资产类别的比重，并在资产配置时平衡风险和收益。私募证券投资基金限定资产的配置比例通常由基金管理人在基金合同中规定，基金合同应当明确约定拟投向各资产类别的比例限制，且与产品类型及投资策略相匹配，并约定因客观因素导致突破投资比例限制时的调整安排。基金拟改变投资方向和比例限制的，应当按合同约定履行变更程序。

需要注意的是，私募证券投资基金的资产配置比例可能因基金投资策略、基金合同、市场环境等因素变化而有所不同。投资者在投资之前应认真阅读基金募集说明书和基金合同，并根据自身的风险承受能力、投资目标等因素综合考虑。

同时，投资者应密切关注基金的投资运作情况和基金管理人的风险控制能力。

（三）证券分析

基金经理需要对潜在投资标的进行充分的研究和分析，以确定这些标的是否符合投资策略和资产配置的需要。目前，主流的证券投资分析方法主要包括五大类，分别是宏观经济分析、行业分析、公司分析、技术分析和行为分析。关于证券分析的主要内容，有兴趣的读者可以参考相关书目，在此不再介绍。

（四）决策执行

基于投资策略、资产配置的要求和证券分析的结果，基金经理需要决定买入、卖出、持有证券的比例和时机，并执行决策。私募证券投资基金的投资决策执行流程通常包括以下步骤：

（1）投资标的评估：对投资标的的投资价值进行评估和判断。

（2）决策讨论：根据市场分析和投资标的的评估结果，进行决策讨论，确定是否进行投资，投资的金额和方式。

（3）投后管理：基金进行投资后，需要对投资标的进行监控和管理，包括定期跟踪和分析其投资价值和风险等级，及时调整投资策略和投资组合等。

（4）出售标的或退出：当投资标的达到预期的收益水平或者风险水平超出承受范围时，考虑出售标的或者退出投资。

需要注意的是，不同的私募证券投资基金管理人可能会有不同的投资决策执行流程，也可根据市场情况和投资标的的特点做出灵活调整。

（五）风险管理

基金经理需要对基金的投资风险进行有效管理，包括设置止损线、预警线和风险控制机制等。私募证券投资基金的风险管理流程可以分为以下四个步骤：

（1）风险识别：风险管理的第一步是识别潜在风险。基金经理和研究团队需要对市场、行业和单个投资标的进行深入分析，识别可能会影响基金业绩的各种风险，包括市场风险、信用风险、操作风险、流动性风险等。

（2）风险评估：在识别潜在风险后，基金经理和研究团队需要评估每种风险的可能性和影响程度。这通常包括使用各种定量方法和定性方法进行分析，如VaR、压力测试、灵敏度分析等。

（3）风险控制：一旦识别和评估了风险，基金经理和研究团队需要采取措施来控制或减轻这些风险的影响，可以通过采用多样化的投资组合、使用风险对冲工具、设定投资限制和控制杠杆等方式来实现。

（4）监控和报告：监控和报告是风险管理流程的关键环节。基金经理和研究团队需要密切监视市场和投资标的的变化，并对投资组合的风险状况进行实时评估。此外，私募基金管理人还应定期向投资者报告基金的风险状况和控制措施，以保证透明度和投资者的信任。

总之，私募证券投资基金的风险管理流程是一个系统化、动态化的过程，需要不断识别、评估和控制各种潜在风险，并采取相应措施来保护基金投资者的利益。关于私募证券投资基金的风险管理详细内容详见本教材第七章。

（六）业绩评估

基金经理需要对基金的业绩进行定期评估，并根据评估结果进行投资决策的调整。私募证券投资基金的业绩评估流程通常包括以下步骤：

（1）定义业绩指标：确定适合基金的业绩指标，例如年化收益率、回报与风险比率等。

（2）收集数据：基金管理人需要收集并整理基金交易数据，包括证券买卖记录、分红记录和资产净值变动情况等。

（3）计算业绩：利用收集到的数据计算基金的业绩指标，例如计算年化收益率、夏普比率等。

（4）进行同类基金比较：将基金的业绩与同类基金进行比较，以便了解基金在行业内的表现。

（5）分析基金业绩表现：基金管理人需要对基金的业绩表现进行分析，了解影响业绩表现好坏的深层次原因。

（6）撰写业绩报告：基金管理人需要编写一份详细的业绩报告，该报告包括基金的历史业绩、比较基准、市场环境和投资策略等。

（7）公布业绩：基金管理人需要向投资者公布基金的业绩。

总之，私募证券投资基金的业绩评估是一个非常重要的过程，它需要准确地评估基金的表现，以便帮助投资者了解基金的投资风险和潜在收益。

（七）报告披露

基金经理需要向基金投资者定期报告基金的投资情况，包括投资收益、投资风险等信息。

除此之外，在投资过程中，私募证券投资基金管理人还需要向监管部门和投资者报送或披露相关的投资报告，包括但不限于以下报告：

（1）基金管理人报告。基金管理人需要按照规定，向基金托管人、监管部门和投资者定期报送或披露基金的运作情况、投资组合、投资业绩等相关信息。

基金管理人报告包括季度报告、半年度报告和年度报告等。

（2）投资组合报告。基金的投资组合报告需要包括基金的投资策略、投资组合构成、投资收益情况等信息。投资组合报告需要按照规定向基金托管人、监管部门和投资者定期报送或披露。

（3）其他报告。根据需要，基金管理人还需要向其他相关机构和人员进行信息披露，例如向律师、会计师和评估师等专业人员披露。

总之，私募证券投资基金需要按照法律法规的规定，向监管部门和投资者等相关方定期报送或披露基金的运作情况、投资组合情况、投资收益情况等相关信息，以保证投资者的合法权益和监管部门的知情权。

第三节　私募证券投资基金的评价方法

基金评价是指研究机构对基金的投资收益、风险及基金管理人的管理能力开展评级、评价和排名。基金评价不仅为私募证券投资基金管理人提供了指导意见，而且为投资者比较和选择基金提供了基础，其重大意义并不在于评估基金管理人投资管理方法是否有效，而在于建立一种改进其投资管理的反馈机制。因此，我们从私募证券投资基金的总体业绩和管理能力两个方面对基金进行评价。

一、私募证券投资基金的总体业绩评价

衡量基金业绩的方法大致可以分为两大类：第一类是不考虑风险的收益衡量，即基金单位净值、投资收益率等。第二类是考虑风险的收益衡量，比如特雷诺测度、夏普测度和约翰逊阿尔法测度等。

（一）不考虑风险的收益衡量

1. 基金单位净值法

在所有衡量基金收益的方法中，最简单、直观的方法是比较基金的单位净资产（Net Asset Value，NAV），即在某时点上每份基金的市场价值。在数值上，基金单位净资产等于该基金的净资产总额除以发行的总份额。其中，净资产总额是指该基金在计算日持有证券的总市值与持有现金之和，再扣除各种交易费用（包括发行费用、销售费用和各种税金等）及负债总额的余额。

这一方法的优点是含义简单、直观，便于观察。然而，该方法也存在一些缺点：

首先，单位净资产表示基金的绝对收益，不能用于基金间的横向对比。

其次，不同基金的单位净资产和整个宏观经济环境及基金发行时间的长短相关，因此单独地比较各类基金的单位净值没有现实意义。

再次，该方法不能反映基金规模的大小。规模效应可以分散风险、增加收益，所以不同规模的基金有不同的边际成本，而单位净资产不能对规模效应作出评价。

最后，这种方法没有综合权衡收益与风险，因此不能判断该基金的收益是否能补偿所面临的风险。

2. 投资收益率法

私募证券投资基金也会披露基金单位净值，因此我们也可以用基金单位净值的变化来衡量基金的收益，兼顾基金运作过程中的收益分配对基金净值的影响。可以用式（4-3）表示：

$$R_t = \frac{NAV_t - NAV_{t-1} + D_t}{NAV_{t-1}} \tag{4-3}$$

式（4-3）中：

R_t 为基金在第 t 个期间内的收益率；

NAV_t 为基金在第 t 个期间末的单位净值；

NAV_{t-1} 为基金在第 t-1 个期间末的单位净值；

D_t 为基金在第 t 个期间内发放的红利。

上述方法只是针对投资者对基金进行单期投资的情况，如果投资者进行多期投资，则可用算术平均收益率、时间加权收益率或货币加权收益率衡量每个投资阶段的平均收益。

（1）算术平均收益率。算术平均收益率是投资组合在评估投资期间子期收益率的非加权平均，其计算公式为：

$$R_A = \frac{R_1 + R_2 + \cdots + R_N}{N} \tag{4-4}$$

式（4-4）中：

R_A 为算术平均收益率；

R_N 为基金在各子期的收益率，N 为评估期内的子期数（N=1，2，…，n）。

（2）时间加权收益率。时间加权收益率也称为几何平均收益率，衡量的是在评估期内投资组合市场价值的增长率，其一般公式为：

$$R_T=[(1+R_1)(1+R_2)\cdots(1+R_N)]^{\frac{1}{N}}-1 \tag{4-5}$$

式（4-5）中：

R_T 为时间加权收益率；

R_N 为基金在各子期的收益率，N 为评估期内的子期数（N=1，2，…，n）。

（3）货币加权收益率。货币加权收益率也称为内部收益率，是使在投资评估期内各子期的现金流及投资组合的最终市值的现值之和等于投资组合期初市场价值的收益率，其一般公式为：

$$V_0=\frac{C_1}{(1+R_D)}+\frac{C_2}{(1+R_D)^2}+\cdots+\frac{C_N}{(1+R_D)^N}+\frac{V_N}{(1+R_D)^N} \tag{4-6}$$

式（4-6）中：

R_D 为货币加权收益率；

V_0 为基金投资组合期初市场价值；

V_N 为基金投资组合期末市场价值；

C_N 为基金投资组合在每个子期间的净现金流入（现金流入-现金支出），N=1，2，…，n。

因为货币加权收益率以资金量的大小为权重计算收益率，所以即使两只基金投资组合在子期收益完全相同，但如果在投资期间内投资者撤回其中一只基金或增加投资资金，这两只基金的货币加权收益率也会有差异。因此，在大多数情况下，基金管理公司用算术平均收益率和时间加权收益率来评估其投资业绩。

对同一评估期内的投资组合而言，算术平均收益率一般大于时间加权收益率。这是因为在计算算术平均收益率时，假定投资的数额保持在投资组合的初始市场价值水平上；而时间加权收益率则假定所有的期间内的收益都用于再投资，即各子期内投资组合的规模不断变化，且较低的子期收益率对时间加权收益率的影响更大。只有在所有的子期收益率都相等时，算术平均收益率和时间加权收益率才相等。

因此，对测算过去业绩表现而言，时间加权收益率是一个不错的选择，因为它意味着我们必须保持一个稳定的收益率，以配合过去几年投资的实际业绩；而要预测未来的投资业绩时，算术平均收益率则是更好的选择，因为算术平均收益率假定未来的期望收益不变，是投资组合期望收益的无偏估计。

（二）考虑风险的收益衡量

投资者在投资时不仅要考虑投资的收益，也要考虑投资的风险。特雷诺测度、夏普测度和约翰逊阿尔法测度是三个综合考虑基金风险和收益的经典绩效评估指标，接下来将一一介绍。

1. 特雷诺测度

特雷诺测度来源于资本资产定价模型。特雷诺认为，基金经理应消除所有的非系统风险，因此用每单位系统风险系数所获得的超额收益率来衡量投资组合的业绩是恰当的，即：

$$T_p = \frac{\bar{r}_p - \bar{r}_f}{\beta_p} \tag{4-7}$$

式（4-7）中：

T_p 为特雷诺测度；

$\bar{r}_p$ 为基金的平均收益率；

$\bar{r}_f$ 为平均无风险收益率；

β_p 为系统性风险。

基金收益率和无风险收益率用平均值的原因是在测度期间内，两者都是不断变化的，因此取平均值具有代表意义。如果特雷诺测度的数值比较大，说明基金承担的每单位市场风险的收益率越高，基金的业绩越好；反之，基金的业绩越差。如果某只基金的特雷诺测度值超过（$r_m - r_f$）［（$r_m - r_f$）为市场组合的特雷诺测度，因为市场组合的 $\beta_m = 1$］，说明基金的业绩超过市场收益率，否则说明基金业绩低于市场收益率。

2. 夏普测度

夏普测度是诺贝尔经济学奖得主威廉·夏普于 1966 年根据资本资产定价模型提出的经过风险调整的业绩测度指标。夏普测度是用某一时期内投资组合平均超额收益除以这个时期收益的标准差，其公式为：

$$S_p = \frac{\bar{r}_p - \bar{r}_f}{\sigma_p} \tag{4-8}$$

式（4-8）中：

S_p 为夏普测度；

$\bar{r}_p$ 为基金的平均收益率；

$\bar{r}_f$ 为平均无风险收益率；

σ_p 为基金收益率的标准差。

基金的夏普测度值越大，说明基金的业绩越好；相反，则越差。如果基金的夏普测度值超过市场指数的夏普测度值，说明基金的业绩超过了市场收益率，用图形表示为基金的收益率在资本市场线的上方。

3. 约翰逊阿尔法测度

约翰逊阿尔法测度同样是在资本资产定价模型理论基础上发展出的一个经风险调整后的收益指标。约翰逊阿尔法测度衡量的不是基金的单位风险收益，它衡量的是差额回报率，即在给定基金面临的风险条件下，求出基金的期望收益率，然后将基金的期望收益率与实际收益率比较，后者与前者的差额。用公式表示为：

$$\alpha_p=\bar{r}_p-[\bar{r}_f+\beta_p(\bar{r}_m-\bar{r}_f)] \tag{4-9}$$

式（4-9）中：

α_p 为约翰逊阿尔法测度；

$\bar{r}_p$ 为基金平均收益率；

$\bar{r}_f$ 为平均无风险收益率；

$\bar{r}_m$ 为市场平均收益率；

β_p 为系统性风险。

若 $\alpha_p=0$，则说明基金组合的收益率与处于相同风险水平的市场指数的收益率不存在显著差异；若 $\alpha_p>0$，则说明基金表现要优于市场指数表现；若 $\alpha_p<0$，则说明基金表现要弱于市场指数的表现。

4. 对特雷诺测度、夏普测度和约翰逊阿尔法测度的相关说明

特雷诺测度是基于资本资产定价模型提出的，它认为基金投资组合的非系统风险已经被充分分散，因此基金投资组合的风险仅为系统风险。在基金投资组合风险已经被充分分散的情况下，特雷诺测度是较为恰当的评价指标。

夏普测度也是基于资本资产定价模型提出的，但其分母是投资组合的总风险。在基金的投资组合风险没有被充分分散的情况下，采取夏普测度是更为恰当的。从资本资产定价模型出发，证券市场只需对系统风险进行补偿；但实际上，如果投资者承担了非系统风险，也会得到额外的补偿。例如，如果投资者集中投资于某几只成长型股票，则可能会从某个公司的高成长中获利。因此，夏普测度分子中的（$\bar{r}_p-\bar{r}_f$）包括对系统风险和非系统风险的补偿，分母中的 σ_p 包括系统风险和非系统风险。事实上，如果基金的投资组合风险已经被充分分散，那么采用特雷诺测度和夏普测度的结果是一致的。一般认为，如果基金的投资组合风险未被充分分散，采用夏普测度更为合适。

约翰逊阿尔法测度事实上假设基金投资组合的预期收益率是由该投资组合风险与市场组合风险的相关程度决定的，即由 β 系数决定。因此，约翰逊阿尔法测度的理论基础也是基于资本资产定价模型提出的。在前面阐述的约翰逊阿尔法测

度的计算公式中，$\bar{r}_f+\beta_p(\bar{r}_m-\bar{r}_f)=E(r_p)$ 表示了基金的预期收益率，与证券市场线表达形式是一致的。α_p 表示基金取得的超过其预期收益率的差额收益率。

二、私募证券投资基金的管理能力评价

在大多数情况下，评价基金管理人的管理能力可以从两个角度出发：一个是证券选择，另一个是市场时机选择。所谓证券选择就是通过购买被市场低估的证券，而卖出被市场高估的证券，从中获得超过平均水平的收益。市场时机选择是指基于市场预期的发展趋势，在市场上涨时期通过调整证券组合提高投资的系统风险，从而获得高额收益，在市场下跌时期主动降低系统风险，减少亏损。除此之外，基金管理人能否在较长的一段时间内维持基金的盈利能力也是考察其能力的一个重要指标。本部分主要讨论基金管理人的证券选择能力、市场时机选择能力及业绩持续能力等。

（一）证券选择能力和市场时机选择能力评价

基金管理人可以通过高超的证券选择能力为投资者带来高额收益，也可以通过对市场发展的正确预测，积极调整基金投资组合中股票、债券和衍生品的比重或调整所持各行业股票的比重，从而获得高额收益。例如，在市场处于牛市时增持高 β 系数的股票以提高投资组合的系统风险，在熊市时增持低 β 系数的股票以降低投资组合的系统风险，这样做的原因在于：当市场处于牛市时，高 β 系数的基金投资组合一般情况下优于市场的整体表现；而当市场处于熊市时，低 β 系数的基金投资组合往往会降低对市场组合风险的敏感性，即可以做到降低亏损。基于此，接下来我们会介绍几种经典的证券选择能力和市场时机选择能力评价模型，可以根据具体数字的变化来判断其能力变化趋势。

1. T-M 模型

T-M 模型是特雷诺和梅泽于 1966 年提出的，用公式表示为：

$$r_p-r_f=a+b(r_m-r_f)+c(r_m-r_f)^2+\varepsilon_p \tag{4-10}$$

式（4-10）中：

r_p 为基金投资组合的收益率；

r_f 为无风险收益率；

r_m 为市场组合的收益率；

a、b、c 为回归系数；

ε_p 为随机误差项。

从 T-M 模型来看，该模型是以平方项的变化来评估基金管理人的市场择时能力。如果基金管理人不具备市场时机选择能力，则该回归直线是一条固定斜率的直线。如果基金管理人具备市场时机选择能力，那么在市场处于牛市时，基金管理人将提高投资组合的风险水平以获得高收益；在市场处于熊市时，基金管理人将降低投资组合的风险水平以避免基金财产组合暴露在过高的风险中。在这种情况下，T-M 模型的表达式不再是固定斜率的直线，而是转化成与市场情况密切相关的曲线。

在得到回归系数后，我们可以对参数进行显著性检验。如果参数 a（超过市场的额外收益）显著大于 0，则说明基金管理人具有证券选择能力；反之，则说明基金管理人不具备证券选择能力。如果参数 c 显著大于 0，说明基金管理人具备判断市场时机的能力；反之，则说明基金管理人不具备市场时机的选择能力。可见，T-M 模型不仅能检验基金管理人的市场择时能力，还能检验基金管理人的证券选择能力。

2. H-M 模型

H-M 模型是在 1981 年由 Henriksson 和 Merton 提出的，该模型的表达式如下：

$$r_p - r_f = a + b(r_m - r_f) + c(r_m - r_f) \times d + \varepsilon_p \tag{4-11}$$

式（4-11）中：

r_p 为基金投资组合的收益率；

r_f 为无风险收益率；

r_m 为市场组合的收益率；

a、b、c 为回归系数；

d 为虚拟变量，当 $r_m > r_f$ 时，d=1；反之，d=0；

ε_p 为随机误差项。

Henriksson 和 Merton 认为，市场上涨时期，$r_m > r_f$；市场下跌时期，$r_m < r_f$。如果基金管理人具备判断市场时机的能力，在市场上涨时增持高 β 系数的股票，在下跌时增持低 β 系数的股票，那么体现在 H-M 模型中则为，在市场上涨时期的 β 系数（b+c）将高于市场下跌时期的 β 系数（b）。因此，若参数 c 显著大于 0，则说明基金管理人具有市场时机选择能力。与 T-M 模型一样，H-M 模型也可通过对参数 a 进行显著性检验，检验基金管理人是否具有股票选择能力，如果参数 a 显著大于 0，则说明基金管理人具有证券选择能力；反之，则说明基金管理人不具备证券选择能力。

（二）业绩持续能力评价

基金投资者除了关注基金本身的业绩外，还十分重视所获得持续投资收益的连续性，在刻画基金业绩持续能力的表现方面，往往用 Hurst-Holder 指数（H 指数）来衡量基金业绩持续能力。

一个具有 Hurst 统计特性的系统，不需要通常概率统计学的独立随机事件假设，它反映的是一连串相互联系事件的结果，即过去发生的事会影响现在，今天发生的事将影响未来。常用下式计算 H 指数：

$$X(t) = \sum_{i=1}^{t}\left(r_i - \frac{1}{T}\sum_{j=1}^{T} r_j\right) \tag{4-12}$$

$$R(T) = X(t)_{max} - X(t)_{min} \tag{4-13}$$

$$S(T) = \sqrt{\frac{1}{T}\sum_{i=1}^{T}\left(r_i - \frac{1}{T}\sum_{j=1}^{T} r_j\right)^2} \tag{4-14}$$

$$H = \frac{1}{\ln T}\ln\frac{R(T)}{S(T)} \tag{4-15}$$

式（4-12）~式（4-15）中：

r_i 为基金投资组合的当期收益率；

r_j 为基金投资组合的每期收益率，即在 T 个观察期内的收益率；

T 为总的观察期数，t=1，2，…，T。

当 $0<H<0.5$ 时，表明时间序列是向均值回归的过程，即未来的变化将与过去的变化趋势相反，且 H 指数越小，回归均值的动力越大。当 $H=0.5$ 时，表明时间序列是标准的随机游走，趋势不具备可以观测到的规律性；当 $0.5<H<1$ 时，表明时间序列具有正向的持续性，即未来的变化将与过去的变化趋势一致，且 H 指数越接近 1，持续性越强。H 指数给了我们一种简单判断基金是否具有保持业绩持续性能力的方法，如果 H 指数越接近于 1，则说明基金的业绩持续能力越强，否则，则说明基金的业绩稳定性并不好，还亟须改善。

【本章小结】

私募证券投资基金的投资管理是一项复杂的系统性工程。在进行投资之前，基金经理等相关人员务必熟悉相关的投资理论，以尽可能降低投资风险，提高投资收益。这些投资理论包括有效市场假说理论、资本资产定价模型理论，以及行为金融学的相关重要理论等。

基金投资的目标是以实现所管理基金的具体投资目标为导向，在深入进行宏观研究、行业分析和公司研究的基础上，结合证券市场研究、投资策略研究、技术分析等手段，根据投资对象的收益和风险特征，精选各种类型的证券进行有效投资组合，并随着企业生命周期的演化、行业发展的阶段性差异、经济周期的波动及风险控制的要求，不断优化调整组合方式，在维护资金和客户资产安全的前提下，获得持续稳定增长的资本收益和利润分配收益。为实现基金投资的预期目标，私募证券投资基金管理人的各职能部门应积极承担各自的责任，履行相关的义务。我国主要实行投资决策委员会领导下的基金经理负责制。

我国资本市场建设起步较晚，仍处于较为早期的阶段。股票是二级市场最主要的投资标的，而衍生品等其他品种的发展较为缓慢，因此国内私募证券投资基金的主要投资策略一直以股票策略为主，尤其是股票多头策略。随着我国资本市场的逐步完善和更多金融工具的推出，国内私募证券投资基金的投资策略也将逐渐丰富，给投资者带来更多选择。

私募证券投资基金的投资决策流程一般包括投资策略确定、资产配置策略确定、证券分析、决策执行、风险管理、业绩评估、报告披露七大步骤。

评价基金的表现从基金业绩本身和管理能力两个方面进行全面测评是比较客观的。在投资决策实施后，私募证券投资基金的业绩表现是投资者十分关注的。衡量基金业绩本身的方法有两大类：一类是不考虑风险的收益衡量，如单位净值法、投资收益率法等；另一类是考虑风险的收益衡量，如特雷诺测度、夏普测度、约翰逊阿尔法测度等。衡量基金管理人的管理能力一般从证券选择和市场时机选择、业绩持续能力等维度出发。

【复习思考题】

1. 简述有效市场假说的主要内容。
2. 请比较资本市场线与证券市场线的区别。
3. 国内私募证券投资基金常见的投资策略有哪些？
4. 简述私募证券投资基金的投资决策流程。
5. 简述私募证券投资基金的业绩评价方法。

第五章 私募证券投资基金的运营管理

【学习要点】

- 了解私募证券投资资金运营管理的定义、目标、原则
- 了解私募证券投资资金运营管理中的基金托管制度
- 掌握私募证券投资基金运营管理的目标和原则
- 掌握私募证券投资基金运营管理的主要内容

第一节 私募证券投资基金运营管理的相关概念

一、私募证券投资基金运营管理的定义

运营管理（Operations Management）一般是指企业生产经营过程的管理，因私募投资基金行业的特殊性，私募基金管理人的运营管理要以满足法律法规及行业监管要求为基础。其运营管理既包括纯粹的内部管理，即公司战略、组织架构、产品研发、投资决策、审计内控、技术支持等环节的管理；也包括涉及外部的管理，即私募投资基金产品设计、资金募集、客户服务等营销过程和服务过程，以及基金份额登记、基金估值、会计核算、信息披露等后台服务管理。

二、私募证券投资基金运营管理的目标

私募证券投资基金运营管理通过对经营流程全过程的协调管理，有效地配置资源，使整个公司的各条业务线能够高效有序运作，既分工合作又相互制衡，以实现投资收益、控制运营风险、维护基金份额持有人利益、提高基金声誉的目标。其具体原因如下：

第一，通过投资实现资本增值不仅是私募证券投资基金运作的主要目的，也是评价私募证券投资基金投资能力的重要指标之一。因此，运营管理的首要目标是实现投资收益。

第二，私募证券投资基金的投资风险通常较高，因此运营管理的一个重要目标是控制风险，尽可能降低或避免因市场波动、投资失误等原因导致的投资损失。

第三，私募证券投资基金的份额持有人是基金最终的受益人，因此运营管理的目标之一是维护其利益，确保基金管理人遵守法律法规，不进行违规操作，保护份额持有人的合法权益。

第四，私募证券投资基金的声誉是其发展壮大的重要基础，因此在日常运营管理中也要注意维护并提高基金管理人和基金的声誉，增强市场影响力，吸引更多的投资者加入基金。

三、私募证券投资基金运营管理的原则

随着私募投资基金行业相关法律法规的陆续出台和不断完善，私募证券投资基金运营管理的规范程度需进一步提高，以满足日益严格的监管要求。从私募投资基金行业监管及行业职业道德规范的角度来看，私募证券投资基金的运营管理须满足以下原则：

（1）诚实守信原则：基金管理人应诚实守信，遵守法律法规和道德规范，保持良好的商业信誉。

（2）客户利益优先原则：基金管理人应以客户利益为首要考虑，严格遵守投资约定，合理配置资产，保障客户权益。

（3）安全管理原则：基金管理人应制定完善的风险管理制度和风险控制措施，降低投资风险，确保基金安全运营。

（4）合法合规原则：基金管理人应遵守相关法律法规和监管规定，合规经营，保证基金运作合法合规。

（5）透明度原则：基金管理人应及时、准确、全面地向客户公开基金信息，提高透明度，增强客户信任。

（6）独立性原则：基金管理人应保持独立自主的投资决策权和运营管理权，不受其他利益主体的干扰。

（7）专业原则：基金管理人应具备丰富的投资经验和专业技能，不断提升自身素质和能力，为客户提供专业的投资服务。

（8）公平原则：基金管理人应保证公平公正的投资机会，不歧视任何投资者，遵守合同约定，保护投资者权益。

这些原则是私募证券投资基金运营管理的基础，基金管理人应坚守这些原则，为投资者提供优质的服务。

四、私募证券投资基金运营管理的一般规定

私募证券投资基金在运营管理环节涉及《证券投资基金法》《私募投资基金监督管理条例》《私募投资基金监督管理暂行办法》《私募投资基金登记备案办法》《私募投资基金管理人内部控制指引》《私募证券投资基金运作指引》《私募投资基金服务业务管理办法》《基金经营机构及其工作人员廉洁从业实施细则》等相关法律法规，这些法律法规对私募证券投资基金运营过程做出了具体规定。下面以其中的托管人遴选工作、服务业务控制等内容为例进行说明。

（一）托管人的遴选工作

1. 基金托管人的定义及其遴选制度

基金托管人是指根据基金合同的规定直接控制和管理基金财产并按照基金管理人的指示进行具体资金运作的基金当事人。为了保证基金资产的安全，《证券投资基金法》第八十八条规定：除基金合同另有约定外，非公开募集基金应当由基金托管人托管。基金合同约定私募基金不进行托管的，应当在基金合同中明确保障私募基金财产安全的制度措施和纠纷解决机制。

为加强基金公司的内部风控管理，强化基金资产的安全性，提高风险防范能力，保护基金份额持有人的利益，基金管理人应根据《证券投资基金法》《证券投资基金托管业务管理办法》《私募投资基金管理人内部控制指引》等相关法律法规及中基协的相关指引，制定合理高效的基金托管人遴选制度。

2. 基金托管人遴选原则与标准

公司应当成立基金托管人遴选工作委员会（以下简称“遴选委员会”），对

首次合作的托管人进行资格认定并持续评价现有基金托管人的综合服务能力。基金托管人遴选工作，应当遵循合法性原则、独立性原则、全面性原则、效益性原则及适时性原则。

3. 托管人基本职责

基金托管人应按照法律法规的规定及基金合同的约定，履行安全保管基金财产、办理清算交割、复核审查资产净值、开展投资监督、召开基金份额持有人大会等职责。

根据《证券投资基金托管业务管理办法》，商业银行从事基金托管业务，应当经中国证监会和中国银行保险监督管理委员会（以下简称“中国银保监会”）核准，依法取得基金托管资格；其他金融机构从事基金托管业务，应当经中国证监会核准，依法取得基金托管资格。未取得基金托管资格的机构，不得从事基金托管业务。而根据托管人性质不同，由中国证监会、中国银保监会依照法律法规和审慎监管原则，对基金托管人及其基金托管业务活动实施监督管理。基金业协会依据法律法规和自律规则，对基金托管人及其基金托管业务活动进行自律管理。

申请基金托管资格的商业银行及其他金融机构，应具备以下条件：

（1）净资产不低于200亿元人民币，风险控制指标符合监管部门的有关规定。

（2）设有专门的基金托管部门，部门设置能够保证托管业务运营的完整与独立。

（3）基金托管部门拟任高级管理人员符合法定条件，取得基金从业资格的人员不低于该部门员工人数的1/2；拟从事基金清算、核算、投资监督、信息披露、内部稽核监控等业务的执业人员不少于8人，并具有基金从业资格，其中核算、监督等核心业务岗位人员应当具备2年以上托管业务从业经验。

（4）有安全保管基金财产、确保基金财产完整与独立的条件。

（5）有安全高效的清算交割系统。

（6）基金托管部门有满足营业需要的固定场所、配备独立的安全监控系统。

（7）基金托管部门配备独立的托管业务技术系统，包括网络系统、应用系统、安全防护系统、数据备份系统。

（8）有完善的内部稽核监控制度和风险控制制度。

（9）最近3年无重大违法违规记录。

（10）法律、行政法规规定的和经国务院批准的中国证监会规定的其他条件。

4. 基金托管人遴选程序

（1）基金托管人应当向基金管理人提交书面申请材料。

（2）遴选委员会收到基金托管人的书面申请后，应当召集成立基金托管人遴选工作组，工作组成员不限于遴选委员会成员。

（3）基金托管人遴选工作组成员应当充分审阅申请材料，按照遴选标准进行评分，遴选委员会进行汇总统计；达到入选标准的，遴选委员会形成书面意见，并决议该基金托管人的准入。

（4）遴选委员会可以根据评选结果，决定是否需要进一步组织托管人进行现场答辩或进行实地考察。

（5）遴选委员会应当不定期召开对现有合作的基金托管人评价会议，根据现实状况，结合公司自身发展的战略、方针、理念，从切实保障基金资产安全性及基金持有人利益出发，持续对基金托管人进行综合评估，以决议现有基金托管人合作的可持续性。

（二）服务业务的控制

在我国，由于私募证券投资基金管理人准入门槛相对较低，资本实力和管理能力相对较弱，私募证券投资基金运营普遍采用与外部服务机构合作的方式。2017 年 3 月 1 日，中基协发布了《私募投资基金服务业务管理办法（试行）》，该办法明确指出，服务业务类型包括基金募集、投资顾问、份额登记、估值核算、信息技术系统等。其主要思路是明确外包服务机构与基金管理人的法律关系，全面梳理服务业务类别，提出各类业务职责边界，明确登记条件和自律管理要求，引入服务机构的退出机制，引导市场各方各尽其责，打造良好的行业生态，促进私募基金服务业务持续健康发展。

该办法对私募基金管理人委托服务机构提出了一般性要求：私募基金管理人应当制定相应的风险管理框架及制度，并根据审慎经营原则制定业务委托实施规划，确定与其经营水平相适宜的委托服务范围。私募基金管理人在委托服务机构开展服务前，应当对服务机构开展尽职调查，了解其人员储备、业务隔离措施、软硬件设施、专业能力、诚信状况等情况；并与服务机构签订书面服务协议，明确双方的权利义务及违约责任。私募基金管理人应当对服务机构的运营能力和服务水平进行持续关注和定期评估。私募基金管理人委托服务机构提供私募基金服务的，私募基金管理人依法应当承担的责任不因委托而免除。

由于私募基金管理人委托服务机构从事私募基金募集、投资顾问等业务的相关规定，由中基协另行规定。因此该办法主要规范了份额登记、估值核算、信息技术系统三类业务，具体内容如表 5-1 所示。

表 5-1 各服务类型的基本职责

服务类型	基本职责
份额登记	建立并管理投资者的基金账户、负责基金份额的登记及资金结算、基金交易确认、代理发放红利、保管投资者名册及法律法规或服务协议规定的其他职责。基金份额登记机构登记的数据，是投资者权利归属的根据
估值核算	开展基金会计核算、估值、报表编制，相关业务资料的保存管理。配合私募证券基金管理人聘请的会计师事务所进行审计和法律法规及服务协议规定的其他职责
信息技术	为私募基金管理人、私募基金托管人和其他服务机构提供私募基金业务核心应用系统、信息系统运营维护及安全保障等服务。其中，私募基金业务核心应用系统包括销售系统、投资交易管理系统、份额登记系统、资金清算系统、估值核算系统等

第二节　私募证券投资基金运营管理的内容

本节主要介绍私募证券投资基金运营管理的内容，主要包括账户管理、客户服务、信息报送及会计核算四大板块。

一、私募证券投资基金的账户管理

私募证券投资基金的账户管理的内容主要包括募集结算资金专用账户管理、基金托管账户、证券交易账户管理、投资者基金交易账户管理和投资者基金账户管理。

为规范私募证券投资基金的账户管理，维护基金投资者的合法权益，确保基金各类账户的设立和使用符合相关法律法规和监管规则，保证账户的安全和有序管理，基金管理人应按照规定设立私募基金财产的募集结算专用账户、基金托管账户、证券账户和期货账户等投资所需账户。证券账户和期货账户的持有人名称应当符合证券、期货登记结算机构的有关规定。上述开立的基金财产账户与公司自有的财产账户及其他基金财产账户相独立。此外，基金管理人还应本着以“客户为中心，对客户负责”的原则指导投资者开立投资者基金账户和投资者基金交易账户。

（一）募集结算资金专用账户管理

《私募投资基金募集行为管理办法》中对募集结算资金专用账户和募集结算资金规定如下：募集机构或相关合同约定的责任主体应当开立私募基金募集结算资金专用账户，用于统一归集私募基金募集结算资金，向投资者分配收益，给付赎回款项，以及分配基金清算后的剩余基金财产等，确保资金原路返还。募集结算资金是指由募集机构归集的，在投资者资金账户与私募基金财产账户或托管资金账户之间划转的往来资金。募集结算资金从投资者资金账户划出，在到达私募基金财产账户或托管资金账户之前，属于投资者的合法财产。因此，私募投资基金应当开立募集结算资金专用账户。

私募基金募集结算资金专用账户由募集机构开立或由基金管理人委托的基金服务机构开立或指定，基金募集期间，基金投资者的初始认购资金应当存入该专用账户，该账户仅用于基金募集期间和存续期间认购、申购和赎回等资金的归集与支付，在基金募集行为结束前，该账户的资金任何机构和个人不得动用。

基金募集期限届满或提前终止募集，且基金募集金额、基金份额持有人人数符合相关法律法规及基金合同的约定的，基金管理人将属于基金财产的全部资金划入基金托管人开立的基金财产托管账户。若基金募集期限届满，未能达到基金成立条件的或未在法律法规规定或基金合同约定时间内备案的，由基金管理人按规定办理退款等事宜。

1. 基金管理人直销

投资者通过基金管理人认购/申购基金的，应将认购/申购款划入基金管理人开立的基金募集结算资金专用账户。投资者的基金赎回款、分红款、清算款将原路返还至投资者认购/申购款汇出账户。需要注意的是，投资者同一笔认购/申购基金订单对应的认购/申购款项，只能从投资者本人的同一张银行卡汇出至基金管理人开立的基金募集结算资金专用账户。

2. 基金销售机构代销

投资者通过基金代销机构认购/申购基金的，应将认购/申购款划入基金销售机构基金销售结算资金专用账户（该账户受具备托管资质的托管人监管），销售机构会在冷静期回访结束且认购/收购订单得到基金管理人确认后的第二个工作日将投资者认购/申购款划入基金管理人基金募集结算资金专用账户。投资者的基金赎回款、分红款、清算款将原路返还至投资者认购/申购款汇出账户。同样，投资者同一笔认购/申购基金订单对应的认购/申购款项，也只能从投资者本人的同一张银行卡汇至基金销售机构的基金销售结算资金专用账户。

3. 募集结算资金专用账户的监督

基金募集结算资金专用账户由专门机构进行监督，基金管理人应向中基协报送基金募集结算资金专用账户及其监督机构。监督机构承担着保障基金募集结算资金划转安全的连带责任。

（二）基金托管账户的管理

根据《私募投资基金募集行为管理办法》《私募投资基金登记备案办法》等相关规定，除基金合同另有约定外，私募基金应当委托依法设立并取得基金托管资格的托管机构（主要为取得托管资格的商业银行和证券公司）进行托管。对私募证券投资基金来说，有两点需要注意：一是契约型私募基金应当由基金托管人托管，但基金合同约定设置能够切实履行安全保管基金财产职责的基金份额持有人大会日常机构或基金受托人委员会等制度安排的除外。二是若基金合同约定不进行托管的，应当在基金合同中明确保障私募基金财产安全的制度措施和纠纷解决机制。

私募证券投资基金需要通过基金托管人为基金产品开立托管账户。托管机构开展基金托管业务，应当为其托管的基金选定具有基金托管资格的商业银行作为资金存管银行，并开立托管资金专门账户，用于托管基金现金资产的归集、存放与支付，该账户不得存放其他性质的资金。基金的一切货币收支活动，包括但不限于投资、支付赎回金额、支付基金收益、收取申购款，均须通过该基金托管账户进行。基金托管账户仅限于满足开展基金投资运作的需要而使用。

（三）证券及期货交易账户的管理

证券及期货交易账户是用于进行证券交易或期货交易的个人或机构的账户。一般来说，证券交易账户用于买卖股票、债券、基金等证券品种，期货交易账户则用于买卖期货合约。证券及期货交易账户管理的主要内容如下：

1. 证券账户的开立

（1）在证券交易所开立账户。私募基金由基金管理人申请开户，针对有资产托管人的私募投资基金，原则上由资产托管人直接到中国证券登记结算有限公司（以下简称“中国结算”）上海、深圳分公司办理开户手续。私募基金证券账户名称为“基金管理人全称—私募基金名称”，私募基金证券账户名称应恰当反映产品属性。

（2）在银行间债券市场开立账户。私募投资基金的备案、开户联网手续原则上比照银行间债券市场其他非法人产品执行，并遵守各机构相关业务规则。合格机构投资者进入银行间债券市场应按规定通过电子化方式向中国人民银行上海总部备案，在中国人民银行认可的登记托管结算机构和交易平台办理开户、联网手续，完成备案、开户、联网手续后，即成为银行间债券市场的参与者。

2. 证券账户的结算

私募基金参与中国结算负责结算的证券市场投资活动，可采用证券公司结算模式或托管人结算模式。证券公司结算模式是证券公司通过其在中国结算开立的客户结算备付金账户，完成包括私募基金在内的全部客户证券交易的资金结算。托管结算模式是由托管人通过以其自身名义在中国结算开立的托管结算备付金账户托管私募基金等产品证券交易的资金结算。私募基金交易采用托管人结算模式的，须使用专用交易单元并事先获得证券交易所的书面同意；同时，托管人必须事先与中国证券登记结算有限责任公司签订相关证券资金结算协议，对多边净额结算业务承担最终交收责任。对于同一托管人负责结算的、同一家管理人的多个产品，托管人可以共用同一专用交易单元进行交易清算，并自行办理各产品证券交易的明细结算。

期货交易账户的开立与结算与证券账户的开立与结算基本相同，限于篇幅，不再重复赘述。

（四）投资者基金交易账户的管理

基金交易账户，简称“交易账户”，是基金销售机构（包括直销机构和代销机构）为投资者开立的用于管理和记录投资者在该销售机构交易的基金种类和数量变化情况的账户。投资者基金交易账户管理的主要内容如下：

（1）申请表的填写：协助投资者填写基金交易账户开户申请表，表格通常可以在基金管理人的网站上下载或在线填写。申请表需要提供投资者的基本信息、联系方式、银行账户信息等。

（2）身份证明的提供：引导投资者提供有效的身份证明，例如身份证或护照及其他额外的证件或信息。

（3）签署协议：与投资者需要签署基金交易账户协议，协议包括账户开户协议、基金销售协议等。

（4）资金管理：引导投资者在开立基金交易账户后将资金转入账户。通常情况下需提供多种缴纳资金的方式，例如网银转账、ATM 存款等。

（5）激活账户：在投资者缴纳资金后，帮助投资者激活账户，进行基金交易。

（五）投资者基金账户的管理

基金账户是指登记结算机构为投资者开立的、记录其持有的、基金管理人所管理的基金份额余额及其变动情况的账户。投资者在基金管理人处开立基金交易账户后，方可开立基金账户。投资者基金账户管理的主要内容如下：

（1）账户开立：帮助投资者填写相关的申请表和合规文件，例如基金账户开户申请表、身份证明文件、税务文件等。

（2）存款和提款：协助投资者向其基金账户中存入资金，并从中提取现金，这通常可以通过电子转账、支票或银行汇票等方式完成。目前主流的基金销售平台也可通过第三方支付机构代扣的方式进行基金交易资金的支付与划转。私募投资基金由于起投金额较大，通常采用网银转账的方式进行认购款项的支付。

（3）基金投资：根据基金的投资目标和策略进行投资，实现投资收益、维护基金份额持有人的利益。

（4）账户报告：定期向投资者提供账户报告，包括账户持仓、收益和费用等信息。

（5）费用管理：从基金账户中收取管理费用和运营费用等。

总的来说，基金管理人需要与投资者保持密切联系，及时告知投资者基金账户情况。

（六）投资者资金安全保障要求

（1）基金募集期间募集的资金应当存入专门账户，在基金募集行为结束前，任何人不得动用。

（2）私募基金募集结算资金是指由公司归集的，在合格投资者资金账户与私募基金财产账户或托管账户之间划转的往来资金。

（3）公司不得将私募基金募集结算资金归入其自有财产。

（4）公司破产或者清算时，私募基金募集结算资金不属于公司破产财产或者清算财产。

二、私募证券投资基金的客户服务

私募证券投资基金的客户服务是指基金管理人在投资者购买基金产品后对其提供多层次、全方位的“售后服务”。主要包括基金份额登记、基金估值、信息披露、日常服务等内容。

（一）基金份额登记

（1）基金份额登记的定义：基金份额登记是指基金份额的登记过户、存管和结算等业务活动。

基金管理人可以为投资者办理其募集基金的份额登记业务，也可以委托基金份额登记机构（基金份额登记机构是指从事基金份额登记业务活动的机构）代为办理基金份额登记业务。私募基金管理人自行办理基金份额登记业务的，应当参考《私募投资基金服务业务管理办法（试行）》中的相关规定执行。私募基金管理人在委托基金份额登记机构办理基金份额登记业务后，也应当关注其是否落实《私募投资基金服务业务管理办法（试行）》的具体要求，私募基金管理人首先对基金份额登记事项承担责任。

从事私募基金份额登记服务的机构（以下简称“基金份额登记机构”）的基本职责包括：建立并管理投资者的基金账户、负责基金份额的登记及资金结算、基金交易确认、代理发放红利、保管投资者名册、法律法规或服务协议规定的其他职责。基金份额登记机构登记的数据是投资者权利归属的根据。

（2）对基金份额登记机构的具体工作内容：主要包括但不限于：办理账户类业务（账户开立、变更、注销等），基金份额的确认、登记（初始登记、变更登记），资金交收风险的控制，募集结算资金的划付，基金份额的继承、捐赠、强制执行等操作，业绩报酬的计提，数据的保存与备份等。

（3）基金份额登记机构的内部控制：基金份额登记机构和监督机构应当建立健全内部控制机制，将划款指令的生成与复核分离，对系统重要参数的设置和修改建立多层审核机制，切实保障募集结算资金安全。

（二）基金估值

基金估值是基金运营管理中非常重要的组成部分，直接关系到投资者的利益。基金合同应明确基金估值对象的估值方法，以便基金管理人或其委托的外包服务机构准确、及时地进行估值，更好地保护投资者的合法权益。按照中国证监会对证券投资基金估值业务的指导意见，基金管理人在确定相关金融资产和金融负债的公允价值时，应根据《企业会计准则》的规定，采用在当前情况下适用并且有足够可利用数据和其他信息支持的估值技术。

基金估值是指按照法律法规和基金合同对基金持有的资产和负债的价值进行估算，从而确定基金相关净值的操作。而基金净值一方面是计算基金份额申购价格与赎回价格、分红金额、费用金额、业绩报酬等与投资者及管理人密切相关的数据的基本依据；另一方面是投资者用以判断基金价值，从而进行投资决策的最为直接的依据。如果基金估值出现问题，可能会直接造成投资者或者基金财产的损失，给管理人带来法律风险、合规风险。因此，确保基金估值操作的合法性、合规性和合理性对基金管理人有着重要意义。

为落实《关于规范金融机构资产管理业务的指导意见》中关于净值化管理的要求，促进基金行业健康发展，中基协在2018年发布了《中国基金估值标准2018》，对自协会成立以来发布过的会计核算、估值、税收相关的自律规则、行业规范及指导意见编纂成册，统一了私募行业估值运营标准，降低了机构间的沟通成本，提升资产管理行业净值化管理能力。中基协也陆续发布了《证券投资基金投资流通受限股票估值指引（试行）》《私募投资基金非上市股权投资估值指引（试行）》《关于固定收益品种的估值处理标准》《证券投资基金参与同业存单会计核算和估值业务指引（试行）》《证券投资基金国债期货投资会计核算业务细则（试行）》《基金中基金估值业务指引（试行）》《证券投资基金港股通投资资金清算和会计核算估值业务指引（试行）》《证券投资基金投资信用衍生品估值指引（试行）》《公开募集证券投资基金侧袋机制指引（试行）》等行业指引，为私募基金的各类底层投资标的提供了估值方法指引。

基金份额净值，指以计算日基金资产净值除以计算日基金份额余额所得的基金份额的价值。其计算公式为：基金的单位净值=基金资产净值/基金总份额。基金份额净值计算的目的是客观、准确地反映基金财产的价值，并为基金份额的申购、赎回提供计价依据。私募证券投资基金管理人的日常工作之一就是统计分析基金产品的最新净值、累计收益、单位净值、净值估算和涨跌幅等基金产品信息，并定期向投资者进行推送。

根据《私募投资基金信息披露管理办法》，基金管理人需要向基金份额持有人披露所持有基金产品的单位净值。基金管理人会根据基金产品情况与自身考量决定净值披露的频率，通常至少是披露开放日净值。目前国内私募证券投资基金大多数是按周披露净值。

市场上的资产价格受到各种因素的干扰而波动，反映到基金上就是净值的波动。资产价格向下波动会产生基金净值的回撤，针对回撤问题，基金管理人会设置一个回撤关注线。当基金净值向下波动击破了回撤关注线，基金管理人的投研团队会对回撤原因进行分析，并对投资策略进行反思。投资者面对基金份额净值的大幅回撤也可能会进行密集的赎回，为避免密集赎回进一步引发“羊群效应”，造成基金运行的难以为继，基金管理人就要对基金的大幅回撤问题向投资者进行原因说明，在安抚投资者情绪的同时起到确保投资者对基金信息的知情权的目的。

（三）信息披露

私募证券投资基金的信息披露是指私募基金管理人、私募基金托管人按照合同约定，向投资者披露基金募集信息、基金投资信息（资金投向）、资产负债、杠杆水平、投资收益分配、主要投资风险、基金承担的费用和业绩报酬、可能存在的利益冲突情况，以及可能影响投资者合法权益的其他重大信息的职责。信息披露是私募基金的投资者、监管机构和基金管理人的沟通桥梁。一方面，信息披露者可以通过定期的报告，如月度、季度、半年度、年度等不同周期的会计报表来传达自身的经营信息。另一方面，信息使用者可通过这些定期的会计报表来获取所需信息，以此来推测之后的运营情况，为自身的基金交易决策提供参考依据。

1. 信息披露的一般规定

（1）《私募投资基金信息披露管理办法》中所称的信息披露义务人，指私募基金管理人、私募基金托管人，以及中国证券监督管理委员会和中国证券投资基金业协会规定的具有信息披露义务的法人和其他组织。

（2）同一私募基金存在多个信息披露义务人时，应在相关协议中约定信息披露相关事项和责任义务。信息披露义务人委托第三方机构代为披露信息的，不得免除信息披露义务人法定应承担的信息披露义务。

（3）信息披露义务人应当按照中基协的规定及基金合同、公司章程或者合伙协议约定向投资者进行信息披露。

（4）信息披露义务人应当保证所披露信息的真实性、准确性和完整性。

（5）私募基金管理人应当按照规定，通过中基协指定的私募基金信息披露备份平台报送信息。私募基金管理人过往业绩以及私募基金运行情况将以私募基金管理人向私募基金信息披露备份平台报送的数据为准。

（6）投资者可以登录中基协指定的私募基金信息披露备份平台进行信息查询。

（7）信息披露义务人、投资者及其他相关机构应当依法对所获取的私募基金非公开披露的全部信息、商业秘密、个人隐私等信息负有保密义务。

（8）中基协应当对私募基金管理人和私募基金信息严格保密。除法律法规另有规定外，不得对外披露。

2. 应向投资者披露的信息

根据《私募投资基金信息披露管理办法》，私募基金管理人应当向投资者披露的信息包括：

（1）基金合同。
（2）招募说明书等宣传推介文件。
（3）基金销售协议中的主要权利义务条款。
（4）基金的投资情况。
（5）基金的资产负债情况。
（6）基金的投资收益分配情况。
（7）基金承担的费用和业绩报酬安排。
（8）可能存在的利益冲突。
（9）涉及私募基金管理业务、基金财产、基金托管业务的重大诉讼、仲裁。
（10）中国证监会及中基协规定的影响投资者合法权益的其他重大信息。

另外，根据《关于规范金融机构资产管理业务的指导意见》，对私募产品而言，其信息披露方式、内容、频率由产品合同约定，但金融机构应当至少每季度向投资者披露产品净值和其他重要信息。应针对不同的产品类型披露相对应的不同的投资风险披露相对应的投资风险：

（1）针对固定收益类产品，金融机构应当通过醒目的方式向投资者充分披露和提示产品的投资风险，包括但不限于产品投资债券面临的利率、汇率变化等市场风险及债券价格波动情况，产品投资每笔非标准化债权类资产的融资客户、项目名称、剩余融资期限、到期收益分配、交易结构、风险状况等。

（2）针对权益类产品，金融机构应当通过醒目方式向投资者充分披露和提示产品的投资风险，包括产品投资股票面临的风险以及股票价格波动情况等。

（3）针对商品及金融衍生品类产品，金融机构应当通过醒目方式向投资者充分披露产品的挂钩资产、持仓风险、控制措施及衍生品公允价值变化等。

（4）针对混合类产品，金融机构应当通过醒目的方式向投资者清晰披露产品的投资资产组合情况，并根据固定收益类、权益类、商品及金融衍生品类资产投资比例充分披露和提示相应的投资风险。

3. 托管情形下应披露的信息

私募基金进行托管的，私募基金托管人应当按照相关法律法规、中国证监会及中基协的规定，以及基金合同的约定，对私募基金管理人编制的基金资产净值、基金份额净值、基金份额申购价格和赎回价格、基金定期报告和定期更新的招募说明书等向投资者披露的基金相关信息进行复核确认。

信息披露中的禁止行为，披露基金信息不得存在以下行为：
（1）公开披露或者变相公开披露。
（2）虚假记载、误导性陈述或者重大遗漏。

（3）对投资业绩进行预测。

（4）违规承诺收益或者承担损失。

（5）诋毁其他基金管理人、基金托管人或者基金销售机构。

（6）登载任何自然人、法人或者其他组织的祝贺性、恭维性或推荐性的文字。

（7）采用不具有可比性、公平性、准确性、权威性的数据来源和方法进行业绩比较，任意使用“业绩最佳”“规模最大”等相关措辞。

（8）法律、行政法规、中国证监会和中基协禁止的其他行为。

4. 基金运作期间的定期信息披露

（1）月度披露。单只私募证券投资基金管理规模金额达到 5000 万元以上的，应当持续在每月结束后 5 个工作日以内向投资者披露基金净值信息。

（2）季度披露。私募基金运行期间，信息披露义务人应当在每季度结束之日起 10 个工作日以内向投资者披露基金净值、主要财务指标及投资组合情况等信息。

（3）年度披露。私募基金运行期间，信息披露义务人应当在每年结束之日起 4 个月以内向投资者披露以下信息：

1）期末基金净值和基金份额总额。

2）基金的财务情况。

3）基金投资运作情况和运用杠杆情况。

4）投资者账户信息，包括实缴出资额、未缴出资额及报告期末所持有基金份额总额等。

5）投资收益分配和损失承担情况。

6）基金管理人取得的管理费和业绩报酬，包括计提基准、计提方式和支付方式。

7）基金合同约定的其他信息。

5. 基金运作期间的临时信息披露

发生以下重大事项的，私募基金管理人应当按照基金合同的约定及时向投资者披露：

（1）基金名称、注册地址、组织形式发生变更的。

（2）投资范围和投资策略发生重大变化的。

（3）变更基金管理人或托管人的。

（4）管理人的法定代表人、执行事务合伙人（委派代表）、实际控制人发生变更的。

（5）触及基金止损线或预警线的。

（6）管理费率、托管费率发生变化的。

（7）基金收益分配事项发生变更的。

（8）基金触发巨额赎回的。

（9）基金存续期变更或展期的。

（10）基金发生清盘或清算的。

（11）发生重大关联交易事项的。

（12）基金管理人、实际控制人、高管人员涉嫌重大违法违规行为或正在接受监管部门或自律管理部门调查的。

（13）涉及私募基金管理业务、基金财产、基金托管业务的重大诉讼、仲裁。

（14）基金合同约定的影响投资者利益的其他重大事项。

6. 信息披露事务管理和责任

私募基金管理人应当建立健全信息披露管理制度，指定专人负责管理信息披露事务。信息披露管理制度应当至少包括以下事项：

（1）向投资者进行信息披露的内容、披露频度、披露方式、披露责任及信息披露渠道等事项。

（2）信息披露相关文件、资料的档案管理。

（3）信息披露管理部门、流程、渠道、应急预案及责任。

（4）未按规定披露信息的责任追究机制和对违反规定人员的处理措施。

7. 资料保存规定

私募基金管理人应当妥善保管私募基金信息披露的相关文件资料，保存期限自基金清算终止之日起不得少于 10 年。

（四）日常服务

私募证券投资基金管理人可根据自身实力，为投资者提供日常服务，主要包括以下内容：

（1）向投资者提供多元化的信息查询渠道、沟通渠道。部分基金管理人利用互联网技术，开展了微信公众号、小程序、APP 等方式，为投资者提供了更加便捷高效的信息获取方式。

（2）提供基金运作报告。基金管理人会定期出具基金运作报告或业绩沟通报告，包括行业研究情况、后续市场发展情况研判、目前基金仓位情况及调仓计划等。

（3）交流会议。基金管理人可以采取现场或者远程的方式，通过内部基金经理或邀请外部专业人员与投资者进行交流沟通，使投资者进一步了解市场变化情况、基金投资策略、投资逻辑等内容。

三、私募证券投资基金的信息报送

持续信息报送是私募基金行政监管和自律管理体系中的一项重要基础性制度安排。为提高私募基金运行的透明性，充分保障基金投资者的知情权，更好地规范私募基金行业的发展，基金管理人应当强化内控管理，及时准确报送有关信息。主要要求如下：

根据《私募投资基金监督管理暂行办法》《关于加强私募投资基金监管的若干规定》《私募投资基金登记备案办法》等法规和自律规则中关于信息报送的要求，私募基金管理人应当于登记备案后在中基协的资产管理业务综合报送平台持续履行信息报送义务。同时，基金管理人应当就其控股股东、实际控制人、法定代表人/执行事务合伙人（委派代表）变更，以及私募基金到期日变更等重大事项，及时向中基协报告，办理变更手续。

根据《私募投资基金信息披露管理办法》《关于加强私募基金信息披露自律管理相关事项的通知》，基金管理人应当按规定通过中基协的私募基金信息披露备份系统（以下简称“信披备份系统”）备份信息。

根据《关于加强私募基金信息报送自律管理与优化行业服务的通知》，基金管理人应当切实按照《关于加强私募投资基金监管的若干规定》《私募投资基金管理人内部控制指引》等监管规定及自律规则的要求，建立健全信息报送内控管理机制，明确信息报送负责人及相关人员职责，主动强化信息报送能力建设，确保报送、披露信息及时、真实、准确、完整，符合规定要求，不存在虚假记载、误导性陈述或重大遗漏。

同时，部分信息需要通过基金从业人员管理平台、多边税务数据服务平台门户报送等渠道向有关部门或单位进行报送。

（一）资产管理业务综合报送平台信息报送

私募基金管理人及其备案的私募基金相关事项发生变更的，应当按规定及时向中基协履行变更手续。相关变更事项应当符合规定的登记、备案要求；不符合要求的，应当按照规定及时改正。资产管理业务综合报送平台信息报送内容如表 5-2 所示。

表 5-2　资产管理业务综合报送平台信息报送内容

报送主体	报送内容		办理时间
私募证券投资基金管理人	登记信息	①名称、经营范围、资本金、注册地址、办公地址等基本信息 ②股东、合伙人、关联方 ③法定代表人、高级管理人员、执行事务合伙人或其委派代表 ④中国证监会、基金业协会规定的其他信息	自变更之日起10个工作日内
	重大变更事项	控股股东、实际控制人、普通合伙人等发生变更的	自变更之日起30个工作日内
私募证券投资基金管理人	定期报告	私募基金管理人的相关财务、经营信息及符合规定的会计师事务所审计的年度财务报告	每一会计年度结束之日起4个月内
		所管理的私募基金的投资运作情况	
		中国证监会、基金业协会要求报送的临时报告和其他信息	
	临时报告	①私募基金管理人及其管理的私募基金涉及重大诉讼、仲裁等法律纠纷，可能影响正常经营或者损害投资者利益 ②出现重大负面舆情，可能对市场秩序或者投资者利益造成严重影响 ③私募基金触发巨额赎回且不能满足赎回要求，或者投资金额占基金净资产50%以上的项目不能正常退出 ④私募基金管理人及其控股股东、实际控制人、普通合伙人、主要出资人业务运营、财务状况发生重大变化，或者出现重大信息安全事故，可能引发私募基金管理人经营风险，严重损害投资者利益 ⑤私募基金管理人及其法定代表人、董事、监事、高级管理人员、执行事务合伙人或其委派代表或者从业人员等因重大违法违规行为受到行政处罚、行政监管措施和纪律处分措施，或者因违法犯罪活动被立案调查或者追究法律责任 ⑥中国证监会、基金业协会规定的其他情形	10个工作日内
私募证券投资基金	备案信息	①基金合同约定的存续期限、投资范围、投资策略、投资限制、收益分配原则、基金费用等重要事项 ②私募基金类型 ③私募基金管理人、私募基金托管人 ④负责份额登记、估值、信息技术服务等业务的基金服务机构 ⑤影响基金运行和投资者利益的其他重大事项	自变更之日起10个工作日
	基金合同终止	清算报告	自私募基金清算完成之日起10个工作日

近年来，中基协加强了对私募证券投资基金的信息披露报送要求，针对特定的私募证券投资基金管理人及基金产品，陆续公布了额外的监管报表报送要求。比如：2021 年 11 月 1 日，中基协针对量化类型的基金产品定向推送“量化私募基金运行报表”的月度报送任务；2022 年 7 月 29 日，中基协依据私募证券投资基金管理人的管理规模定向推送“规模以上证券类管理人运行报表”的月度报送任务，以完善私募基金信息监测体系。

（二）其他进行信息报送的途径和内容

1. 通过私募基金信息披露备份系统进行的信息报送

根据《私募投资基金信息披露管理办法》所规定的信息披露要求，私募基金管理人应当通过中基协指定的私募基金信息披露备份平台进行信息备份。根据中基协发布的《关于私募基金信息披露备份系统定向披露功能上线相关事项的通知》，私募基金信息披露备份系统已于 2020 年 2 月 14 日正式上线定向披露功能模块，投资者可以登录该平台进行相关信息查询。AMBERS 系统定向披露功能内容如表 5-3 所示。

表 5-3 AMBERS 系统定向披露功能内容一览

报送事项	报送系统（私募证券基金信息披露备份系统）
基金产品定期报告上传	披露频率：信息披露月度报告应在当月结束后 5 个工作日内完成。信息披露季度报告应在季度结束后 10 个工作日内完成。信息披露年度报告应在次年 4 月底前完成
基金产品临时报告上传	披露内容：发生重大事项的，信息披露义务人应当按照基金合同的约定及时向投资者披露并上传信披备份系统

2. 通过从业人员管理平台进行的信息报送

从业人员管理平台填报内容包括个人基本信息、机构信息、教育经历、工作经历、从业资格、从业注册记录、奖惩信息等。需要注意的是，基金管理人的员工入职、离职，以及高管职务的变更均应当在从业人员管理系统内完成相应信息变更报送。

私募基金管理人应当按照《关于私募证券投资基金管理机构投资管理人员投资业绩填报有关事项的通知》的要求，通过中国证券投资基金业协会从业人员管理平台进行投资管理人员的业绩填报与更新。投资管理人员是指在受国务院金融监管部门监管的持牌机构或已在中基协登记的私募基金管理机构任职，具备证券、期货自营账户或受托账户投资管理工作经历的人员，包括基金经理、投资经理、投资决策委员会成员、投资总监，以及经监管机构授权承担投资决策职能其他人员。投资管理人员除应填报完整的基本信息外，还应填报主要社会关系，即父母、配偶、子女、配偶父母；投资业绩信息，即产品/账户名称、产品/账户类型、产品/账户代码、产品投资类型、投资管理起始日、投资管理终止日、估值日、单位净值、累计净值、分红、累计净值增长率等信息。

3. 私募证券投资基金 CRS 信息报送

共同申报准则（Common Reporting Standard，CRS），是基于 2014 年 7 月经济合作与发展组织发布的《金融账户涉税信息自动交换标准》的内容之一，旨在打击跨境逃税及维护诚信的纳税税收体制。自 2018 年起，私募基金管理人还需要进行 CRS 相关信息报送。根据《非居民金融账户涉税信息尽职调查管理办法》，私募基金管理人应当每年向国家税务总局报送上年度通过尽职调查程序收集的非居民金融账户涉税信息，相关信息数据依据《非居民金融账户涉税信息报送规范》的数据规范，通过 XML 报文形式报送至“多边税务数据服务平台”。

四、私募证券投资基金的会计核算

私募证券投资基金的会计核算主要包括基金财产、基金产品及基金管理人三个层面的估值核算。

（一）私募证券投资基金财产的会计估值

1. 估值目的

基金财产估值目的是客观、准确地反映基金财产的价值，并为基金份额的申购与赎回等提供计价依据。

2. 估值对象

基金财产项下所有的股票、权证、债券、基金、期货和银行存款本息、应收款项、其他投资等资产及负债。

3. 估值日

基金的估值日为基金相关的证券交易场所的交易日及国家法律法规规定需要对外披露基金净值的非交易日。

4. 估值时间

基金管理人与基金托管人在每个交易日对基金财产进行估值，T+1 日完成 T 日估值。

5. 估值依据

估值应符合基金合同、《证券投资基金会计核算业务指引》及其他法律法规的规定，如法律法规未做明确规定的，参照证券投资基金的行业通行做法处理。

6. 估值方法

（1）证券交易所上市的有价证券的估值。

1）交易所上市的有价证券（包括股票、权证等），以其估值日在证券交易所挂牌的市价（收盘价）估值；估值日无交易的，且最近交易日后经济环境未发生重大变化，以最近交易日的市价（收盘价）估值；如最近交易日后经济环境发生了重大变化的，可参考类似投资品种的现行市价及重大变化因素，调整最近交易市价，确定公允价格。

2）交易所上市实行净价交易的债券按估值日收盘价估值，估值日没有交易的，且最近交易日后经济环境未发生重大变化，按最近交易日的收盘价估值。如最近交易日后经济环境发生了重大变化的，可参考类似投资品种的现行市价及重大变化因素，调整最近交易市价，确定公允价格。

3）交易所上市未实行净价交易的债券按估值日收盘价减去债券收盘价中所含的债券应收利息得到的净价进行估值，估值日没有交易的，且最近交易日后经济环境未发生重大变化的，按最近交易日债券收盘价减去债券收盘价中所含截止最近交易日的债券应收利息得到的净价进行估值。如最近交易日后经济环境发生了重大变化，可参考类似投资品种的现行市价及重大变化因素，调整最近交易市价，确定公允价格。

4）交易所上市不存在活跃市场的有价证券，采用估值技术确定公允价值。交易所上市的资产支持证券，采用估值技术确定公允价值；在估值技术难以可靠计量公允价值的情况下，按成本估值。

（2）处于未上市期间的有价证券应分如下情况处理：

1）送股、转增股、配股和公开增发的新股，按估值日在证券交易所挂牌的同一股票的市价（收盘价）估值；该日无交易的，以最近一日的市价（收盘价）估值。

2）首次公开发行未上市的股票、债券和权证，采用估值技术确定公允价值，在估值技术难以可靠计量公允价值的情况下，按成本估值。

首次公开发行有明确锁定期的股票，同一股票在交易所上市后，按交易所上市的同一股票的市价（收盘价）估值；非公开发行有明确锁定期的股票，按监管机构或行业协会有关规定确定公允价值。

3）全国银行间债券市场交易的债券、资产支持证券等固定收益品种，采用估值技术确定公允价值。

4）同一债券同时在两个或两个以上市场交易的，按债券所处的市场分别估值。

5）证券投资基金估值方法：

①上市流通的证券投资基金按估值日其所在证券交易所的收盘价估值，估值日无交易的，以最近交易日的收盘价估值。

②未上市流通的其他开放式证券投资基金按估值日公布的前日基金份额净值估值，当日未公布的，以最新能获取的基金份额净值为准。如果估值日前未曾公布过基金份额净值，按成本进行估值。

③场外货币基金以成本估值，每日按前一交易日的万份收益计提红利。

④场内货币 ETF 基金按估值日其所在证券交易所的收盘价估值，估值日无交易的，以最近交易日的收盘价估值，每日按前一交易日的万份收益计提红利，并按照中国证券登记结算有限责任公司的数据进行现金分红或红利再投。

6）期货及场内期权以估值日的结算价估值，若估值当日无结算价的，且最近交易日后经济环境未发生重大变化的，采用最近交易日结算价估值。法律法规另有规定的，从其规定。

7）基金持有的衍生工具等其他有价证券，上市交易的按估值日的结算价估值；估值日没有交易的，按最近交易日的结算价估值；未上市交易的，采用估值技术确定公允价值，在估值技术难以可靠计量的情况下，按成本估值；停止交易、但未行权的有价证券，采用估值技术确定公允价值。对场外投资品种的估值，包括但不限于场外期权、收益互换等，其交易数据、持仓数据及估值数据等都由基金管理人指定的第三方（证券公司等交易对手方或计算方）提供，基金管理人指定的第三方无法提供估值结果或估值报告的，按成本法估值。私募基金服务机构和基金托管人仅根据基金管理人指定的第三方提供的数据进行账务处理，对该数据的真实性、有效性及基于数据产生的估值结果不承担任何责任。

8）银行存款、债券、回购等计息资产按照约定利率在持有期内逐日计提应收、应付利息，在结息日以实收、实付利息入账。

9）对于投资的基金管理公司及其子公司资产管理计划、证券公司及其子公司资产管理计划、信托计划、保险资产管理计划、期货资产管理计划、私募投资基金等场外产品（以下简称“标的产品”），按以下方式进行估值：

①如基金管理人在上述标的产品权益确认日及时提供了权益确认原始凭证，则在确认日当天以原始凭证为依据入账；如基金管理人无法在权益确认日及时提供上述产品的权益确认原始凭证，则在原始凭证提供日托管人确认收到原始凭证的日期进行确认；由此给基金份额持有人造成的损失，基金托管人不予承担。

②如上述产品有份额净值的，基金管理人按周（具体以实际操作为准）提供标的产品的最新份额净值，私募基金服务机构和基金托管人以此净值为准进行估值核算；如基金管理人未按约定净值提供频率提供最新份额净值，则以最近一次提供的份额净值进行估值；因此造成的估值偏差，私募基金服务机构和基金托管人不承担责任。

③如果不属于上述情况的，则基金管理人应向基金托管人提供标的产品的估值方法和估值数据，并确保提供数据的真实、完整和有效。

10）基金投资同业存单，按估值日第三方估值机构提供的估值净价估值；选定的第三方估值机构未提供估值价格的，按成本估值。

11）如有确凿证据表明按上述方法进行估值不能客观反映基金公允价值的，基金管理人可根据具体情况与基金托管人商定后，按最能反映公允价值的价格估值，基金管理人需及时向基金份额持有人发布调整公告。

12）相关法律法规以及监管部门有强制规定的，从其规定。如有新增事项，按最新规定估值。

如基金管理人或基金托管人发现基金估值违反基金合同订明的估值方法、程序及相关法律法规的规定，或者未能充分维护基金份额持有人利益时，应立即通知对方，双方共同查明原因，协商解决。

基金管理人承担基金资产净值计算和基金会计核算的义务，基金托管人应根据法律法规要求履行估值及净值计算的复核责任，基金管理人调整估值方法时应及时通知基金托管人，基金托管人应认真核查基金管理人采用的估值政策和程序。当存有异议时，基金托管人有权要求基金管理人作出合理解释，通过积极商讨达成一致意见。如经相关各方在平等基础上充分讨论后，仍无法达成一致意见，以基金管理人对基金资产净值的计算结果为准。

7. 估值程序

（1）基金份额净值按照每个工作日闭市后，基金资产净值除以当日基金份额的余额数量计算，精确到 0.0001 元，小数点后第 5 位四舍五入。国家另有规定的，从其规定。

（2）基金管理人应在每个工作日对基金资产估值。但基金管理人根据法律法规或基金合同的规定暂停估值时除外。基金管理人每 T+1 日完成对基金资产 T 日估值后，与基金托管人以约定的方式进行核对。估值原则应符合基金合同约定及法律法规的规定。

（3）基金财产净值计算和会计核算的义务由基金管理人承担。因此，与基金财产有关的会计问题，会计责任方是基金管理人。如经相关各方在平等基础上充分讨论后，仍无法达成一致意见，以基金管理人对基金财产净值的计算结果为准。

8. 估值错误的处理

基金管理人和基金托管人将采取必要、适当、合理的措施确保基金资产估值的准确性、及时性。当基金份额净值小数点后 4 位以内（含第 4 位）发生估值错误时，视为基金份额净值错误。基金合同的当事人应按照以下约定处理：

（1）估值错误类型。基金运作过程中，由于基金管理人、基金托管人、证券交易所、份额登记机构、销售机构或基金投资者自身的过错造成估值错误，导致其他当事人遭受损失的，过错的责任人应当对由于该估值错误遭受损失的当事人（受损方）的直接损失按下述“估值错误处理原则”承担赔偿责任。

私募基金服务机构在估值的过程中，因违法违规、违反服务协议、技术故障、操作失误等原因给基金财产造成损失的，基金管理人应承担的向基金合同的其他当事人的先行赔偿责任并不因此而免除。基金管理人可按照服务协议约定与私募基金服务机构就估值错误进行责任分配与损失追偿。

估值错误的主要类型包括但不限于：资料申报差错、数据传输差错、数据计算差错、系统故障差错、下达指令差错等。

（2）估值错误处理原则。

1）估值错误已发生，但尚未给当事人造成损失时，估值错误责任方应及时协调各方进行更正，因更正估值错误发生的费用由估值错误责任方承担；由于估值错误责任方未及时更正已产生的估值错误，给当事人造成损失的，由估值错误责任方对直接损失承担赔偿责任；若估值错误责任方已经积极协调，并且有协助义务的当事人有足够的时间进行更正而未更正，则当事人应当承担相应赔偿责任。估值错误责任方应对更正的情况向有关当事人进行确认，确保估值错误已得到更正。

2）估值错误的责任方对有关当事人的直接损失负责，不对间接损失负责，并且仅对估值错误的有关直接当事人负责，不对第三方负责。

3）因估值错误而获得不当得利的当事人负有及时返还不当得利的义务。但估值错误责任方仍应对估值错误负责。如果由于获得不当得利的当事人不返还或不全部返还不当得利造成其他当事人（受损方）的利益损失，则估值错误责任方应赔偿受损方的损失，并在支付的赔偿金额的范围内对获得不当得利的当事人享有要求交付不当得利的权利；如果获得不当得利的当事人已经将此部分不当得利返还给受损方，则受损方应当将其已经获得的赔偿额加上已经获得的不当得利返还的总和超过其实际损失的差额部分支付给估值错误责任方。

4）估值错误调整采用尽量恢复至假设未发生估值错误的正确情形的方式。

5）基金管理人和基金托管人由于各自技术系统设置而产生的净值计算尾差，以基金管理人计算结果为准。

6）按法律法规规定的其他原则处理估值错误。

（3）估值错误处理程序。估值错误被发现后，有关当事人应当及时进行处理，处理程序如下：

1）基金份额净值计算出现错误时，基金管理人应当立即予以纠正，通报基金托管人，并采取合理的措施，防止损失进一步扩大。

2）查明估值错误发生的原因，列明所有的当事人，并根据估值错误发生的原因确定估值错误的责任方。

3）根据估值错误处理原则或当事人协商的方法对因估值错误造成的损失进行评估。

4）根据估值错误处理原则或当事人协商的方法由估值错误的责任方进行更正和赔偿损失。

5）根据估值错误处理的方法，需要修改基金登记机构交易数据的，由基金登记机构进行更正，并就估值错误的更正向有关当事人进行确认。

6）基金管理人和基金托管人由于各自技术系统设置而产生的净值计算尾差，以基金管理人计算结果为准。

7）前述内容如法律法规或监管机关另有规定的，从其规定处理。

9. 暂停估值的情形

（1）与基金投资有关的证券交易市场遇法定节假日或因其他原因暂停营业时。

（2）因不可抗力或其他情形致使基金管理人、基金托管人无法准确评估基金财产价值时。

（3）出现基金管理人认为属于紧急事故的任何情况，导致基金管理人不能出售或评估基金财产的。

（4）占基金相当比例的投资品种的估值出现重大转变，基金管理人为了保障基金份额持有人的利益，决定延迟估值的情形。

（5）中国证监会和基金合同认定的其他情形。

10. 基金份额净值的确认

基金财产净值和基金份额净值由基金管理人负责计算，基金托管人进行复核。基金管理人每月将经基金托管人复核的上个月最后一个交易日的基金财产净值以各方认可的形式提交基金份额持有人，并在每个开放日公布提取业绩报酬后的基金份额净值。基金管理人按照《私募投资基金信息披露管理办法》的相关规定对基金净值予以披露。

11. 资金账册的建立

基金管理人、基金托管人在估值系统中建立套账，用于基金的每日估值及信息维护。

12. 特殊情况的处理

（1）基金管理人或基金托管人按估值方法进行估值时，所造成的误差不作为基金财产估值错误处理。

（2）由于不可抗力原因，或由于证券交易所及登记结算公司发送的数据错误，或国家会计政策变更、市场规则变更等，基金管理人和基金托管人虽然已经采取必要、适当、合理的措施进行检查，但未能发现该错误的，由此造成的基金财产估值错误，基金管理人和基金托管人可以免除赔偿责任。但基金管理人、基金托管人应当积极采取必要的措施消除由此造成的影响。

（二）私募证券投资基金产品层面的会计核算

私募证券投资基金以契约型基金产品为主，所以本教材仅分析契约型私募基金产品的核算与信息披露现状。契约型私募基金适用的《证券投资基金会计核算业务指引》规定“基金管理人和基金托管人对所管理、托管的基金应当以基金为会计核算主体，单独建账、独立核算，单独编制财务会计报告。不同基金之间在名册登记、账户设置、资金划拨、账簿记录等方面应当相互独立”。

1. 私募证券投资基金的会计目标

私募证券投资基金的主要会计目标是保护投资者的利益，为投资者、潜在投资者、基金管理人等服务，以便能够帮助使用者了解基金运行现况与经营成果，使使用者对基金状况有直观了解，能够客观地评价基金目前财务状况、管理成果，以及预测未来盈利。

2. 会计核算体系的构成

《证券法》《证券投资基金法》《企业会计准则》《证券投资基金会计核算业

务指引》《私募投资基金信息披露管理办法》等法律法规及行业规定，以及中国证券业协会等相关机构所针对私募证券投资基金下发的管理办法等，共同构成了私募证券投资基金会计核算体系的制度基础。具体情况如图 5-1 所示：

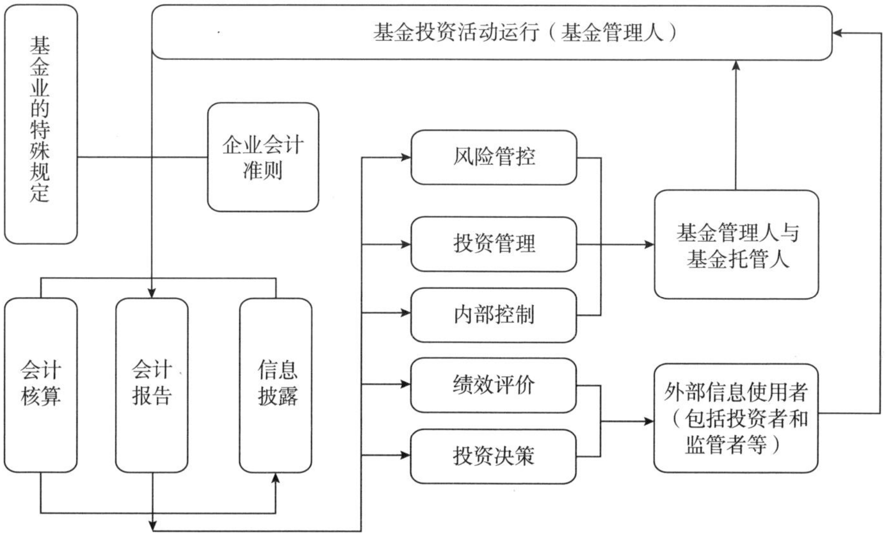

图 5-1　私募证券投资基金财务报告运行体系

3. 私募证券投资基金会计核算的主要内容

（1）证券交易及其清算的核算，主要包括股票交易、债券交易、回购交易等。

（2）权益事项的核算，主要包括新股、红股、红利、配股核算。

（3）各类资产的利息核算，主要包括债券的利息、银行存款利息、清算备付金利息、回购利息等。按日计提，当日确认为利息收入。

（4）基金费用的核算，主要包括：计提基金管理费、托管费，预提、摊销费用等。按日计提，当日确认为费用。

（5）基金份额变化的核算。

（6）投资估值增值的核算。

（7）本期收益及收益分配的核算。

（8）资产负债表、利润表及净值变动表等报表。

（9）业绩报酬的核算。

4. 私募证券投资基金主体业务核算的主要会计科目

私募证券投资基金主体业务核算的主要类别包括资产类、负债类及权益类三大类，囊括了应收申购款、结算备付金、证券清算款、应付赎回费、应付赎回款、实收基金、未实现利得、损益平准金等主要会计科目。其主要核算内容如表5-4所示。

表5-4　基金主体业务核算的主要会计科目

类别	名称	主要核算内容
资产类	应收申购款	应收申购款和申购款结算情况
	结算备付金	为证券交易的资金结算而存入证券登记结算机构的款项（保证金）
	证券清算款	需要存出或交纳的各种保证金款项，包括日常存出保证金、远期存出保证金、权证存出保证金等
负债类	应付赎回费	应付给办理赎回业务的机构的赎回费
	应付赎回款	核算基金赎回过程中应付未付款项
权益类	实收基金	核算对外发行基金份额所募集的总金额在扣除平准金分摊部分后的余额
	未实现利得	核算非利润转化而形成的损益平准项目，如申购款、转换转入款、赎回款、转换转出款中所含的未分配利润和公允价值变动损益
	损益平准金	核算基金发行或赎回条款中含有的未分配收益情况

基金收入主要包括投资收益（利息与分红、证券价值增长），利息收入（将资金存入银行或将结算备付金存入证券交易所产生的存款利息收入，还有买入返售金融资产的利息收入），股利收入（上市公司分红派息而确认的股利收入），其他收入（基金运作过程中发生的其他收入项目，如赎回费扣除基本手续费手中余额、配股手续费的返还等），公允价值变动损益。

基金费用主要包括利息支出（基金运作过程中发生的利息支出），基金托管费（基金托管人保管并处理基金资产收取的一定费用），其他费用，基金的税收。

5. 私募证券投资基金会计核算的特点

（1）会计主体是证券投资基金。

（2）会计分期细化到日。

（3）基金持有的金融资产和承担的金融负债通常归类为以公允价值计量且变动计入当期损益的金融资产和金融负债。

（4）基金计价上，应每日计算并公告基金净值和基金单位净值。

（5）每日按公允价值对基金资产进行估值，计算并确认基金损益，以保证基金净值的准确性。

6. 私募证券投资基金的会计报告

根据《私募投资基金登记备案办法》（中基协发〔2023〕5号）第六十一条，私募证券投资基金管理人应当按照规定报送下列信息：

（1）在每一会计年度结束之日起4个月内，报送私募基金管理人的相关财务、经营信息以及符合规定的会计师事务所审计的年度财务报告；管理规模超过一定金额及《私募投资基金登记备案办法》第十七条规定的私募基金管理人等，其年度财务报告应当经中国证监会备案的会计师事务所审计。

（2）报送所管理的私募基金的投资运作情况。

（3）中国证监会、中基协要求报送的临时报告和其他信息。

中基协可以视情形延长报送时限。私募基金管理人存在严重损害投资者利益、危害市场秩序等风险的，中基协可以视情况调整其信息报送的范围、内容、方式和频率等。

（三）私募证券投资基金管理人层面的会计核算

在基金管理人层面，由于私募证券投资基金管理人为公司制或合伙企业制（主要为公司制），同其他企业一样根据《企业会计准则》进行会计核算即可，私募证券投资基金管理人大多会计核算为日常费用的列支及管理费和业绩报酬的核算，本教材就管理费和业绩报酬的会计处理给予一定指导。

私募证券投资基金管理人提供资产管理服务，一般需要按月度、季度或年度计提及收取管理费，根据《企业会计准则第14号——收入》的相关规定，会计处理建议如下：

借：应收账款——应收管理费（银行存款/合同资产等）

　　贷：营业收入——管理费收入

　　　　应交税费——应交增值税（销项税额）（6%）

　　　　[或者应交税费——简易计税（3%）或待转销项税额]

需要注意的问题包括：

（1）基金募集阶段认购费（一般常见于契约型基金）、管理费的打款方式（可能存在价内和价外区别）是通过募集账户还是托管账户打款，资金支付路径会影响基金层面的会计核算。

（2）识别清楚私募证券投资基金管理人的增值税纳税主体身份是增值税一般纳税人还是小规模纳税人。主体身份不同，会计处理存在差别，应按照《增值税会计处理规定》（财会〔2016〕22 号）分别处理。

（3）私募基金收取管理费的行为，严格根据《企业会计准则第 14 号——收入》的要求处理，如果存在先收取（或后收取）管理费的情况，对按照权责发生制原则处理导致的税会差异，应结合《增值税会计处理规定》，通过设置“应交税费——待转销项税额”或“应收账款”科目过渡处理。关于增值税纳税义务的发生时点，前面已经探讨。具体发票开具问题上，基金管理人无法向契约型基金产品开具增值税发票，如果是委托方单独和基金管理人之间存在明确的资产管理委托和受托关系，且另行在契约型产品之外单独支付资产管理费，而不是在基金产品中提取，此行为若被认定为增值税应税项目，开具增值税发票应该是没有问题的；至于合伙制基金，由于其本身是增值税纳税主体，基金管理人和合伙型基金产品之间如果存在增值税应税项目，本教材认为是可以正常开具增值税发票的。

（4）超额业绩报酬的税务问题。在会计核算中，建议理解为提供资产管理服务收入的可变对价，除非有足够的理由证明属于投资收益。

（5）超额业绩报酬的回拨机制。在私募证券投资基金运作时，投资者基于整体业绩考虑，可能会设置回拨机制。前期基金业绩较好时，基金管理人提取超额业绩报酬并已经缴纳增值税和所得税；然而，在后期退出或整体清算时，投资者整体业绩可能会下降，从而要求基金管理人返还部分业绩奖励。此时，前期已经缴纳的增值税和所得税等一般是难以退还的，基金管理人需综合考虑整体税负成本。在会计处理上，如果确实发生超额业绩报酬返还，本教材认为这属于可变交易对价的一种形式，在会计收入确认与计量时，应按照《企业会计准则第 14 号——收入》第十六条的相关规定处理，即合同中存在可变对价的，企业应当按照期望值或最可能发生金额确定可变对价的最佳估计数，但包含可变对价的交易价格的，应当在不超过相关不确定性消除时累计已确认收入极可能不会发生重大转回的金额。企业在评估累计已确认收入是否极可能不会发生重大转回时，应当同时考虑收入转回的可能性及其比重。无疑，这种变化对于基金管理人而言是一个重要的挑战。

（6）私募证券投资基金管理人取得的收益，对应的所得税问题需要按一般规定处理，要区别基金管理人是合伙企业还是一般法人主体，在此不再赘述。如果基金管理人是公司，还需要考虑《企业所得税税前扣除凭证管理办法》（国家税务总局公告 2018 年第 28 号）的要求，解决企业所得税税前扣除成本费用损失等问题。

（7）虽然契约型基金管理人是契约型基金运营层面增值税（适用简易计税方法，征收率3%）的纳税人，但是税款本身可能由基金产品及产品投资者承担，此时可以考虑做如下会计处理：

借：其他应收款

　　贷：应交税费——简易计税（3%）

【本章小结】

私募证券投资基金管理人的运营管理要以满足法律法规及行业监管要求为基础。其运营管理既包括纯粹的内部管理，即公司战略、组织架构、产品研发、投资决策、审计内控、技术支持等环节的管理；也包括涉及外部的管理，即私募基金产品设计、资金募集、客户服务等营销和服务过程，以及基金份额登记、基金估值、会计核算、信息披露等后台服务的管理。

私募证券投资基金管理人运营管理的目标是通过对经营流程全过程的协调管理，有效地配置资源，使整个公司的各条业务线能够高效有序运作，既分工合作又相互制衡，以实现投资收益，控制运营风险，维护基金份额持有人利益，提高基金的声誉。同时，应遵循诚实守信原则、客户利益优先原则、安全管理原则、合法合规原则、透明度原则、独立性原则、专业原则及公平原则。

私募证券投资基金的运营的主要内容包括账户管理、客户服务、信息报送及会计核算四大业务板块。其中，账户管理的内容主要包括募集结算资金专用账户管理、基金托管账户、证券交易账户管理、投资者基金交易账户管理和投资者基金账户管理。客户服务是指基金管理人在投资者购买基金产品后对其提供多层次、全方位的“售后服务”，主要包括基金份额登记、基金估值、信息披露、日常服务等内容。为提高私募基金运行的透明性，充分保障基金投资者的知情权，规范私募基金行业的发展，私募基金管理人除应向基金投资者履行信息披露义务外，还应当通过 AMBERS 系统、私募信息披露备份系统及从业人员管理平台等多个渠道向中基协进行信息报送。

私募证券投资基金的会计核算主要包括对基金财产、基金产品及基金管理人三个层面的估值核算。

【复习思考题】

1. 私募证券投资基金进行托管的主要原因是什么？
2. 简述私募证券投资基金运营管理的主要工作内容。
3. 如何做好私募证券投资基金的投资者服务工作？
4. 私募证券投资基金会计核算的重要性如何体现？
5. 尝试绘制私募证券投资基金运营管理的思维导图。

第六章　私募证券投资基金的退出、税收与清算

【学习要点】

- 掌握投资者退出私募证券投资基金的方式
- 了解管理费和业绩报酬计算方式
- 熟悉私募证券投资基金的税收制度
- 掌握私募证券投资基金清算流程

第一节　投资者退出私募证券投资基金的方式

一、基金份额赎回与转让

私募证券投资基金的投资标的大多为股票、期货等流动性较高的金融资产，具有变现能力强、变现周期短的特点。投资者退出私募证券投资基金的方式较为简单，最常见的退出形式为赎回与转让。

（一）基金份额的赎回

《私募投资基金备案指引第 1 号——私募证券投资基金》第十一条指出：私募证券基金的基金合同应当明确约定封闭式、开放式等基金运作方式。开放式私募证券基金的基金合同应当设置固定开放日，明确投资者认（申）购、赎回时

间、频率、程序以及限制事项。未按照基金合同约定征得投资者同意，私募基金管理人不得擅自更改投资者认（申）购、赎回时间、频率、程序以及限制事项。私募证券基金设置临时开放日的，应当在基金合同中明确约定临时开放日的触发条件仅限于因法律、行政法规、监管政策调整、合同变更或解除等情形，不得利用临时开放日进行申购。私募基金管理人应当在临时开放日前 2 个交易日通知全体投资者。

根据上述规定，私募证券投资基金一方面可以根据其自身产品特点设置灵活的开放频率，但是应当有合理充分的理由；另一方面可以保留临时开放的机制，但应当有明确的触发条件。因此，投资者可以通过在开放日赎回的方式退出私募证券投资基金。通过该方式退出私募证券投资基金有以下特点和要求：

1. 赎回的途径、原则、方式、价格及程序

（1）基金的赎回应通过募集机构办理，基金的募集机构包括基金管理人和基金管理人委托的销售机构。投资者可根据自身申购时的渠道办理赎回。

（2）未知价原则，即赎回价格以 K 日（赎回申请日）计算的基金份额净值为基准进行计算。

（3）份额赎回原则，即赎回以份额申请。

（4）基金份额持有人赎回基金时，按照“先进先出”的原则，依据同一基金份额持有人认购、申购和红利再投资形成的基金份额的先后次序进行顺序赎回。

（5）基金投资者办理赎回等业务时应提交的文件和办理手续、办理时间、处理规则等在遵守基金合同约定的前提下，以募集机构的具体规定为准。

（6）赎回申请的确认。募集机构受理赎回申请并不表示对该申请是否成功的确认，仅代表募集机构确实收到了申请，申请是否有效以份额登记机构的确认结果为准。份额登记机构应在法律法规规定的时限内对基金投资者赎回申请的有效性进行确认。在正常情况下，开放日提交的有效申请，份额登记机构在 K+2 日内进行确认，基金投资者可在 K+3 日（含）后到募集机构经营场所或通过与募集机构约定的其他方式查询申请的确认情况。

（7）赎回申请的款项支付。基金份额持有人赎回申请提交后，基金管理人应按规定向基金份额持有人支付赎回款项，有效赎回款项应于 K+3 日内划出基金财产托管账户，于 K+4 日内支付给基金份额持有人，若因托管账户资金不足导致划款延迟，基金管理人应及时告知基金份额持有人，由此造成的损失由基金管理人承担。在发生巨额赎回时，赎回款项的支付按有关法律法规规定和基金合同约定处理。

2. 赎回的金额限制

（1）当基金份额持有人持有的基金资产净值高于100万元人民币时，基金份额持有人可以选择全部或部分赎回基金份额；选择部分赎回基金份额的，基金份额持有人在部分赎回申请确认后持有的基金资产净值不得低于100万元人民币。

当基金份额持有人申请部分赎回基金将致使其在部分赎回申请确认后持有的基金资产净值低于100万元人民币的，基金管理人可适当减少该基金份额持有人的赎回份额，以保证部分赎回申请确认后基金份额持有人持有的基金资产净值不低于100万元人民币。如发生巨额赎回时，在比例确认等方面参照基金合同有关巨额赎回的条款执行。

（2）当基金份额持有人持有的基金资产净值低于100万元人民币（含100万元人民币）时，需要赎回基金的，基金份额持有人必须选择一次性赎回所持的全部基金份额。

（3）基金管理人可根据市场情况，合理调整对赎回份额的数量限制，基金管理人进行前述调整必须提前3个工作日告知基金份额持有人。基金管理人通过基金合同约定的方式公告前述调整事项即视为履行了告知义务。

（二）基金份额的转让

如果基金合同中有关于基金份额转让的约定，则在基金存续期间，基金份额持有人可以按照有关约定转让基金份额。私募证券投资基金管理人应当核查并确认基金份额受让人为合格投资者，且基金份额转让后投资者人数符合《私募投资基金监督管理暂行办法》及基金合同的约定。

基金份额持有人转让基金份额须遵循下列程序：

（1）基金份额转让人、基金份额受让人、基金管理人三方共同签署基金份额转让协议，明确转让标的、转让价格、转让数量、资金支付方式及期限、违约责任和纠纷处理方式等事宜。依据三方签署并生效的基金份额转让协议，转让人收到受让人支付的相应资金后，受让人向基金管理人提交基金账户开户申请及身份证明文件等材料，转让人、受让人、基金管理人共同签署基金份额转让通知。

（2）基金管理人审核并确认受让人的开户申请，连同三方签署的基金份额转让协议、基金份额转让通知、转让人与受让人的相关身份证明文件等材料一并提交注册登记机构。

（3）注册登记机构依据基金管理人提交的开户申请和转让通知等，为受让人开立基金账户，执行份额转让，同时变更基金份额持有人名册。

（三）基金份额的非交易过户

基金份额的非交易过户是指基金份额登记机构受理继承、捐赠和司法强制执行等情形而产生的非交易过户，以及登记机构认可、符合法律法规的其他非交易过户。继承是指基金份额持有人死亡或被人民法院宣告死亡的，其持有的基金份额由其合法的继承人继承；捐赠指基金份额持有人将其合法持有的基金份额捐赠给福利性质的基金会或社会团体；司法强制执行是指司法机构依据生效司法文书将基金份额持有人持有的基金份额强制划转给其他自然人、法人或其他组织。办理非交易过户必须提供基金份额登记机构要求提供的相关资料，对于符合条件的非交易过户申请按基金份额登记机构的规定办理，并按基金份额登记机构规定的标准收费。

二、约定解除与法定解除

我国私募证券投资基金采用的形式大多为契约型私募基金，契约型私募基金成立的基础在于基金合同的成立，基金投资者的退出在法律角度上视为契约型私募基金合同的解除。合同解除通常分为合同的约定解除和合同的法定解除两条主要路径。即基金合同能否解除，要看合同的相对方，即投资者与私募证券投资基金管理人，是否约定了解除权，并出现了触发约定解除的情形，或者是基金合同履行的过程中是否出现了法定的合同解除情形。

（一）约定解除

根据《民法典》第五百六十二条，当事人协商一致，可以解除合同。当事人可以约定一方解除合同的事由，解除合同的事由发生时，解除权人可以解除合同。

根据《私募投资基金募集行为管理办法》第三十一条，“基金合同应当约定，投资者在募集机构回访确认成功前有权解除基金合同。出现前述情形时，募集机构应当按合同约定及时退还投资者的全部认购款项”。根据《民法典》及《私募投资基金募集行为管理办法》的规定，私募证券投资基金合同中一般会约定，投资者在回访确认成功前拥有解除权，可以解除基金合同。

司法实践中，人民法院对机构回访确认成功前投资者依据私募基金合同的相关约定行使解除权，往往持支持态度。然而，值得注意的是，上述投资者与基金管理人约定解除权的情形，均设置在回访确认前的投资冷静期内。实践中，基金管理人考虑到自身利益和私募基金的稳定性，较少会在基金合同中与投资者另行约定其他的解除情形。

（二）法定解除

根据《民法典》第五百六十三条，“有下列情形之一的，当事人可以解除合同：（一）因不可抗力致使不能实现合同目的；（二）在履行期限届满前，当事人一方明确表示或者以自己的行为表明不履行主要债务；（三）当事人一方迟延履行主要债务，经催告后在合理期限内仍未履行；（四）当事人一方迟延履行债务或者有其他违约行为致使不能实现合同目的；（五）法律规定的其他情形”。在基金合同约定解除权条款适用情形较为有限的情况下，投资者也可以根据具体情况，考虑根据《民法典》第五百六十三条的规定，行使法定解除权来解除私募基金合同。司法实践中，投资者行使法定解除权主要依据的是《民法典》第五百六十三条，主张基金管理人存在违约情形，从而导致合同目的不能实现。投资者主张的常见解除事由主要包括但不限于：

1. 基金管理人未按照基金合同约定的投资范围投资基金财产

基金管理人如未按照投资范围的约定进行投资的，可能会构成根本违约，该情形下投资者可以诉请行使法定解除权，要求解除基金合同。

2. 基金管理人未依照基金合同的约定履行分配利润

分配利润也是私募投资基金合同中基金管理人的主要义务之一，如基金管理人没有勤勉尽职，存在未按照私募投资基金合同约定向投资者分配利润的情形，则也有可能会被法院认定为构成根本违约，从而支持投资者解除基金合同的诉请。

3. 基金管理人停止营业

在基金管理人的法定代表人被采取刑事强制措施或基金管理人停止营业等情况下，意味着其不能再行使基金管理人职责。该情形也很有可能被认定构成根本违约，从而投资者有权诉请解除基金合同。

4. 基金管理人未及时履行赎回义务

基金管理人未及时履行赎回义务、未及时就基金所投资的底层资产主张权利的，也可能构成根本违约，从而构成投资者诉请解除基金合同的依据。

需要指出的是，并非所有基金管理人的违约或违法行为都可以作为投资者诉请解除私募基金合同的依据。有些情况下，基金管理人的违约行为轻微，并不必然导致“合同目的不能实现”的法定解除权条件。

第二节　私募证券投资基金费用及收益分配

一、私募证券投资基金管理的费用

（一）基金财产支付的费用种类

（1）基金管理人的基金管理费。

（2）基金管理人按基金合同约定提取的业绩报酬。

（3）基金托管人的托管费。

（4）私募基金服务机构的服务费。

（5）基金的证券、期货交易费用及开户费用。

（6）基金的银行汇划费用。

（7）基金备案后与基金相关的信息披露费用。

（8）基金份额持有人大会费用。

（9）为基金募集、运营、审计、法律顾问、投资顾问等提供服务的基金服务机构的服务费。

（10）基金终止时的清算费用。

（11）按照国家有关规定和基金合同约定，可以在基金资产中列支的其他费用。

（二）主要费用计提方法、计提标准和支付方式

（1）基金管理费。管理费是私募证券投资基金管理人就其向投资者提供的资产管理和投资咨询服务而向投资者定期收取的费用，这是基金管理人一项重要的收入来源。其目的是支付基金持续正常运行所需的费用，以保证基金能够正常运作。通常情况下，基金日常运作发生的费用包括开办费用、员工工资、差旅费、行政办公费用等。由于基金规模和基金投资战略有所不同，管理费的收取情况也有所不同。管理费的收取主要会考虑以下一些因素：管理规模、基金管理人的以往业绩、给予基金管理人的业绩报酬等。

管理费的基本计算方式为：

管理费=计算基数×管理费率×管理时间

一般来讲，计算基数和管理时间较为容易确定，因为投资者和基金管理人对此容易达成一致。因此，管理费在收取上主要的考虑因素是管理费率。目前，主流的收取方式有两种：

1）固定收取方式：基金合同通常会约定基金的管理费按照出资额的一定比率计提。一般为投资者认缴出资额或实际出资额的1.5%~2.5%。

2）分档收取方式：某些基金进行分段收取管理费的安排。如投资额在100万元≤X<300万元的，收取2%的管理费；投资额300万元≤X<500万元的，收取1.5%的管理费；投资额X≥500万元的，收取1%的管理费。

在实务中，基金管理费一般自基金成立次日起，按自然日计提，按自然季支付给基金管理人。

（2）业绩报酬。业绩报酬是指私募证券投资基金管理人基于基金的业绩表现，超过业绩报酬计提基准时，依据基金合同约定的计提比例、计提时点和计提频率等相关条款收取的费用，其目的是使基金管理人与投资者长期利益趋于一致。

2020年6月，为规范私募证券投资基金业绩报酬相关业务，保护基金投资者及相关当事人的合法权益，促进私募证券投资基金行业健康发展，中基协起草了《私募证券投资基金业绩报酬指引（征求意见稿）》（以下简称《业绩报酬指引》）。

基于私募证券投资基金行业在业绩报酬方面的现状，中基协在《业绩报酬指引》中确定了基金管理人在业绩报酬的机制设计和执行中应遵循的四项原则：利益一致原则、收益实现原则、公平对待原则和信息透明原则。围绕上述四项原则，《业绩报酬指引》对业绩报酬的相关业务逐条做出了规范，其附件部分整合了国内现行和国际主流的业绩报酬计提方法，并重点介绍了高水位法下六种主要细分计提方法的特点、适用场景和运营难度。

《业绩报酬指引》虽为征求意见稿，但对实务有较强的指导价值，各私募证券投资基金管理人可以参照执行。该指引要求基金管理人制定选择计提基准的相关规章制度及决策流程，其要点如下：

1）计提比例、计提时点和计提频率。

在基金收益分配、基金份额持有人赎回基金或者基金终止时进行业绩报酬的提取。

a. 计提比例。

业绩报酬的计提比例不应超过业绩报酬计提基准以上投资收益的60%。

b. 计提时点。

（a）固定时点提取、分红提取。

（b）投资者赎回时。

（c）私募基金清算时。

c. 计提频率。

私募基金任意两次业绩报酬计提的间隔期应不短于三个月。鼓励基金管理人采用不短于六个月的间隔期。

封闭式基金与封闭期超过一年的定期开放式基金在同一段封闭期内的任意两次业绩报酬计提时点的间隔期应不短于一年。

有投资者赎回或基金清算时不受提取频率限制。

2）有关业绩报酬的信息披露。

a. 分红时的信息披露。基金管理人在分红时计提业绩报酬的，应至少于分红除权日前十个交易日告知投资者并说明业绩报酬计提方式。

b. 募集时的信息披露。基金管理人应在管理合同、基金募集说明书中充分披露业绩报酬计提规则的相关事项，包括计提费率、计提方法、计提基准、计算公式、计提频率、计提时点、预估频率、支付时点，以及可能对未实现收益计提业绩报酬、特定计提方式可能对投资者产生误导等情况的风险警示。

c. 临时信息披露。基金管理人应在计提业绩报酬当日向每个被计提业绩报酬的投资者披露对应的业绩报酬计提金额。计提业绩报酬时涉及调整基金份额的，应向相关投资者同时披露基金份额的数量变动情况。基金管理人变更业绩报酬计提基准的，应提前向投资者详细披露新选取的计提基准、计提基准的变更日期和变更原因等事项。

d. 定期信息披露。基金管理人应在每个净值披露日、定期报告日、开放申购或赎回日向投资者披露预估业绩报酬或计提业绩报酬后的单位份额净值。计提业绩报酬时涉及调整基金份额的，基金管理人应在披露单位份额净值的同时，向相关投资者披露其持有的基金份额数量和权益金额变动情况。

e. 年报中信息披露。基金管理人应在年度报告中披露业绩报酬的相关信息，包括但不限于计提金额、支付金额、期初余额和期末余额等。

3）不预估和计提业绩报酬的情形。

若私募基金投资的流动性受限资产的账面价值合计超过该基金资产净值的50%，或前一估值日基金资产净值50%以上的资产无可参考的活跃市场价格，且在采用估值技术后公允价值仍存在重大不确定性时（包括但不限于特殊事项停牌股票、违约债券、已挂牌但交易不活跃的新三板股票、非上市股权等），私募基金管理人不应预估和计提业绩报酬。

根据《证券期货经营机构私募资产管理计划运作管理规定》，流动性受限资产是指由于法律法规、监管、合同或者操作障碍等原因无法以合理价格予以变现的资产，包括到期日在10个交易日以上的逆回购与银行定期存款（含协议约定有条件提前支取的银行存款）、资产支持证券（票据）、流动性受限的新股，以及非公开发行股票、停牌股票、因发行人债务违约无法进行转让或交易的债券和非金融企业债务融资工具等资产。

a. 基金管理人可综合评估实施成本、净值准确性和波动性、对投资者的影响等因素，若预估业绩报酬对基金资产净值不产生重大影响，与基金托管人协商一致后，可在管理合同中约定不预估业绩报酬。

下面以计提标准为20%为例，介绍一种业绩报酬计算方法，供读者参考。

单个基金份额持有人单笔投资基金份额业绩报酬计算公式如下：

$$PF_{ij}=F_{ij}\times(NAV1'-HWM_{ij})\times20\% \tag{6-1}$$

式（6-1）中：

PF_{ij} 为本计提日第 i 个基金份额持有人第 j 笔投资的业绩报酬。

F_{ij} 为本计提日第 i 个基金份额持有人第 j 笔投资的基金份额。提取赎回业绩报酬时为份额持有人赎回基金的份额，提取分红业绩报酬时为份额持有人参与分红的基金份额，合同终止时的业绩报酬为份额持有人合同终止时的全部份额。

NAV1′为本计提日基金份额累计净值。

HWM_{ij} 为第 i 个基金份额持有人第 j 笔投资的高水位，为该笔份额上一次提取业绩报酬时的基金份额累计净值；若该笔份额还未提取过业绩报酬，则为该笔份额对应的认购价格或申购份额累计净值。

如果上述计算投资者单位基金份额获得的收益为负或者为零，则业绩报酬为零。

赎回业绩报酬从基金份额持有人赎回资金中扣除。分红业绩报酬从份额持有人分红资金中进行扣除（如果份额持有人本次分红的金额小于应计提的业绩报酬时，则本次计提的业绩报酬为该份额持有人的分红资金）；合同终止时业绩报酬直接从基金清算资金中扣除。

业绩报酬在收益分配、赎回基金份额及《基金合同》终止清算后10个工作日内，由基金托管人根据基金管理人出具的划款指令支付给基金管理人。

b. 基金托管人的托管费。在通常情况下，基金托管费按前一日基金资产净值的0.05%年费率计提。计算方法如下：

$$H=\max\left\{\frac{E\times0.05\%}{N},\ \frac{0.5}{N}\right\}(万元) \tag{6-2}$$

式（6-2）中：

H 为每日应计提的托管费；

E 为前一日基金资产净值；

N 为当年天数。

在实务中，基金托管费自基金成立次日起，按自然日计提，按自然季支付给基金托管人。如果基金运作不满 1 年提前终止时，则基金托管费收取不满 0.5 万元的按照 0.5 万元收取。

（3）私募基金服务机构的服务费（如有）。基金服务费按前一日基金资产净值 0.05%的年费率计提且不低于 0.5 万元人民币/年。计算方法如下：

$$H=\max\left\{\frac{E\times 0.05\%}{N},\ \frac{0.5}{N}\right\}（万元）\qquad (6-3)$$

式（6-3）中：

H 为每日应计提的服务费；

E 为前一日基金资产净值；

N 为当年天数。

基金的服务费自基金成立次日起，按自然日计提，按自然季支付给私募基金服务机构。如果基金运作不满 1 年提前终止时，则基金服务费收取不满 0.5 万元的按照 0.5 万元收取。

（4）其他费用的计提方法。基金财产托管账户发生的银行结算费用等银行费用，由基金托管人直接从托管账户中扣划，无须基金管理人出具指令。基金存续期间投资所发生的交易手续费、印花税等有关证券交易税费，作为交易成本直接扣除。基金证券账户等开户费用，由基金托管人和基金管理人确认后直接从托管账户中扣划，无须基金管理人出具指令。

（三）不列入基金业务费用的项目

（1）基金合同生效前的相关费用。

（2）基金存续期间发生的与推广有关的费用。

（3）基金管理人和基金托管人处理与基金运作无关的事项发生的费用。

（4）基金管理人和基金托管人因未履行或未完全履行义务导致的费用支出或基金财产的损失，以及处理与基金财产运作无关的事项发生的费用等不列入基金的费用。

（5）其他根据相关法律法规及中国证监会的有关规定不得列入基金费用的项目。

二、私募证券投资基金收益的分配

基金在存续期内按如下规则进行收益分配：

1. 基金利润的构成

基金利润指基金利息收入、投资收益、公允价值变动收益和其他收入扣除相关费用后的余额，基金已实现收益指基金利润减去公允价值变动损益后的余额。

2. 基金收益分配原则

（1）基金管理人有权决定在符合有关基金分红条件的前提下是否对基金进行收益分配，收益分配的比例亦由基金管理人决定。

（2）基金允许变更分红方式。基金份额持有人如需变更默认收益分配方式的，应当通过基金销售机构提交书面申请，经基金管理人、基金托管人确认后，由份额登记机构进行处理。

（3）基金收益分配后基金份额净值不能低于面值：即基金收益分配基准日的基金份额净值减去每单位基金份额收益分配金额后不能低于面值。

（4）每一基金份额享有同等分配权。

（5）法律法规或监管机关另有规定的，从其规定。

3. 收益分配方案

基金收益分配方案以基金管理人分配利润时发布的公告为准，收益分配方案中应载明截止收益分配基准日的可供分配利润、基金收益分配对象、分配时间、分配数额及比例等内容。

4. 收益分配方案的确定、通知

基金收益分配方案由基金管理人拟定，并由基金托管人复核，由基金管理人以约定的方式告知基金份额持有人。

5. 收益分配的执行方式

基金的收益分配可以采取现金分红或红利再投资等方式。红利再投资是将现金红利按照基金分红除权日的基金份额净值自动转为基金份额。

在基金管理人对收益分配方案进行公告后，基金管理人依据具体方案的规定就支付的现金红利向基金托管人发送划款指令，基金托管人按照基金管理人的指令及时进行分红资金的划付。

第三节　私募证券投资基金的税收制度

私募证券投资基金作为资管产品中的一种，各项税制均遵守资管产品的相关要求。本节以资管产品的税制来分析和讨论私募证券投资基金的税收要求。

一、私募证券投资基金的增值税制度

（一）私募证券投资基金的增值税纳税主体

对契约型私募证券投资基金而言，自《财政部 国家税务总局关于明确金融房地产开发 教育辅助服务等增值税政策的通知》（财税〔2016〕140号）出台以来，财税〔2017〕2号、财税〔2017〕56号等明确规定，资管产品运营过程中发生的增值税应税行为，以资管产品管理人为增值税纳税人。

虽然此规定有效弥补了营业税税制下因纳税人规定不明而造成的纳税人缺失问题，但同时也受到了诸多批判。例如，私募证券投资基金管理人作为纳税人的身份认定，违反了资管业务的交易逻辑，投资者与基金管理人之间本质上是委托代理关系，基金管理人并不享受资管产品的财产权益。同时，自财税〔2016〕140号施行之日起，契约型基金运营层面和投资分配层面均作为增值税征税环节（运营环节增值税按简易计税方法，以3%的征收率征收），并规定基金管理人为运营环节的纳税人，与《增值税暂行条例》中纳税人的身份认定相违背，可能导致重复征税。

此外，契约型基金运营环节的增值税最终不是由私募证券投资基金管理人承担，基金管理人一般会通过在基金损益中列支或者提高服务费收入等方式将税负转嫁给投资者。不少人认为，在资管产品层面按照3%的征收率简易计税存在套利空间，例如商业银行通过将资金委托资管产品运作，可以在6%的税率和3%的征收率上进行税收套利。

对公司型和合伙型私募基金而言，已经办理正常的工商税务等商事登记程序，直接按照增值税一般纳税人或小规模纳税人登记管理办法有关规定执行即可。

（二）契约型私募基金运营和投资环节收益的增值税问题

值得注意的是，契约型私募证券投资基金投资层面的增值税问题，和契约型私募证券投资基金运营层面的增值税问题不能混为一谈，需要根据不同的法律关系分别判断是否属于增值税应税行为，运营层面的保本收益并不一定是投资层面的保本收益。

1. 运营环节收益

（1）面临的难点。受到外部环境的复杂多变、契约安排的灵活性、投资者诉求多元化、投资项目的独特性等诸多因素的影响，在私募证券投资基金层面获得的收益形态既可能是利息、股息、红利，也可能是财产转让差价等，至于是否缴纳增值税，同样需要识别是否属于贷款服务行为或者金融商品转让行为等增值税应税项目，这也是实践操作中的财税难点问题。

（2）“贷款服务”税收政策。《销售服务、无形资产、不动产注释》规定，金融服务中的贷款服务，是指将资金贷与他人使用而取得利息收入的业务活动。各种占用、拆借资金取得的收入，包括金融商品持有期间（含到期）利息（保本收益、报酬、资金占用费、补偿金等）收入、信用卡透支利息收入、买入返售金融商品利息收入、融资融券收取的利息收入，以及融资性售后回租、押汇、罚息、票据贴现、转贷等业务取得的利息及利息性质的收入，按照贷款服务缴纳增值税。以货币资金投资收取的固定利润或者保底利润，按照贷款服务缴纳增值税。

财税〔2016〕140号规定，《营业税改征增值税试点过渡政策的规定》（财税〔2016〕36号）第一条第（五）项第1点所称“保本收益、报酬、资金占用费、补偿金”，是指合同中明确承诺到期本金可全部收回的投资收益。金融商品持有期间（含到期）取得的非保本的上述收益，不属于利息或利息性质的收入，不征收增值税。

然而，到目前为止，我国尚未出台统一的资管产品增值税指引性文件，以便规范基层税务机关征收管理，帮助资管产品管理人准确把握政策口径，尤其是对资管产品增值税政策中的保本概念缺乏细化的、可操作的解释。在实务中经常遇到很多个性化金融创新业务，对这些业务是否按贷款服务缴纳增值税依然存在很大争议。

（3）保本性质认定的几个注意事项。

1）是否认定为保本性质，需要考虑在合同设立时有没有事前约定保本义务，而不是看事后有没有保本的能力或者事后达成保本的结果。

2）合同设立时约定的保本义务，要结合合同的约定和实际生效的增信条款或避险条款来判定，不能单纯考虑形式中有没有“保本”字样，还需要对合同具体条款做实质性判断。

3）如果一个增信措施使该产品达到了固定收益的程度，或者投资者可根据合同约定的救济措施取得约定的收入，就应当认定这些措施实质上构成了这个合同的保本承诺。

4）如果是优先级/劣后级结构安排，优先级受益人取得的收益只是风险小一些而已，不一定需要缴纳增值税。

5）如果资管产品中也存在多层的投资结构，根据资管产品增值税政策，保本需要对合同形式进行审查，仅就合同层面做出判断，不应该穿透到资管计划看底层合同关系。可以自下而上地逐级逐层判断是否存在保本承诺，投资底层资产的保本并不意味着上一层级投资资产的保本。

6）基础法律关系的判断结果作为涉税处理的重要参考依据。

7）在判断具体行为的结果时，需要同时考虑按照贷款服务或者金融商品转让缴纳增值税，而不是仅做单方面判断。

（4）“金融商品转让”税收政策。根据《销售服务、无形资产、不动产注释》，“金融服务，是指经营金融保险的业务活动，包括贷款服务、直接收费金融服务、保险服务和金融商品转让……金融商品转让，是指转让外汇、有价证券、非货物期货和其他金融商品所有权的业务活动。其他金融商品转让包括基金、信托理财产品等各类资产管理产品和各种金融衍生品的转让”。

从上述注释来看，按照“金融商品转让”项目缴纳增值税，需要注意的事项是，明确界定金融商品的范围，即外汇、股票、债券等有价证券，非货物期货，各类资产管理产品（包括基金、信托、理财产品等），各种金融衍生品。在实际操作中，对“金融商品”“金融资产”等概念的理解，也存在诸多争议。例如，新三板股权是否属于有价证券、各种票据和资产收益权/受益权等广泛意义上的金融资产的转让是否需要按照“金融商品转让”项目缴纳增值税、可转换债券、可交换债换股时，是否按照金融商品转让行为征收增值税等。

（5）投资环节收益。一般而言，投资者投资私募证券投资基金份额的行为，从法律关系来讲更多的是投资关系，而不是信贷关系。获取收益的方式可以是利益分配、退伙、清算或者转让份额，一般来说并没有保本保收益或保本浮动收益的承诺。当然，也不排除存在类似明股实债性质的投资行为，这种情形很可能会按贷款服务缴纳增值税。

对于是否按照贷款服务缴纳增值税，本教材认为：一般情况下，投资者投资合伙型/契约型私募证券投资基金份额获得的持有收益，不属于按贷款服务缴纳增值税的范围。当然，如果存在劣后级投资者提供补偿措施，比如收益差额补足、回购等兜底措施并能足够覆盖本金损失，可能被理解为保本行为，即以货币资金投资收取的固定利润或者保底利润，按照贷款服务缴纳增值税。具体信息如表 6-1 所示。

表 6-1　针对资管产品投资者购入各类资管产品涉及的增值税应税行为

资管产品类型	持有期间（到期）收益	未到期转让收益
保本	按“贷款服务”缴纳增值税	按“金融商品转让”缴纳增值税
非保本	不征收	按“金融商品转让”缴纳增值税

（三）私募证券基金管理人管理费和业绩报酬的增值税问题

合伙型私募证券投资基金、契约型私募证券投资基金的基金管理人本质是接受委托并提供资产管理服务，是收取报酬的有偿服务行为。按照《财政部、国家税务总局关于全面推开营业税改征增值税试点的通知》（财税〔2016〕36号，以下简称36号文）的附《销售服务、无形资产、不动产注释》第一条第（五）项有关“金融服务”的规定，金融服务是指经营金融保险的业务活动，包括贷款服务、直接收费金融服务、保险服务和金融商品转让。其中，直接收费金融服务，是指为货币资金融通及其他金融业务提供相关服务并且收取费用的业务活动，包括提供货币兑换、账户管理、电子银行、信用卡、信用证、财务担保、资产管理、信托管理、基金管理、金融交易场所（平台）管理、资金结算、资金清算、金融支付等服务。

因此，基金管理人收取管理费的行为属于直接收费金融服务，这一点基本没有太大争议。当然，对业绩报酬的认定和涉税处理，不排除有些私募证券投资基金管理人认为，自己作为私募基金产品的投资者，分得的业绩报酬应该是投资收益而不是超额管理服务费收益，从而不需要缴纳增值税。但是，想弄清业绩报酬究竟是投资分红还是管理费，需要考虑业务实质、交易惯例等。本教材认为，业绩报酬的商业本质是一种可变对价，是提供资产管理的可变回报，并不是投资收益。从实务口径来看，基本上要求就收取的管理费和业绩报酬，按照“直接收费金融服务”缴纳增值税，并根据基金管理人是否为增值税一般纳税人，决定是按照6%的税率还是3%的征收率缴纳增值税。

（四）增值税纳税义务的发生时间

针对贷款服务、金融商品转让、直接收费金融服务等与私募证券投资基金相关的应税项目，关于增值税纳税义务发生时间的确定，有两个重要的财税政策：《营业税改征增值税试点实施办法》（财税〔2016〕36号附件1）和《增值税暂行条例》，两者的具体内容如表6-2所示。

（1）针对金融商品转让增值税纳税义务，强调是所有权实际发生转移。如果是金融商品收益权实质转让，产品对应的风险和报酬发生转移，由于形式上所有权并未让渡，本教材认为无须按“金融商品转让”项目缴纳增值税。

（2）针对贷款服务、直接收费金融服务，增值税纳税义务是否发生，主要看两个条件是否满足实际发生了增值税应税销售项目、收到销售款项或者合同约定的付款日期已经到来。当然，这可能导致会计口径和增值税口径之间存在差异。

表 6-2　关于增值税纳税义务发生时间确定的两个重要财税政策

《营业税改征增值税试点实施办法》第四十五条第一款和第三款	第四十五条　增值税纳税义务、扣缴义务发生时间为： （一）纳税人发生应税行为并收讫销售款项或者取得索取销售款项凭据的当天先开具发票的，为开具发票的当天。收讫销售款项，是指纳税人销售服务、无形资产、不动产过程中或者完成后收到款项。取得索取销售款项凭据的当天，是指书面合同确定的付款日期未签订书面合同或者书面合同未确定付款日期的，为服务、无形资产转让完成的当天或者不动产权属变更的当天 （三）纳税人从事金融商品转让的，为金融商品所有权转移的当天
《增值税暂行条例》第十九条	第十九条　增值税纳税义务发生时间： （一）发生应税销售行为，为收讫销售款项或者取得索取销售款项凭据的当天先开具发票的，为开具发票的当天 （二）进口货物，为报关进口的当天。增值税扣缴义务发生时间为纳税人增值税纳税义务发生的当天

（五）契约型私募证券投资证券基金如何进行增值税纳税申报

财税〔2017〕56 号第三条至第五条明确了以下三点：

（1）基金管理人应分别核算资管产品运营业务和其他业务的销售额和增值税应纳税额。未分别核算的，资管产品运营业务不得适用该通知第一条规定（无法按 3%征收率适用简易计税）。

（2）基金管理人可选择分别或汇总核算资管产品运营业务销售额和增值税应纳税额。对涉及金融商品转让的增值税而言，汇总核算无疑是利好，毕竟可以尽早将不同资管产品运营环节涉及的转让正差和负差混合抵扣，同时可以尽量减少跨年不能抵扣的负差金额。然而，在实际操作中，可能由于不同资管产品的投资者不同，混合抵扣产生的利益很难分配，导致大家可能基本会选择分开核算。管理人在确认销售额的计算方式后，将全部资管产品的销售额和其他业务增值税汇总申报，并计算应转出的进项税额。

（3）基金管理人应按照规定的纳税期限，汇总申报缴纳资管产品运营业务和其他业务增值税。有四点值得注意：

1）合并申报导致管理人的增值税销售额增加，尤其是在临界值 500 万元销售额附近时很敏感，是否会影响增值税一般纳税人或者小规模纳税人身份认定。

2）契约型私募证券投资基金的管理人，在 2019 年 4 月 1 日后，满足条件时能否享受增值税进项税额加计抵减 10%的政策呢？本教材倾向于基金管理人收取的管理费按照“直接收费金融服务”处理，属于金融服务范畴，不属于现代服务范畴，不能享受优惠政策。

3）契约型私募证券投资基金的管理人，如果满足相应条件，可以适用各类税收优惠。

4）当基金管理人为法人企业时，增值税需合并申报，但是企业所得税不需要合并申报，因此可能导致增值税销售额大于企业所得税收入额。

二、私募证券投资基金的所得税制度

（一）私募基金管理人层面的企业所得税

1. 应税收入

在目前税务实务中，根据《企业所得税法》及其实施条例对证券投资基金的规定：对证券投资基金从证券市场中取得的收入，包括买卖股票、债券的差价收入，股权的股息、红利收入，债券的利息收入及其他收入，暂不征收企业所得税；对证券投资基金管理人运用基金买卖股票、债券的差价收入，暂不征收企业所得税。

参考私募证券投资基金的主要业务，其收入主要来源于管理费和业绩报酬，管理费和业绩报酬是直接收费金融服务产生的收入，属于企业“收入总额——一般收入”中的提供劳务收入，而提供劳务收入不涉及免税及不征税项目，故可以理解为基金管理人收取的管理费和业绩报酬构成了应税收入的主要来源。

2. 扣除项目

私募证券投资基金管理人扣除项目基本同其他公司，常见的扣除项目如下：

（1）工资、薪金支出。

（2）三项经费，扣除限额和超过标准处理如表 6-3 所示。

表 6-3　三项经费扣除限额和超过标准处理

项目	扣除限额	超过标准处理
职工福利费	不超过工资、薪金总额的 14%	纳税调增
工会经费	不超过工资、薪金总额的 2%	纳税调增
职工教育经费	不超过工资、薪金总额的 8%	当年纳税调增，以后年度结转

（3）保险费，扣除标准如表 6-4 所示。

表 6-4　保险费扣除标准

类型		能否扣除
财产保险		可以扣除
企业为职工购买的保险	基本保险	可以扣除
	补充保险	不超过工资、薪金总额的 5%

（4）利息费用。私募证券投资基金管理人适用金融企业的各项存款利息支出和同业拆借支出据实扣除的规定，值得注意的是关联企业的利息费用扣除需受到关联方债权性投资与权益性投资的 5∶1 比例限制，除非可证明相关交易符合独立性原则或该企业的实际税负不高于境内关联方。

（5）业务招待费。

$$扣除限额=\min\{营业收入5‰，发生额60\%\}$$

（6）租赁费。私募证券投资基金管理人作为承租方可全额抵扣租金。

3. 弥补亏损

私募证券投资基金管理人同一般企业，弥补亏损年限为 5 年，筹办期间不计入亏损年度。

4. 税收优惠

（1）小型微利企业。小型微利企业判定标准为年度应纳税所得额≤300 万元，从业人数≤300 人，资产总额≤5000 万元，且从事国家非限制和禁止行业。

2021 年 1 月 1 日至 2022 年 12 月 31 日，对小型微利企业年应纳税所得额不超过 100 万元的部分，减按 12.5%计入应纳税所得额，按 20%的税率缴纳企业所得税（实际税负是 2.5%）。对年应纳税所得额超过 100 万元但不超过 300 万元的部分，减按 50%计入应纳税所得额，按 20%的税率缴纳企业所得税（实际税负是 10%）。

（2）海南自由贸易港。自 2020 年 1 月 1 日起至 2024 年 12 月 31 日，对注册在海南自由贸易港并实质性运营的鼓励类产业企业，减按 15%的税率征收企业所得税。

鼓励类产业企业，是指以海南自由贸易港鼓励类产业目录中规定的产业项目为主营业务，且其主营业务收入占企业收入总额 60%以上的企业，私募证券投资基金属于鼓励类产业目录。所谓的实质性运营，是指企业的实际管理机构设在海南自由贸易港，并对企业生产经营、人员、账务、财产等实施实质性全面管理和控制，不符合实质性运营的企业，不得享受优惠。即，对总机构设在海南自由贸易港的符合条件的企业，仅就其设在海南自由贸易港的总机构和分支机构的所得，适用15%的税率；对总机构设在海南自由贸易港以外的企业，仅就其设在海南自由贸易港内的符合条件的分支机构的所得，适用15%的税率。

对在海南自由贸易港设立的现代服务业企业（含私募证券投资基金）新增境外直接投资取得的所得，免征企业所得税。

（二）私募证券投资基金投资者层面的所得税

1. 个人投资者的个人所得税

2018年修订的《个人所得税法》第九条明确规定，个人所得税以所得人为纳税人，以支付所得的单位或者个人为扣缴义务人。根据《个人所得税扣缴申报管理办法（试行）》（国家税务总局公告2018年第61号）第四条的规定，实行个人所得税全员全额扣缴申报的应税所得包括：

（1）工资、薪金所得。

（2）劳务报酬所得。

（3）稿酬所得。

（4）特许权使用费所得。

（5）利息、股息、红利所得。

（6）财产租赁所得。

（7）财产转让所得。

（8）偶然所得。

由此可见，自然人取得的所得项目除“经营所得”之外，需要由实际支付方履行代缴申报义务。《证券投资基金法》第八条也明确规定，基金财产投资的相关税收，由基金份额持有人承担，基金管理人或者其他扣缴义务人按照国家有关税收征收的规定代扣代缴。

契约型私募证券投资基金向个人分配的收益到底怎么理解，是否属于个人所得税的征税范畴，目前存在一些争议。值得注意的是，在实际操作中，资管产品的管理人为规避自身税务风险，往往在产品协议中明确，产品收益对应的税款由纳税人自行申报和缴纳。事实上，自然人从银行理财产品等资管产品中取得的收益，一般都没有主动申报缴纳个人所得税。

针对这个问题，考虑到资产管理产品的市场规模越来越大，相关税制亟待完善，本教材从个人所得税的原理出发，参考《个人所得税法》相关规定对以上现象进行解释和提出处理建议。

在税务实务中，私募证券投资基金的实质为“代客理财”，所以在个人投资者的个人所得税问题这里主要参考个人财产转让所得和利息、股息、红利所得的相关规定。

在财产转让所得中，规定境内上市公司股票转让所得免征个人所得税。值得注意的是，“免征”在税务口径中是一种税收优惠，是可变的，是定量的，并非属于不征收这种定性的规定。在利息、股息、红利所得中的国债利息、储蓄存款利息等有“免征”的规定，具体内容如表 6-5 所示。另外，值得注意的是，财产转让所得和利息、股息、红利所得单独适用 20%的税率，并非并入综合所得计算。

表 6-5　关于个人投资者两个重要的个人所得税优惠政策

征税范围	优惠政策
财产转让所得	上市公司股票转让所得免征
利息、股息、红利所得	（1）国债利息、储蓄存款利息免征 （2）外籍个人从外商投资企业取得的股息、红利所得免征 （3）个人从公开发行和转让市场取得的上市公司股票，持股期限在 1 个月以内（含 1 个月）的，其股息红利所得全额计入应纳税所得额；持股期限在 1 个月以上至 1 年（含 1 年）的，暂减按 50%计入应纳税所得额；持股期限超过 1 年的，暂免征收。上述所得统一适用 20%的税率计征个人所得税。（全国中小企业股份转让系统挂牌公司股息红利同此规定） （4）个人投资者持有 2019~2023 年发行的铁路债券取得的利息收入，减按 50%计入应纳税所得额计算征收个人所得税

此时我们便从理论上印证了证券投资基金个人所得税的四条规定：

（1）对个人投资者买卖基金单位获得的差价收入，在对个人买卖股票的差价收入未恢复征收个人所得税以前，暂不征收个人所得税。关于转让新三板股票个人所得税政策如表 6-6 所示。

表 6-6　关于转让新三板股票个人所得税政策

类型	税务处理
转让新三板挂牌公司非原始股 【解释】非原始股是指个人在新三板挂牌公司挂牌后取得的股票，以及由上述股票孳生的送股、转股	取得的所得暂免征收个人所得税
转让新三板挂牌公司原始股 【解释】原始股是指个人在新三板挂牌公司挂牌前取得的股票，以及在该公司挂牌前和挂牌后由上述股票孳生的送股、转股	取得的所得按照“财产转让所得”适用 20% 的比例税率征收个人所得税

（2）对投资者从基金分配中获得的股票的股息、红利收入及企业债券的利息收入，由上市公司和发行债券的企业在向基金派发股息、红利、利息时，代扣代缴20%的个人所得税；基金再向个人投资者分配股息、红利、利息时，不再代扣代缴个人所得税。

（3）对投资者从基金分配中获得的国债利息、储蓄存款利息及买卖股票价差收入，在国债利息收入、个人储蓄存款利息收入及个人买卖股票差价收入未恢复征收个人所得税以前，暂不征收个人所得税。

（4）个人投资者从基金分配中获得的企业债券差价收入，应按税法规定对个人投资者征收个人所得税，税款由基金在分配时依法代扣代缴。

随着我国多层次资本市场的不断发展，为新三板这类股票提升了流动性，使得新三板等更多的资产成为了私募证券基金的投资标的。

需要注意的是，新三板精选层公司转为北京证券交易所上市公司，以及创新层挂牌公司通过公开发行股票进入北京证券交易所上市后，投资北京证券交易所上市公司涉及的个人所得税、印花税相关政策，暂按照现行新三板适用的税收规定执行。除此之外，有些私募证券投资基金还涉及沪（深）港通、内地与香港基金互认等投资标的，在税务规定上极其繁多，本教材不再赘述。

可以看出的是，在税务原理的视角下，个人投资者需要缴纳的个人所得税随着投资标的、税收政策的变化而变化，此时个人投资者的个人所得税的计算非常复杂，不论是对管理人、投资者还是税务机关都提出了极大的挑战。

2. 机构投资者的企业所得税

在目前实务中，根据《企业所得税法》及其《实施条例》对证券投资基金的有关规定，对投资者从证券投资基金分配中取得的收入，暂不征收企业所得税。

从税务的原理出发，契约型私募证券投资基金向企业投资者分配的收益可能属于企业“收入总额——一般收入”中的转让财产收入、股息红利等权益性投资收益和利息收入中的一项或多项收入。

在企业所得税的确认时点上，转让财产收入是在转让时差额确认收入，股息红利等权益性投资收益按照被投资方作出利润分配决定的日期确认收入，利息收入是按照合同约定的应付利息日确认收入。

针对基金收益的企业所得税优惠政策主要有以下三点，在计算应纳税所得额要计入免税收入予以扣除（直接法）或依据会计利润进行调减（间接法）。

（1）国债利息收入与国债转让损益。企业到期前转让国债，或者从非发行者投资购买的国债，其持有期间尚未兑付的国债利息收入，按以下公式计算确定：

$$国债利息收入=国债金额\times(适用年利率/365)\times持有天数 \tag{6-1}$$

式（6-1）中的“国债金额”按国债发行面值或发行价格确定，“适用年利率”按国债票面年利率或折合年收益率确定，如企业不同时间多次购买同一品种国债的，“持有天数”可按平均持有天数计算确定。

根据《企业所得税法》第二十六条，企业取得的国债利息收入，免征企业所得税。具体按以下规定执行：

1）企业从发行者直接投资购买的国债持有至到期，其从发行者取得的国债利息收入，全额免征企业所得税。

2）企业到期前转让国债，或者从非发行者投资购买的国债，其按上述计算的国债利息收入，免征企业所得税。

企业转让或到期兑付国债取得的价款，减除其购买国债成本，并扣除其持有期间按照上述计算的国债利息收入，以及交易过程中相关税费后的余额，为企业转让国债收益（损失）。根据《实施条例》第十六条，企业转让国债，应作为转让财产，其取得的收益（损失）应作为企业应纳税所得额计算纳税。

企业在不同时间购买同一品种国债的，其转让时的成本计算方法，可在先进先出法、加权平均法、个别计价法中选用一种。计价方法一经选用，不得随意改变。

（2）2019~2023 年发行的铁路债券。对企业投资者持有 2019~2023 年发行的铁路债券取得利息收入，减半征收企业所得税。

（3）从居民企业获得股息红利。对符合条件的居民企业之间或非居民企业从居民企业取得的股息、红利等权益性投资收益，免征企业所得税；需要注意的是，不包括连续持有居民企业公开发行并上市流通的股票不足 12 个月取得的投资收益（明显投机行为）。如果被投资方是非公开发行并上市流通股票的公司，也就是非上市公司，没有持股期限的要求，通常免征企业所得税。

第四节 私募证券投资基金的清算

一、私募证券投资基金的清算流程

基金清算是指基金遇到合同规定或法定事由停止一切经营活动，对基金财产进行清理处理的一个过程。私募证券投资基金投资标的全部退出或者出现基金合同约定的清算情形时，需要对基金进行清算，将基金财产在支付各项费用、缴纳税款、清偿债务后的剩余财产按照届时投资者的份额比例或基金合同约定的比例进行分配。

根据组织类型的不同，目前我国的私募投资基金主要有契约型私募投资基金、合伙型私募投资基金、公司型私募投资基金。私募投资基金的清算需首先要适用有关组织形式本身的清算法规规定，包括《合伙企业法》《公司法》，其次要适用有关金融产品的法律规定，包括《证券投资基金法》《私募投资基金监督管理暂行办法》及中基协的相关自律规则。因此，不同组织类型的私募证券投资基金适用的清算法律法规有所差异。

下面以契约型私募证券投资基金为例，介绍基金的清算流程。

（一）私募证券投资基金财产的清算

契约型私募证券投资基金主要适用的法律规范为《民法典》《证券投资基金法》《私募条例》《私募投资基金监督管理暂行办法》和中基协发布的有关规范。一般来讲，根据基金合同，出现下列情形时：①期限届满而未延期；②或基金份额持有人大会决定终止；③或基金管理人、基金托管人职责终止，在六个月内没有新基金管理人、新基金托管人承接；④合同约定其他情形（如超过投资亏损警戒线等），就需要对基金开展清算工作。另外，根据《私募证券投资基金运作指引》第4条的规定，达到基金清算标准的，也应当进入清算程序。

1. 私募证券投资基金财产清算小组

（1）基金合同终止后，基金管理人应按照规定，组织成立清算小组。清算小组成员一般由基金管理人、基金托管人组成，可以另外聘用必要的工作人员。

（2）私募证券投资基金财产清算小组负责基金财产的保管、清理、估价、变现和分配等，并依法进行必要的民事活动。

2. 私募证券投资基金财产清算程序

私募证券投资基金合同终止后，应当按法律法规和基金合同的有关规定对基金财产进行清算。私募证券投资基金财产清算程序主要包括：

（1）基金合同终止时，由基金财产清算小组统一接管财产。

（2）对基金财产进行清理和确认。

（3）对基金财产进行估价和变现。

（4）制作清算报告。

（5）向基金份额持有人定向披露清算报告。
（6）对基金剩余财产进行分配。
（7）将清算报告向中基协备案。

3. 清算费用的来源和支付方式

清算费用是指私募证券投资基金财产清算小组在进行基金财产清算过程中发生的所有合理费用。清算费用由基金财产清算小组优先从基金财产中支付。

4. 私募证券投资基金清算剩余财产的分配

（1）基金合同终止时已计提但尚未支付的管理费、托管费和服务费等，经私募证券投资基金清算小组复核后从清算财产中支付。

（2）依据基金财产清算的分配方案，将基金财产清算后的全部剩余资产扣除基金财产清算费用后，按基金的投资者持有的基金份额比例，以现金形式进行分配，合同另有约定的除外。

（3）基金进入清算程序后，不得新增投资，基金管理人应对基金持有的非现金类资产进行不可逆变现。如基金合同终止时有未能流通变现的证券，基金管理人与基金托管人应按照清盘公告约定，计提管理费、托管费和服务费等费用，其估值方法继续按合同的规定计算。基金清算小组在该证券可流通变现时应及时变现，在支付相关费用后按基金的投资者持有的基金份额比例进行再次分配并履行相应的告知义务，直至所有未能流通变现的证券全部清算完毕。

（4）基金财产在移交前，由基金托管人负责保管。清算期间，任何当事人均不得运用该财产。清算期间的收益属于基金财产，发生的保管费用由被保管的基金财产承担。因基金份额持有人原因导致基金资产无法转移的，基金托管人和基金管理人可以在协商一致后按照有关法律法规进行处理。

5. 私募证券投资基金财产清算报告的告知安排

清算过程中的有关重大事项须及时报告基金份额持有人。清算小组在基金终止后 10 个工作日内编制基金清算报告，经基金托管人审核无误后报监管部门备案，并报告基金份额持有人。

6. 私募证券投资基金财产清算账册及文件的保存

按照《私募投资基金监督管理暂行办法》第二十六条，私募基金管理人、私募基金托管人及私募基金销售机构应当妥善保存私募基金投资决策、交易和投资者适当性管理等方面的记录及其他相关资料，保存期限自基金清算终止之日起不得少于10年。按照《私募投资基金合同指引1号——契约型私募基金合同内容与格式指引》，私募基金财产清算账册及文件由私募基金管理人保存10年以上。因此，管理人应妥善保管基金相关的清算材料，且保存期限应不低于10年。除基金募集与投资运作的文件外，需要保存的清算材料包括：

（1）关于决定基金终止清算、清算组的构成等事项的决议文件。

（2）基金清算时的资产负债表等财务报表及财产清单。

（3）清算报告。

（4）工商注销登记文件。

（5）其他与基金清算有关的材料。

（二）私募基金财产相关账户的注销

私募证券投资基金财产清算完毕后，按照规定，基金托管人注销其负责开立的基金的托管账户等，基金管理人注销其负责开立的各类投资交易的资金账户及其下挂的证券账户、期货交易编码等。在此过程中，基金托管人和基金管理人应互相给予必要的配合。

（三）清算未尽事宜

基金合同中关于基金清算的未尽事宜以清算报告或基金管理人公告为准。

二、私募证券投资基金清算备案的操作步骤

根据《私募投资基金登记备案办法》第五十七条，私募基金合同终止的，基金管理人应当按照基金合同约定，及时对私募基金进行清算，自私募基金清算完成之日起10个工作日内向协会报送清算报告等信息。一定期限内无法完成清算的，还应当自清算开始之日起10个工作日内向协会报送清算承诺函、清算公告等信息。私募基金在开始清算后不得再进行募集，不得再以基金的名义和方式进行投资。

清算开始后首先需要在“资产管理业务报送平台”操作基金清算，同时在“私募投资基金信息披露备份系统”进行信息披露。在出具清算报告之后，清算人需在“资产管理业务综合报送平台”完成基金产品的清算备案。为完成清算备案，需要在系统中完成以下工作：

（1）上传清算报告。

（2）按照系统中的模板更新投资者信息。

（3）按照系统中的模板填写基金清算情况表，内容包括基金资产清算及分

配情况、向投资者分配的现金类资产与非现金类资产具体情况、最后运作日基金的负债情况、基金的费用情况、基金的账户情况、截至清算结束日基金所投资的所有项目的情况等。

（4）按照系统中的模板盖章并上传清算承诺函。

（5）填写系统中的其他清算信息，包括基金基本情况、清算原因、清算的开始日、截止日，以及清算次数、清算组的构成等。私募基金的清算流程如图 6-1 所示。

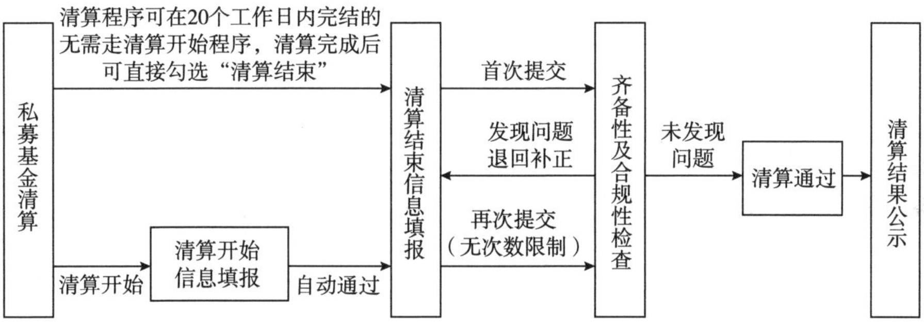

图 6-1　私募基金清算流程

【本章小结】

投资者退出私募证券投资基金的方式较为简单，最常见的退出形式为赎回与转让。

基金合同能否解除，要看合同的相对方，即投资者与基金管理人，是否约定了解除权，并出现了触发约定解除的情形，或者是基金合同履行的过程中出现了法定的合同解除情形。

基金管理费是私募证券投资基金管理人就其向投资者提供的资产管理和投资咨询服务而向投资者定期收取的费用，其目的是支付基金持续正常的运行所需的费用，以保证基金能够正常运作。

业绩报酬是指私募证券投资基金管理人基于基金的业绩表现，依据基金合同约定的业绩报酬计提基准、计提比例、计提时点和计提频率等相关条款收取的费用，其目的是使私募基金管理人与投资者的长期利益趋于一致。

契约型私募基金投资层面的增值税问题和契约型私募基金运营层面的增值税问题不能混为一谈，需要根据不同的法律关系分别判断是否属于增值税应税行为。

基金清算是指基金遇有合同规定或法定事由停止一切经营活动，对基金财产进行清理处理的一个过程。私募证券投资基金投资标的全部退出或者出现基金合同约定的清算情形，需要对基金进行清算，将基金财产在支付各项费用、缴纳税款、清偿债务后的剩余财产按照届时投资者的份额比例或基金合同约定的比例进行分配。

基金清算后，需要在“资产管理业务综合报送平台”完成基金产品的清算备案，同时在“私募基金信息披露备份系统”进行信息披露。

【复习思考题】

1. 投资者退出私募证券投资基金的方式有哪些？

2. 简述私募证券投资基金的管理费的计算方式。

3. 请基于《私募证券投资基金业绩报酬指引（征求意见稿)》，阐述私募基金管理人在业绩报酬应遵循的原则，并说明目前较为通用的业绩报酬计提方法。

4. 简述私募证券投资基金的税收制度。

5. 简述私募证券投资基金清算的流程。

第七章　私募证券投资基金的风险管理

【学习要点】

➢ 了解风险管理的概念和原则
➢ 熟悉私募证券投资基金管理人的风险管理组织架构
➢ 掌握风险管理的主要环节
➢ 熟悉私募证券投资基金的主要风险类型
➢ 熟悉私募证券投资基金不同风险类型的管理举措

第一节　私募证券投资基金的风险管理概述

一、风险管理的定义、目的和原则

（一）风险管理的定义和目的

国际标准化组织（International Organization for Standardization）在其发布的ISO31000—2009《风险管理原则与实施指南》中明确指出风险是“不确定性对目标的影响”。弗兰克·奈特（Frank Hyneman Knight）区分了风险与不确定性两者的区别，他用“风险”指代可以被度量的不确定性，用“不确定性”指代不可以被度量的不确定性，即风险是人们可以知道其概率分布的不确定。GB/T

23694—2009/ISO/IEC Guide 73：2002《风险管理术语》对风险的定义是“某一事件发生的概率和其后果的组合”。澳大利亚与新西兰联合发布的 AS/NZS 4360：1999《风险管理标准》对风险的定义是“风险是对目标有所影响的某个安全事件发生的可能性，它根据影响和可能性来度量”。综上所述，从金融的角度我们可以认为风险是结合了发生概率和最终结果的产物，风险的存在使现实结果往往有异于事先对目标事件的预期。正是由于这个原因，风险管理越来越受到人们的重视。

本教材认为，风险管理是指为降低潜在风险对预期目标的不良影响，而采取的一系列方法和行为过程的总称。

根据管理主体的不同，风险管理可分为内部管理和外部管理两大类。风险的内部管理是指作为风险直接承担者的经济主体对其自身面临的各种风险进行管理。金融机构由于专门从事金融服务，在经营活动中置身于特定的金融风险环境。为了在保证安全运营的前提下使盈利目标得以顺利实现，金融机构必须对其在经营活动中面临的风险进行全面控制和管理，并且营造融洽的风险管理文化。风险的外部管理主要包括行业自律管理和政府监管，其发挥的作用主要是对金融市场参与者的风险行为进行监督和约束。风险管理的行业自律管理是指由所在行业所成立的协会组织对其成员的风险进行管理，而政府监管是指官方监管机构以国家权力为支撑，对金融机构乃至整个金融体系的风险进行监控和管理，具有全面性、强制性和权威性。

私募证券投资基金管理人实施风险管理的最终目的是通过建立健全公司风险管理体系，确保经营管理合法合规，受托资产安全，财务报告和相关信息真实、准确、完整，不断提高经营效率，在有效保护投资者利益的前提下促进基金管理人实现发展战略。

(二) 风险管理的原则

在私募证券投资基金投资运作过程中，基金管理人的风险管理应当遵循以下基本原则：

1. 全面性原则

基金管理人的风险管理必须覆盖公司的所有部门和岗位，涵盖所有风险类型，并贯穿所有业务流程和业务环节。

2. 独立性原则

基金管理人应设立独立的风险管理职能部门或岗位，负责评估、监控、检查和报告现行风险管理状况，并具有独立的汇报路径和权限管理。

3. 权责匹配原则

基金管理人的董事会、管理层和各个职能部门应当明确各自在风险管理体系中享有的职权及承担的责任，做到权责分明、权责对等。

4. 一致性原则

基金管理人在建立全面风险管理体系时，应确保风险管理目标与战略发展目标的一致性。

5. 适时有效性原则

基金管理人应当根据其经营发展战略方针等内部环境和国家法律法规、市场环境等外部环境的变化及时对风险进行评估，并对其风险管理体系和措施进行相应的调整。

二、基金管理人风险管理的组织架构和主要环节

（一）风险管理的组织架构

私募证券投资基金管理人应当构建科学有效、职责清晰的风险管理组织架构，建立和完善与自身业务特点、规模和复杂程度相适应的风险管理体系，形成高效运转、有效制衡的监督约束机制，保证风险管理的贯彻执行。私募证券投资基金管理人开展风险管理的组织架构一般如图 7-1 所示。

为了严格贯彻落实全员风险管理的理念，私募证券投资基金管理人应当明确不同部门和岗位人员的职责和义务，努力做好风险防范和处理工作。

1. 董事会

董事会应对有效的风险管理承担最终责任，并履行以下风险管理职责：第一，确定公司风险管理总体目标，制定公司风险管理战略和风险应对策略；第二，审议重大事件、重大决策的风险评估意见，审批重大风险的解决方案，批准公司基本风险管理制度；第三，审议公司风险管理报告，并授权董事会下设的风险管理委员会或其他专门委员会履行相应的风险管理和监督职责。

2. 公司管理层

公司管理层应对有效的风险管理承担直接责任，并履行以下风险管理职责：

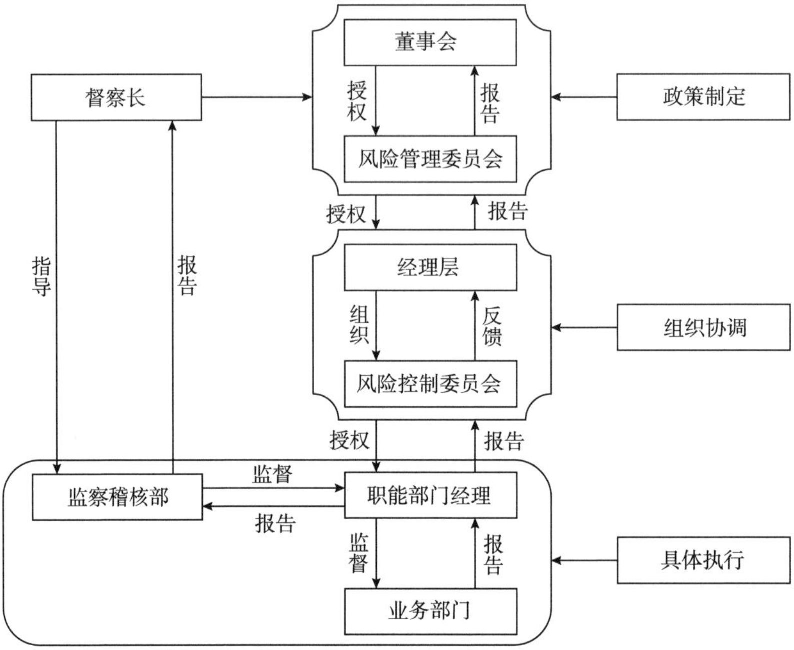

图 7-1　私募证券投资基金管理人的风险管理组织架构

第一，根据董事会的风险管理战略，制定与公司发展战略、整体风险承受能力相匹配的风险管理制度，并确保风险管理制度得以全面有效执行；第二，在董事会授权范围内批准重大事件、重大决策的风险评估意见和重大风险的解决方案，并按章程或董事会相关规定履行报告程序；第三，根据公司风险管理战略和各职能部门与业务单元职责分工，组织实施风险解决方案；第四，组织各职能部门和各业务单元开展风险管理工作；第五，向董事会或董事会下设专门委员会提交风险管理报告。

3. 风险控制委员会

公司管理层还可以设立风险控制委员会，协助管理层履行以下职责：第一，指导、协调和监督各职能部门和各业务单元开展风险管理工作；第二，制定相关风险控制政策，审批风险管理的重要流程和风险敞口管理体系，并与公司整体业务发展战略和风险承受能力相一致；第三，识别公司各项业务所涉及的各类重大风险，对重大事件、重大决策和重要业务流程的风险进行评估，制定重大风险的解决方案；第四，识别和评估新产品、新业务的新增风险，并制定控制措施；第五，重点关注内控机制的薄弱环节和那些可能给公司带来重大损失的事件，提出控制措施和解决方案，并根据公司风险管理总体策略和各职能部门与业务单元职责分工，组织实施风险应对方案。

4. 监察稽核部和督察长

公司应设立独立于业务体系汇报路径的风险管理职能部门（监察稽核部）或岗位（督察长），并配备有效的风险管理系统和足够的专业人员。风险管理职能部门或岗位的职责应当包括：第一，执行公司的风险管理战略和决策，拟定公司的风险管理制度，并协同各业务部门制定风险管理流程、评估指标；第二，对风险进行定性评估和定量评估，改进风险管理方法、技术和模型，组织推动建立、持续优化风险管理信息系统；第三，对业务进行独立监测和评估，提出风险防范和控制建议；第四，负责督促相关部门落实公司管理层或风险管理职能委员会的各项决策和风险管理制度，并对风险管理决策和风险管理制度执行情况进行检查、评估和报告；第五，积极推动风险管理文化的建设。

5. 各业务部门

各业务部门应当执行风险管理的基本制度流程，定期对本部门的风险进行评估，对其风险管理的有效性负责，业务部门应当承担如下职责：第一，遵循公司风险管理政策，研究制定与本部门或业务单元业务决策和运作的各项制度流程并组织实施，具体制定与本部门业务相关的风险管理制度和相关应对措施、控制流程、监控指标等，或与风险管理职能部门协作制定相关条款，将风险管理的原则与要求贯穿业务开展的全过程；第二，随着业务的发展，对本部门或业务单元的主要风险进行及时识别、评估、检讨、回顾，提出应对措施或改进方案，并具体实施；第三，严格遵守风险管理制度和流程，及时地、准确地、全面地、客观地将本部门的风险信息和监测情况向管理层和风险管理职能部门报告，并配合和支持风险管理职能部门或岗位的工作。

（二）风险管理的主要环节

在明确公司内部相关部门和人员的具体风险管理职责划分后，认识风险管理的主要环节是必不可少的。根据《基金管理公司风险管理指引（试行）》（2014）的规定，风险管理的主要环节分为五个部分，分别是风险识别、风险评估、风险应对、风险报告和监控及风险管理体系的评价，如图 7-2 所示。

图 7-2　风险管理的主要环节

其中，风险评估是风险管理的核心环节，风险评估的质量很大程度上决定了风险管理的有效性，合理的风险测度指标的选取是提高评估质量的有效保障。此外，以上五个环节相互关联、相互影响、循环互动，需要依据内部环境、市场环境、法规环境等内外部因素的变化及时更新完善。上述五个环节在私募证券投资基金风险管理中的具体运作如下：

1. 风险识别

风险识别是指风险发生前，通过分析、归纳和整理各种信息资料，系统全面地认识风险事件并加以适当归类，对风险的类型、产生原因、可能产生的后果做出定性估计、感性认识和经验判断。风险识别应当覆盖公司各个业务环节，涵盖所有风险类型。公司应当对已识别的风险进行定期回顾，并针对新法规、新业务、新产品、新的金融工具等及时进行了解和研究。此外，在风险识别过程中，公司要对业务流程进行梳理和评估，并对业务流程中的主要风险点建立相应的控制措施，明确相应的控制人员，不断完善业务流程。

2. 风险评估

风险评估是指对上述已识别风险发生的可能性或损失范围、程度进行估计和衡量，并对不同程度损失发生的可能性和损失后果进行定量分析，从而确定风险的等级。风险评估的核心在于对风险的精确估计，如果对风险估计不足，则会导致基金管理人不会采取足够的措施规避风险；相反，风险估量过高，基金管理人不仅会因此付出不必要的管理成本，还会失去获得更大收益的机会。同时，基金管理人在风险评估过程中应始终保持方法的一致性，协调好整体风险和单个风险、长期风险和中短期风险的关系。

3. 风险应对

风险应对是指在风险识别和评估的基础上，采取相关措施以减少风险的暴露，将风险水平控制在可承受的范围内。首先，针对不同的风险类型，基金管理人可以根据其各自的风险性质、特征和风险水平采用不同的应对策略；对同一种风险也可以在多种应对策略中进行选择或将多种策略进行组合使用。其次，基金管理人需要制定具体的行动方案，比如选择哪一种风险管理工具及如何运用这些工具等。基金管理人必须组织方案的实施，发出指令要求，由各业务部门具体执行。最后，基金管理人还要在各部门之间进行协调，使各部门相互配合。此外，基金管理人应当建立清晰的风险事件登记制度和风险应对综合考评管理制度，明确责任追究机制和跟踪整改要求。

4. 风险报告和监控

风险报告和监控是指风险管理措施实施后的检查、反馈和调整。基金管理人应当建立清晰的风险报告监测体系，对风险指标进行系统有效的监控，根据风险事件发生的频率和事件的影响来确定风险报告的频率和路径。此外，风险报告应明确风险等级、关键风险点、风险后果及相关责任、责任部门、责任人、风险处理建议和责任部门反馈意见等，确保公司管理层能够及时获得真实的、准确的、完整的风险动态监控信息，明确并落实各相关职能部门的监控职责。

5. 风险管理体系评价

风险管理体系评价是指审慎对待现有风险管理体系，以确保其发挥作用的客观性。基金管理人应当对风险管理体系进行定期评价，对风险管理系统的安全性、合理性、适用性及成本与效益进行分析、评估和修正，以提高风险管理的有效性，并根据检验结果、外部环境的变化和公司各项业务的开展情况进行调整、补充、完善或重建。

第二节　私募证券投资基金的主要风险分类及风险管理工具

一、私募证券投资基金的主要风险分类

根据不同的分类标准和统计口径，可以将风险划分为多种类型。本教材基于中基协发布的《基金管理公司风险管理指引（试行）》（2014）、《私募投资基金风险揭示书内容与格式指引》及实际操作中的经验，将私募证券投资基金所面临的风险划分为一般风险和其他风险两大类，并结合实务中的私募证券投资基金的基金合同对两者进行详细的说明。

（一）基金的一般风险

1. 流动性风险

流动性风险是指包括因市场交易量不足，导致不能以合理价格及时进行证券

交易的风险，或投资组合无法应付客户赎回要求所引起的违约风险。私募证券投资基金面临的流动性风险主要表现在以下三个方面：

（1）市场整体流动性相对不足。证券市场的流动性受到市场行情、投资群体等诸多因素的影响，在某些时期成交活跃，流动性好；而在另一些时期，可能成交稀少，流动性差。在市场流动性相对不足时，交易变现有可能增加变现成本，对私募证券投资基金投资造成不利影响。

（2）证券市场中流动性不均匀，存在个股和个券的流动性风险。由于流动性存在差异，即使在市场流动性比较好的情况下，一些个股和个券的流动性可能仍然比较差，从而使得私募证券投资基金在进行个股和个券操作时，可能难以按计划买入或卖出相应的数量，或买入卖出行为对个股和个券价格产生比较大的影响，增加个股和个券的建仓成本或变现成本。

（3）私募证券投资基金投资中的资产不能应付可能出现的客户大额赎回基金资产的风险。在基金运作期间，可能会发生客户大额赎回基金资产的情形，也可能会产生仓位调整的困难，导致流动性风险，甚至影响收益水平。

2. 市场风险

市场风险是指因受各种因素影响（包括但不限于政治因素、交易制度、经济因素）而引起的证券及其衍生品市场价格的不利波动，导致私募证券投资基金收益水平波动产生的风险。主要包括：

（1）政策风险。政策风险是因国家宏观政策（如货币政策、财政政策、行业政策、资本市场监管政策及地区发展政策等）发生变化对投资标的产生的一定影响，会导致市场价格波动，从而影响私募证券投资基金投资收益而产生风险。

（2）经济周期风险，经济运行具有周期性的特点。随着经济运行的周期性变化，证券市场的收益水平也呈周期性变化。私募证券投资基金的财产主要投资于证券市场，收益水平也会随之变化，从而产生风险。

（3）利率风险，金融市场利率的波动会导致证券市场价格和收益率的变动。利率直接影响债券的价格和收益率，同时影响企业的融资成本和利润。私募证券投资基金财产投资于债券和股票时，其收益水平会受到利率变化的影响。

3. 信用风险

信用风险是指债券发行人出现拒绝支付利息或到期时拒绝支付本息的违约风险，或由于债券发行人信用质量降低导致债券价格下跌的风险，以及因交易对手违约而产生的交割风险。在私募证券投资基金财产投资运作中，如果基金管理人缺乏对信用水平的充分研究，对信用产品的判断不准确，可能致使私募证券投资基金财产承受信用风险所带来的损失。

4. 操作风险

操作风险是指由于内部程序、人员和系统的不完备或失效，或外部事件而导致直接损失或间接损失的风险，主要包括制度和流程风险、信息技术风险、业务持续风险、人力资源风险、新业务风险和道德风险。操作风险的具体分类如表 7-1 所示。

表 7-1 操作风险的具体分类

风险类型	概　　念
制度和流程风险	制度和流程风险是指由于日常运作，尤其是关键业务操作缺乏制度、操作流程和授权，或制度流程设计不合理带来的风险，或由于上述制度、操作流程和授权没有得到有效执行带来的风险，以及业务操作的差错率超过可承受范围带来的风险
信息技术风险	信息技术风险是指信息技术系统不能提供正常服务，影响公司正常运行的风险；信息技术系统和关键数据的保护、备份措施不足，影响公司业务持续性的风险；重要信息技术系统不使用监管机构或市场通行的数据交互接口，影响公司业务正常运行的风险，以及重要信息技术系统提供商不能提供技术系统生命周期内持续支持和服务的风险
业务持续风险	业务持续风险是指由于公司危机处理机制、备份机制准备不足，导致危机发生时公司不能持续运作的风险
人力资源风险	人力资源风险是指缺少符合岗位专业素质要求的员工、过高的关键人员流失率、关键岗位缺乏适用的储备人员和激励机制不当带来的风险
新业务风险	新业务风险是指对新产品、新系统、新项目和新机构等论证不充分或资源配置不足导致的风险
道德风险	道德风险是指员工违背法律法规、公司制度和职业道德，通过不法手段谋取利益所带来的风险

5. 合规风险

合规风险是指因私募证券投资基金管理人或其员工违反法律法规、基金合同和公司内部规章制度等而导致基金管理人可能遭受法律制裁、监管处罚、重大财务损失和声誉损失的风险。合规风险主要包括投资合规性风险、销售合规性风险、信息披露合规性风险和反洗钱合规性风险。合规风险的控制目标是确保遵守法律、法规、监管规则和基金合同或独立账户投资方针的规定，提升审慎经营水平。

6. 声誉风险

声誉风险是指因私募证券投资基金管理人行为、工作人员行为或外部事件等，导致投资者及社会舆论对基金管理人的负面评价，从而损害其品牌价值，不利于基金管理人正常经营，甚至影响到市场稳定和社会稳定的风险。简言之，声誉事件是指引发基金管理人声誉风险的相关行为或事件，重大声誉事件是指造成基金管理人重大损失、基金行业声誉损害、市场大幅波动、引发系统性风险或影响社会经济秩序稳定的声誉事件。

（二）其他风险

1. 关联交易风险

在业务运营过程中，私募证券投资基金可能与其关联方之间发生关联交易，从而产生潜在的利益冲突。因此，私募证券投资基金的关联交易历来是中国证监会和中基协关注和监管的重点问题。

《私募投资基金登记备案办法》第三十八条指出：私募基金管理人应当建立健全关联交易管理制度，在基金合同中明确约定关联交易的识别认定、交易决策、对价确定、信息披露和回避等机制。关联交易应当遵循投资者利益优先、平等自愿、等价有偿的原则，不得隐瞒关联关系，不得利用关联关系从事不正当交易和利益输送等违法违规活动。由此可见，私募基金管理人应当严格控制关联交易行为，以避免关联交易对投资者的利益造成损失，以及因不当的关联交易触发的合规风险。

2. 公平交易风险

私募证券投资基金管理人就私募证券投资基金财产进行的投资操作或私募证券投资基金管理人基于其他私募证券投资基金财产所进行的投资操作，可能发生同一私募证券投资基金或不同私募证券投资基金在同一交易日就同一投资对象进行方向相反投资的操作（以下简称“反向交易”）。

私募证券投资基金或私募证券投资基金管理人管理的其他私募证券投资基金可能对同一证券进行同向交易和反向交易，从而存在被监管部门和证券交易所认定为异常交易行为，并进行检查、调查、查询、限制交易、冻结或者查封等的可能性。

若监管部门或证券交易所对单个私募证券投资基金或同一私募证券投资基金管理人管理的不同私募证券投资基金之间的反向交易进行限制，则上述监管限制生效时，即对私募证券投资基金财产产生效力，从而可能影响私募证券投资基金财产的投资收益，甚至导致私募证券投资基金财产遭受损失。

因此，私募证券基金管理人旗下私募证券投资基金可能会存在同日同向交易、同日反向交易、投资机会分配（非公开发行股票申购）等违反公平交易行为的操作，造成不同基金产品之间利益相互输送，损害投资者权益。

3. 外部服务机构风险

如果私募证券投资基金管理人将基金份额登记、估值核算等服务事项委托给私募基金服务机构，则可能因私募基金服务机构经营风险、技术系统故障、操作失误等，使服务事项发生差错，进而给基金运营带来风险。

二、风险管理工具简介

为实现对风险进行高效管理，使风险的大小更加具体化，借助风险管理工具进行风险量化是必要的。接下来主要对 VaR 模型、压力测试和其他一些风险度量指标进行介绍。

（一）VaR 模型

VaR 是一种综合衡量各种风险的方法，与传统风险指标相比，它可以将不同风险因子及不同风险因子之间相互作用而引致的组合整体风险用一个对应于给定置信水平的最大可能损失值反映出来。因此，该方法比较直观，易于理解，同时简便、实用、有效。VaR 不仅适用于度量市场风险，而且还适用于信用风险、操作风险等其他类型金融风险的衡量。此外，该方法在确定内部经济资本需求、设定风险限额、绩效评估及金融监管等方面都起着重要的作用，目前已成为金融风险度量，特别是市场风险度量的主流方法。鉴于此，我们将 VaR 方法作为本部分的重点内容进行详细介绍。

1. VaR 模型的基本概念

VaR 模型，又被称为风险价值模型或在险价值模型，是指在市场处于正常波动状态下，在一定的置信水平下，某一金融资产或证券组合在未来特定时期内所遭受的最大可能损失。例如，当投资者对某资产持有期为 3 个月，置信水平为 90%时，假如估计的 VaR 值为 100 万元，那么也就意味着投资者估计该项资产在资产到期时（3 个月后）损失额大于 100 万元的概率不超过 10%（1-90%）。此外，VaR 值可以是在考虑了所有可能风险情况下的一个综合性的风险度量值，对任何风险的种类和数量，我们只需要得到在各种风险下资产组合的未来分布，那么在给定置信水平和期限下就可以计算出其 VaR 值，VaR 值越大表示组合面临的风险就越大。

从本质上讲，VaR 模型描述的是资产组合价值或收益率变动分布的一个尾部特征。如果置信水平为 α，那么 VaR 就是该分布的尾部水平 1-α 的分位数，用公式表示为：

$$P(\Delta V<-VaR)=1-\alpha \tag{7-1}$$

式（7-1）中：

ΔV 表示某一金融资产在一定持有期内的损失额；

P 表示持有资产损失额小于可能损失上限的概率；

α 为给定的置信水平。

按投资组合价值损失比较基准的不同，VaR 又可以分为绝对 VaR 和相对 VaR。如果以投资组合的绝对价值来衡量损失，就称为绝对 VaR；如果以投资组合的收益率来衡量损失，就称为相对 VaR。VaR 的一个很重要的优点就是直观，它将风险转化为人们易于理解的，在一定概率保证程度下损失的最大可能绝对（或相对）数值大小。

从 VaR 的定义出发，要确定一个金融机构或资产组合的 VaR 值或建立关于 VaR 的模型，必须首先确定以下两个重要参数：一是持有期间的长短；二是置信水平 α 的大小。在其他条件相同的情况下，置信水平越大，期限越长，VaR 值就越大。然而，这两个参数的选择和设定目前还没有一个统一的标准，具体取决于使用者的需求和主观偏好，因而带有鲜明的个体主观特征，并具有很大的随意性。

（1）持有期，即确定计算在哪一段时间内的持有资产的最大损失值，也就是明确风险管理者关心资产在一天内、一周内还是一个月内的风险价值。一般来说，在其他因素不变的情形下，持有期越长，组合面临的风险就越大，从而计算出的 VaR 值就越大。事实上，持有期的选择对 VaR 值的大小和 VaR 值的可靠性都可能有很大影响，所以需要客观审慎选择持有期。持有期的选择应依据所持有资产的特点来确定，对于投资期限短、流动性较强的头寸，往往需要在较短期限内计算其 VaR 值，比如一天或一周，而对期限较长或流动性较差的投资品种，则可以采用月度甚至更长期限的 VaR 值。在实际中，大多数金融机构为了实现对其所管理资产的动态风险监测，采用的期限主要为一个交易日；而在银行风险管理方面，巴塞尔委员会采取了比较保守和稳健的姿态，要求银行以两周即 10 个营业日为持有期限。此外，在独立同分布的假设条件下，不同期限的 VaR 值可以通过以下公式进行转化：

$$N\text{天 VaR 值}=M\text{天 VaR 值}\times\sqrt{\frac{N}{M}} \tag{7-2}$$

因此，在实际计算中，一般可以先求出 1 天的 VaR，然后通过式（7-2）转化为所需期限的 VaR。

（2）置信水平 α。一般来说，对置信水平的选择在一定程度上反映了金融机构对风险的不同偏好，风险厌恶程度越高的投资者希望得到更加精确的预测，因此其可能选择的置信水平也越高，从而得到的 VaR 就越大，相应地，根据 VaR 确定的风险管理成本也就越大。从实际情况来看，不同机构都对置信水平设置了不同的标准，比如 J、P、Morgan 选择了 95%的置信水平，而巴塞尔委员会则要求采用 99%的置信水平，这与其稳健的风格是一致的。

从上述 VaR 的基本概念可以看出，VaR 具有以下三个基本特点：

首先，计算 VaR 的基本公式仅在市场处于正常波动的状态下才有效，而无法准确度量极端情形时的风险。

其次，由于 VaR 可以用来比较分析由不同的市场风险因子引起的、不同资产组合之间的风险大小，所以 VaR 是一种具有可比性的风险度量指标。

最后，VaR 是在考虑了所有可能的风险来源后得到的一个概括性的风险度量值，而且在置信水平和持有期给定的条件下，VaR 值越大，说明组合面临的风险就越大，反之则说明组合面临的风险越小。此外，在市场处于正常波动的状态下，时间跨度越短，收益率就越接近正态分布。此时，假定收益率服从正态分布计算的 VaR 是比较准确有效的。

2. VaR 的主要计算步骤

VaR 的计算方法包括但不限于历史模拟法、蒙特卡罗模拟法等，但实质上这些方法都是围绕着如何估计金融风险因子的变化分布，以及在金融风险因子变化影响下资产组合的未来损益分布而展开的，不同之处主要在于采用的估计方法不同。更为具体一点，我们可以将计算 VaR 的方法分为以下三个主要步骤，如图 7-3 所示。

图 7-3 VaR 的主要计算步骤

第一，建立函数关系。把组合中每一项资产头寸的价值表示为投资收益率或风险因子的函数表达式。

第二，建立估值模型。例如，我们可根据需要建立投资收益率或风险因子的波动性和相关性模型，用于预测投资收益率或风险因子未来的波动性和相关性，或者用于生成投资收益率或风险因子未来可能的不同结果。此时，我们通常要利用投资收益率或风险因子的历史数据，结合统计的方法刻画出投资收益率或风险因子的分布特征或者动态变化规律。

第三，计算 VaR 值。根据投资收益率或风险因子的波动性或相关性，或者投资收益率或风险因子未来可能的不同结果，结合第一步的函数关系估计出组合未来的价值变化及其分布特征，并在此基础上得到组合的 VaR 值。

3. VaR 的估算方法

（1）历史模拟法。历史模拟法是一种较为简单和直观的 VaR 计算方法。该方法没有对风险因子作任何具体分布的假定，其核心在于用给定历史时期上所观测到的风险因子的波动性来表示市场因子的未来变化波动性。它不需要假定资产回报服从的统计分布形式，而是假定风险因子的变动是一种简单的重复历史的过程，因而我们就可以用历史变动来模拟因子未来的变化情景，然后再根据组合与因子之间的关系计算组合的 VaR。

历史模拟法的优点是显而易见的：首先，历史模拟法无需对因子的分布作任何假设；其次，它避免了对因子建模及对方差协方差矩阵等参数的估计，从而避免了模型风险和参数估计风险；最后，它可以更准确地处理非线性关系的情况。

然而，历史模拟法也存在一定的局限性：首先，模拟次数受到历史样本数量的限制，如果历史样本数据有限，那么该方法就无法有效地进行，并且模拟结果对历史数据长度和质量都较为敏感；其次，历史模拟法的可靠性依赖于历史分布对未来分布的近似程度，而现实中历史分布与未来分布常常出现较大差异，这就在很大程度上降低了历史模拟法的优势；最后，历史模拟法在处理复杂的投资组合时，通常也必须采用简化的方法，此时就可能与实际情况有所差别。

（2）蒙特卡罗模拟法。蒙特卡罗模拟法是一种随机模拟方法，它用风险因子的历史波动参数来生成市场因子未来波动的大量可能路径，而历史模拟法只能根据市场因子的特定历史变动路径产生有限的未来波动情景。其基本思路是首先对风险因子的分布作了一定的假设，通常假定为联合正态分布（但不限于正态分布）；其次，采用蒙特卡罗模拟方法对风险因子未来变化情景进行模拟，并计算出对应的组合价值；最后，把各种情景下的组合价值从小到大进行排列，形成组合价值未来的分布，并根据置信水平寻找分位数就可以求出 VaR。

首先，相对历史模拟法而言，蒙特卡罗模拟法采用的是随机抽样的形式，因此可以进行大量的模拟，无需受到历史数据样本数量和质量的限制。其次，在风险因子分布假定上，蒙特卡罗模拟法可以根据经验假设更合适的分布，而无须限制在正态分布的假定上。正是由于这些特点，蒙特卡罗模拟法目前被认为是计算

VaR 最灵活、准确的方法，其应用也最为广泛。

然而，高度的精确性要以较高的计算成本为代价。蒙特卡罗模拟法最大的局限性就在于其计算复杂和耗时长。特别是针对复杂的资产组合，可能在计算组合价值时本身就需要模拟，形成了模拟中套模拟，最终甚至可能会由于过度复杂而无法实施。此外，蒙特卡罗模拟法假定了因子的具体分布形式，并且在计算组合价值时采用了特定的定价模型，两者都会造成该方法存在一定的模型风险和参数估计风险，这也是蒙特卡罗模拟法的局限性之一。

4. VaR 方法的优缺点

VaR 方法具有许多其他风险度量方法所无法比拟的优点，目前已经成为风险度量的主流方法，并被广泛应用于各种不同的领域。主要体现在以下三个方面：

第一，VaR 方法可以用一个简单的数字来概括资产组合所面临的整体风险，相对于其他风险管理指标，其对风险体现得更加直观，可以更容易地被缺乏专业知识的投资者所掌握。

第二，VaR 方法具有较强的可比性，可以为金融监管机构提供统一、公平的管理标准。

第三，VaR 方法既能针对单个资产风险管理，也能用于管理由不同种类工具组成的复杂的投资组合；既可以管理单个风险因子的风险，又可以综合管理多种风险，并且可以考虑各种风险之间的相互影响作用。

尽管 VaR 风险管理技术在对风险进行定量计算上发挥着不可或缺的作用，但它也有其内在的局限性，具体表现为：

第一，VaR 方法对资产分布尾部特征描述不够充分，它只是度量了置信水平内部的最大可能损失，但却无法刻画置信水平外部的情况。以置信度为 95%的 VaR 为例，该值只是给出了组合在 95%的概率内有可能发生的最大损失；但对于另外 5%的可能性发生时，组合损失超过 VaR 的那部分损失到底可能有多大，并没有给予任何说明，因此 VaR 方法并不完善。

第二，由于完整的风险管理包括风险的识别、评估和控制三个过程，而且对一定量风险进行控制是金融风险管理的最终目标，这必然会涉及风险管理者的风险偏好因素。因此，单纯依据风险可能造成损失的客观概率，只关注风险的统计特征，并不是系统的风险管理的全部。因为概率不能反映经济主体本身对面临的风险的意愿或态度，也不能决定经济主体在面临一定量的风险时愿意承受和应该规避的风险份额。而完整的风险管理不但要能计量出所面临风险的客观大小，而且应该考虑风险承担主体对风险的偏好，这样才能真正实现风险管理的最优均衡。

第三，基于同样的历史数据，但运用不同的估计方法所计算的 VaR 值往往差异较大，这容易使人们对 VaR 方法的可靠性产生怀疑。此外，VaR 方法本质上是一种“向后看”的方法，即对组合未来价值变化的估计是基于历史数据做出的，这就相当于假定了决定组合价值变化的风险因子在未来的发展变化及其相互关系同过去的行为完全一致，这显然是与实际不相符的。

（二）压力测试

1. 压力测试的定义

压力测试是指在模拟或构造未来可能出现的极端情景的基础上，对极端情景及其影响下的资产组合的价值变化做出评估和判断，即衡量资产损失分布超过风险价值的部分；压力测试可以发现金融机构和金融系统在极端市场情形下的风险传导机制和风险承受能力，被视为 VaR 等模型方法的重要补充，也是金融系统稳定性分析的关键因素。

2. 压力测试的类型

压力测试包括敏感性分析和情境分析两大类。

敏感性分析旨在测量单个重要风险因素（利率、汇率等）由于假设的变动对基金风险暴露和风险承受能力的影响。这种方法具有便于操作、易于分析的优点，但在现实生活中，多个经济变量之间往往具有相关性，而敏感性分析仅仅研究其中一个或少数几个变量变动时承压指标的变化情况，可能与实际情况不符。

情境分析是假设分析多个风险因素同时发生变化以及某些极端不利事件发生对基金风险暴露和风险承受能力的影响，包括历史情景分析和假设情景分析。历史情景分析是参考已经出现过的重大事件对压力指标进行赋值，其优点在于所参考的事件已经出现过，对压力指标的赋值具备一定的参考价值，存在现实意义；同时，采用历史情景分析进行压力测试通常也容易被人们所理解，具有较强的说服力。但该方法也存在一定的劣势，即随着新的市场环境的变化，旧的实践方法不能很好地涵盖这些变化，无法精确预测未来的风险。而假设情景分析是指主观假设压力指标的变动值，探究当突发情况出现时承压指标所遭受的冲击。这种方法在操作上具有灵活性，也鼓励风险管理者着眼于未来的风险，不过分拘泥于过去的事件。但是，由于这种方法的指标数值是人为设定的，主观性较强，且压力测试情景设计者主要依据其个人经验设置压力指标具体数值，有时会与实际情况不符，甚至是冲突。

3. 压力测试的流程

尽管进行压力测试的具体步骤存在细微的差别，但从整体来看，主要包括以下六个主要步骤，如图 7-4 所示：

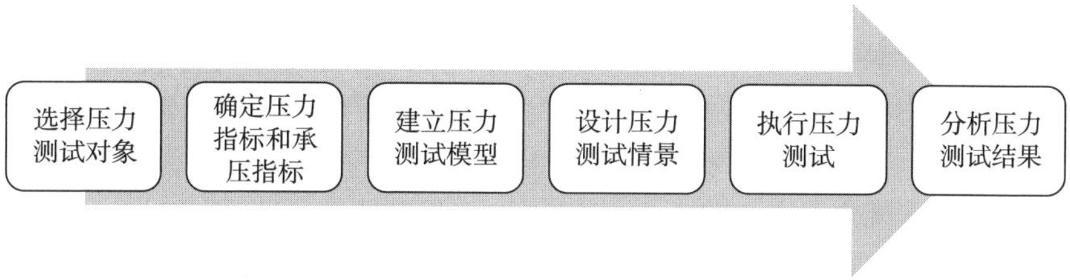

图 7-4 压力测试流程

第一步，选择压力测试对象。对不同的压力测试对象，有针对性地设计压力测试情景，可以提高压力测试的效率。

第二步，确定压力指标和承压指标。通过理论分析选定所要研究的经济变量以进行压力测试。在选取指标时应当注意，压力指标应该具有现实意义，并且应该与承压指标存在合理的关系。

第三步，建立压力测试模型。分析所选取的各个经济变量间的关系，进行参数模拟，为后续开展压力测试做准备。

第四步，设计压力测试情景。一方面，情景设计要符合小概率特征，以便于研究极端情况下压力主体所遭受的冲击；另一方面，所设计的情景应当存在发生的可能性，因为不可能发生的情景不具备研究的现实意义。

第五步，执行压力测试。将事先设定的不同压力测试情景进行实际运用，并记录不同压力测试情景下承压指标的变化。

第六步，分析压力测试结果。通过对实行以上压力测试流程所得到的结果进行研究和探讨，以此考察承压指标在遭受到不同程度的冲击时会发生怎样的变化，并根据压力测试的结果判断风险抵御能力的大小，从而减少因极端情况出现所带来的、超出风险承受能力之外的损失。

（三）其他风险度量方法

1. 方差方法

金融资产价格的波动是投资活动最重要的风险来源。衡量波动性最常用的度量方法就是用金融资产价格的标准差来表示：

$$\sigma^2 = \frac{1}{T-1}\sum_{t=1}^{T}(r_t - \mu)^2 \tag{7-3}$$

式（7-3）中：

r_t 为投资组合在 t 时期内的收益率；

μ 为投资组合的收益率均值。

由于方差具有概念明确、容易理解，以及统计特性良好等特点，特别是在收益率服从正态分布的假设条件下，用方差度量的资产组合的风险，即组合的方差，可以分解为组合中单个资产收益率的方差和各个资产收益率之间的协方差，因此用方差度量风险具有简便易行，适用性较强等优点。

然而，随着风险理论研究的逐渐发展，以及人们对风险本质认识的日益深入，人们发现，用方差方法来度量金融市场风险存在着很大的弊端，主要表现在：

第一，方差方法将资产收益率的不确定性或波动性定义为风险，并用方差或标准差来度量这种不确定性或波动性。这一定义已经偏离了风险的原始含义，这种方法也不能准确地度量真实风险的大小。这是因为，风险的原始含义是潜在损失，资产收益率的不确定性或波动性虽然与风险有关，但这种不确定性或波动性却未必一定会造成损失，只有收益率的向下波动才有可能给投资者造成损失，收益率的向上波动只会给投资者带来超额收益，而方差却没有严格区分收益率波动方向的差异。

第二，方差方法的假设比较严格，它要求资产收益率及其联合分布必须是正态的，这与实际出入较大，往往难以满足。在现实中，资产收益率符合正态分布的假设一般不成立，通常具有明显的偏度与峰度。在资产收益率正态分布假设不成立的情况下，方差并不能决定资产收益率的概率分布，也不能决定投资者所面临的风险状况。

第三，方差方法的计算任务比较繁重。在资产组合内的资产种类很多的情况下，需要计算很大的方差和协方差矩阵。例如，当资产组合内有 n 种资产时，需要计算 n 个方差、n 个期望收益，计算过于复杂，费时费力，并且有可能使采用方差方法指导的投资实践失去时效性。

2. 下侧风险度量方法

为了克服方差风险度量方法中存在的无法准确反映风险的本质属性和投资者真实心理感受的缺陷，解决收益率正态分布的不合理假设等问题，学者们提出了下侧风险度量方法（Lower Partial Moments，LPM）。这种方法用低于目标收益率之下的收益分布状况来描述风险，用公式表示为：

$$LPM_m = \sum_{r_i=-\infty}^{TH} P_i (TH - r_i)^m \tag{7-4}$$

式（7-4）中：

P_i 为组合收益率 r_i 发生的概率；

TH 为组合的目标收益率。

LPM_m 指的是组合收益率低于目标收益率的概率。当 $m=0$ 时，LPM_0 表示组合收益率低于目标收益率的概率；当 $m=1$ 时，LPM_1 表示组合收益率低于目标收益率的预期差；当 $m=2$ 时，LPM_2 表示组合收益率低于目标收益率的预期平方偏差。

下侧风险度量方法的优点是：

第一，由于下侧风险度量方法是考虑资产收益率低于投资者设定的某一目标值的部分，只将收益率的下半部分作为风险计量的因子，因此能够准确地反映风险的本质属性及投资者对收益率正负偏差不一致的真实感受，可以克服方差方法将收益率高于期望收益值的部分也作为风险计量因子的不足。

第二，假设条件简单，下侧风险度量方法并不需要像方差方法那样，要求资产组合收益率服从正态分布，仅要求投资者为风险厌恶型，这是符合现实情况的。

虽然下侧风险度量方法具有上述优点，但仍存在以下缺陷：

第一，使用下侧风险度量方法进行风险度量时，需要首先设定目标收益率，这种设定具有一定的主观性。

第二，下侧风险度量方法的风险表达式比较复杂，计算成本较高。根据该方法进行资产组合选择时，需要进行大量的复杂计算，这给实际运用带来了很大困难。

第三节　私募证券投资基金投资风险与声誉风险的管理

《基金管理公司风险管理指引（试行）》《基金管理公司声誉风险管理指引（试行）》强调基金管理公司应当重点关注流动性风险、市场风险、信用风险、操作风险、声誉风险、合规风险等各类主要风险。在本章第二节中，已参考上述风险分类方法对私募证券投资基金存在的风险进行了分类和含义说明。本节重点讲述上述主要风险类型的相关管理建议。鉴于合规风险的重要性和特殊性，将合规风险的管理放在本章第四节进行单独介绍。

一、投资风险的管理

（一）流动性风险

流动性风险管理的控制目标是通过建立适时的、合理的、有效的风险管理机制，将流动性风险控制在可承受的范围之内。

流动性风险管理的主要措施包括：第一，制定流动性风险管理制度，平衡资产的流动性与盈利性，以适应投资组合的日常运作需要；第二，及时对投资组合资产进行流动性分析和跟踪，包括计算各类证券的历史平均交易量、换手率和相应的变现周期，关注投资组合内的资产流动性结构、投资组合持有人结构和投资组合品种及类型等因素的流动性匹配情况；第三，建立流动性预警机制。当流动性风险指标达到或超出预警阈值时，应启动流动性风险预警机制，按照既定投资策略调整投资组合资产结构或剔出个别流动性差的证券，以使组合的流动性维持在安全水平；第四，进行流动性压力测试，分析投资者的申赎行为，测算当面临外部市场环境的重大变化或巨额赎回压力时，冲击成本对投资组合资产流动性的影响，并相应调整资产配置和投资组合。

（二）市场风险

市场风险管理的控制目标是严格遵循谨慎和分散风险的原则，充分考虑私募证券投资基金份额持有人财产的安全性和流动性，实行专业化管理和控制，防范和化解市场风险。

市场风险管理的主要措施包括：第一，密切关注宏观经济指标和趋势、重大经济政策动向、重大市场行动，评估宏观因素变化可能给投资带来的系统性风险，定期监测投资组合的风险控制指标，提出投资调整的应对策略；第二，密切关注行业的周期性演变、市场竞争、价格、政策环境和个股的基本面变化，构造股票投资组合，分散非系统性风险；第三，关注投资组合的收益质量风险，可以采用夏普比率（Sharp Ratio）、特雷诺比率（Treynor Ratio）和詹森比率（Jensen Ratio）等指标衡量；第四，加强对重大投资的监测，对基金重仓股、单日个股交易量占该股票持仓显著比例、个股交易量占该股流通值显著比例等进行跟踪分析。同时，加强对场外交易（包括价格、对手、品种、交易量、其他交易条件）的监控，确保所有交易在公司的管理范围之内；第五，运用定量风险模型和优化技术，分析各投资组合市场风险的来源和暴露情况。利用敏感性分析，找出影响投资组合收益的关键因素。运用压力测试技术，评估投资组合对市场大幅波动和极端波动的承受能力。

（三）信用风险

信用风险管理的控制目标是对交易对手、投资品种的信用风险进行有效的评估和防范，在将信用风险控制于可接受范围内的前提下，获得最高的风险调整收益。

信用风险管理的主要措施包括：第一，建立针对债券发行人的内部信用评级制度，结合外部信用评级，对发行人的信用风险进行管理；第二，建立交易对手信用评级制度，根据交易对手的资质、交易记录、信用记录和交收违约记录等因素对交易对手进行信用评级，并定期更新；第三，建立严格的信用风险监控体系，及时发现信用风险，并进行汇报和处理。公司也可对其管理的所有投资组合与同一交易对手的交易集中度进行限制和监控。

（四）操作风险

操作风险管理的控制目标是建立有效的内部控制机制，尽量减少因人为错误、系统失灵和内部控制缺陷所产生的操作风险，保障内部风险控制体系有序规范运行。操作风险可以细分为制度和流程风险、信息技术风险、业务持续风险、人力资源风险、新业务风险和道德风险，接下来依次介绍其具体风险的主要管理举措。

1. 制度和流程风险

制度和流程风险管理的主要措施包括：第一，建立合规、适用、清晰的日常运作制度体系，包括制度、日常操作流程，尤其是关键业务操作的制约机制；第二，制定严格的投资工作流程、授权机制、制约机制，明确投资决策委员会、投资总监和基金经理的职责权限，建立健全绩效考核机制；第三，加强公司印章使用、合同签署及印章和合同保管的管理，投资部门所有交易合同签署与印章使用都要经过中后台部门的审核批准，并交由后台备案；第四，加强对员工业务操作技巧的培训，加强对操作流程的控制，以确保日常操作的差错率能在预先设定的、可以承受范围内，同时建立前台、后台或关键岗位间职责分工和制约机制。

2. 信息技术风险

信息技术风险管理的主要措施包括：第一，信息技术系统，尤其是重要信息技术系统具有确保各种情况下业务持续运作的冗余能力，包括电力及通信系统的持续供应，以及系统和重要数据的本地备份、异地备份和关键设备的备份等；第二，信息技术人员具有及时判断、处理各种信息技术事故，恢复系统运行的专业能力，信息技术部门应建立各种紧急情况下的信息技术应急预案，并定期演练；第三，系统程序变更、新系统上线前应经过严格的业务测试和审批，确保系统的功能性、安全性符合公司风险管理要求；第四，对网络、重要系统、核心数据库的安全保护、访问和登录进行严格的控制，关键业务需要双人操作或相互复核，应有多种备份措施来确保数据安全，对备份数据准确性也要有验证措施；第五，选择的核心信息技术系统服务商应将服务商在系统生命周期内的长期支持和服务能力、应急响应能力和与公司运行相关的其他系统兼容性列为重点考核内容。

3. 业务持续风险

业务持续风险管理的主要措施包括：第一，建立危机处理决策、执行及责任机构，制定各种可预期极端情况下的危机处理制度，包括危机认定、授权和责任、业务恢复顺序、事后检讨和完善等内容，并根据严重程度对危机进行分级归类和管理；第二，建立危机预警机制，包括信息监测及反馈机制；第三，危机处理制度与业务持续制度应重点保证在危机情况下公司业务的持续，并且业务持续管理机制演习至少每年进行一次。

4. 人力资源风险

人力资源风险管理的主要措施包括：第一，确保关键岗位的人员具有足够的专业资格和能力，并保持持续业务学习和培训；第二，建立适当的人力资源政策，避免核心人员流失，并且建立权责匹配、科学长效的考核和激励约束机制；第三，建立关键岗位人员的储备机制。

5. 新业务风险

新业务风险管理的主要措施包括：第一，新业务的风险评估应包括政策环境、市场环境、客户需求、后台支持能力、供应商和人员储备等方面，并制定严密的新业务的论证和决策程序；第二，针对新业务的主要操作部门和新业务开展的支持部门进行业务培训，及时制定针对新业务的管理制度和业务流程。

6. 道德风险

道德风险管理的主要措施包括：第一，制定员工守则，使员工行为规范有所依据；第二，防范员工利用内幕信息或其他非公开信息牟利，防范商业贿赂，通过制度流程、系统监控、核查检查等控制措施加强员工管理；第三，倡导良好的职业道德文化，定期开展员工职业道德培训。

二、声誉风险的管理

（一）声誉风险管理的原则

声誉风险管理的原则包括：第一，全面性原则。私募证券投资基金管理人的声誉风险管理应覆盖各部门和全体工作人员，贯穿决策、执行、监督、反馈等各个环节；第二，审慎性原则。私募证券投资基金管理人应审慎评估、判断、分析声誉风险，妥善处置声誉事件；第三，及时有效原则。私募证券投资基金管理人应主动识别、报告和防范声誉风险，建立及时高效的声誉事件处置机制，及时修复公司受损声誉；第四，匹配性原则。私募证券投资基金管理人应进行多层次、差异化的声誉风险管理，要与自身规模、经营状况、风险状况及系统重要性相匹配，并结合外部环境和内部管理变化适时调整；第五，前瞻性原则。私募证券投资基金管理人应坚持以预防为主的声誉风险管理理念，定期对声誉风险管理情况及潜在风险进行排查、判断，提升对声誉风险的预见性。

（二）声誉风险管理的职责

私募证券投资基金管理人应建立声誉风险管理组织架构，明确董事会、管理层、专门部门、各业务部门等在声誉风险管理工作中的职责分工。

1. 董事会

董事会应承担声誉风险管理的最终责任，并履行以下职责：第一，确定声誉风险管理的总体目标和原则，审议批准声誉风险管理制度；第二，当公司出现重大声誉风险事件时，对公司管理层应承担的责任进行评估，并根据评估情况做出相应的问责处理；第三，董事会可以授权专门部门履行声誉风险管理和监督职责。

2. 管理层

管理层应对声誉风险管理承担直接责任，并履行以下职责：第一，根据董事会的声誉风险管理战略，建立健全声誉风险管理机制，确保声誉风险管理制度全面、有效的执行；第二，配备充足的与公司战略目标、业务特点、产品或投资组合规模相适应的声誉风险管理资源；第三，评估公司在重大经营管理决策或重大活动、重大外部事件中的声誉风险，并确定应对预案，同时推进公司声誉风险管理文化的建设。

3. 专门部门

私募证券投资基金管理人应建立或指定专门部门或团队开展声誉风险管理工作，并指定一名高级管理人员牵头负责。专门部门或团队应履行以下职责：第一，拟定公司声誉风险管理制度；第二，组织实施日常声誉风险舆情监测和评估，核查、研判声誉风险，提出舆情应对方案；第三，梳理、评估、报告、处置公司声誉事件；第四，监督、指导、协调其他部门落实公司声誉风险管理制度和机制，并对薄弱环节提出相应解决方案；第五，负责对外发布与公司声誉风险相关的日常信息，维护和管理媒体关系。此外，基金管理人应保障牵头负责声誉风险管理工作的高级管理人员有能够充分履职所必需的知情权及资源配置。

4. 各业务部门

各业务部门在其运营过程中应强化对自身行为的管控，建立声誉风险防控的第一道防线，配合声誉风险管理部门开展声誉风险管理工作，并履行以下职责：第一，充分落实公司声誉风险管理制度，主动识别、防范公司经营过程中的声誉风险；第二，参与声誉风险排查和评估工作，向专门部门或团队报告运营过程中发现的声誉风险情况，并对相关声誉事件提出处置方案建议，并积极配合、参与处置声誉事件；第三，相关负责人应推动其管理的工作人员提升声誉风险意识，督促、提醒工作人员认真履行声誉风险管理职责，发现问题及时要求相关人员进行整改。

（三）声誉风险管理的主要举措

1. 公司层面

私募证券投资基金管理人应根据分级分类结果科学地、灵活地处置声誉风险，包括但不限于以下措施：第一，核实引发声誉事件的主客观原因，分析判断公司的责任、影响范围，实时关注分析舆情，并根据声誉事件的具体情况，明确相应的职责、处置流程和报告路径；第二，检视其他业务、宣传策略等与声誉事件的关联性，防止声誉事件升级或出现次生风险，并在声誉事件发生时采取适当的方式适时对投资者等利益相关方和社会公众披露相关信息，澄清事实情况，回应社会关切；第三，对违反职业道德、违法违规经营等引发声誉事件的，根据情节轻重进行责任追究，并视情况进行公开，展现真诚、有担当的社会形象；此外，及时开展声誉恢复工作，加大正面宣传，介绍针对声誉事件的改进措施，降低声誉事件的负面影响；第四，对于已经识别的声誉风险，应尽可能评估由声誉风险所导致的流动性风险和信用风险等其他风险的影响，并视情况展开应对措施。

2. 员工层面

私募证券投资基金管理人应建立工作人员声誉管理机制，防范和管理因工作人员不当行为引发的声誉风险，包括但不限于以下措施：第一，制定工作人员声誉管理制度规范，明确工作人员需要遵循业务规范、廉洁从业规定、职业道德规范、个人行为规范及对外沟通原则；第二，加强对工作人员使用社交平台、自媒体等网络媒介行为的管理，要求工作人员不得泄露行业及公司工作秘密，不得制造和传播违反社会公序良俗或不实的信息，不得发布有损行业声誉和市场正常交易秩序的不当言论；第三，明确声誉管理的专门部门或团队的工作人员，其他部门应根据自身工作人员声誉管理的职责分工，配合牵头部门进行声誉风险监测、识别、记录、处理和报告；第四，将工作人员声誉情况纳入人力资源管理体系，在进行人员招聘和后续工作人员管理、考核、晋升等情形时，应对工作人员的历史声誉情况予以考察评估，并作为重要判断依据。

第四节　私募证券投资基金的合规风险管理

近年来，中国证监会的专项监管检查力度不断增强，其检查的重点就是合规性。《基金管理公司风险管理指引（试行）》对合规风险管理也相当重视。因此，本节对私募证券投资基金的合规风险管理做专门介绍。

一、合规风险管理的目标与原则

无论是私募证券投资基金的设立环节，还是投资过程中的投资管理与信息披露环节，一旦出现违规行为，就可能给该基金自身带来风险损失与声誉损害，甚至给私募基金管理人造成重大的负面影响。因此，从私募证券投资基金设立之初就应明确合规管理的目标与原则，将合规管理落实到各个具体环节，形成贯穿从基金成立到基金清算的覆盖整个基金生命周期的全方位合规管理体系。

合规管理的首要目标是建立私募证券投资基金管理人合规管理风险体系，实现对合规风险的有效识别与控制、最终确保基金合规有序运营。具体来说：基金管理人应当建立良好的内部治理结构，明确股东会、董事会、监事会和高级管理人员的职责与权限，确保基金管理人内部各部门的合规运作。公司组织结构应当体现职责明确、相互制约的原则，各部门有明确的授权分工，操作相互独立，不受其他部门的影响。公司应当建立科学决策、规范运营、高效管理的运行机制。包括民主、透明的决策程序和管理议事规则，高效、严谨的业务执行系统，以及健全有效的内部监督和反馈系统。此外，基金管理人可以适时开展合规自律的学习培训活动，提高全体工作人员对合规管理重要性的认识，有效实现合规管理的目标。

在合规管理过程中，要遵循独立性原则、客观性原则、公正性原则、专业性原则和协调性原则。独立性原则主要是指合规部门和督察长在基金管理人组织架构体系中应当有独立的地位，合规管理应当独立于其他各项业务经营活动。客观性原则是指合规人员应当依照相关法律法规对违规事实进行客观公正的评价，避免出现合规人员与业务人员合谋的违规行为。在合规人员对业务部门进行检查时应遵循公正性原则，按统一标准对违规风险进行评估与报告。专业性原则是指合规人员应当熟悉业务制度，了解基金管理人各种业务的运作流程，并准确理解和把握法律法规的规定和变动趋势。协调性原则要求合规人员应正确处理与公司其他部门及监管部门的关系，努力形成公司的合规合力，避免内部消耗。

二、合规风险管理的内容

合规风险在绝大多数情况下发生于私募投资基金管理人的制度决策层面和各级管理人员身上，往往伴随制度缺陷和治理结构缺失。基金管理人面临的合规风险主要包括投资合规性风险、销售合规性风险、信息披露合规性风险和反洗钱合规性风险四类。

投资业务是基金管理人的核心业务环节，投资合规性风险是指投资业务人员违反相关法律法规和公司内部规章带来的遭受处罚或损失的可能。投资合规性风险主要的管理措施包括：第一，建立有效的投资流程和投资授权制度；第二，通过在交易系统中设置风险参数，对投资的合规风险进行自动控制，对无法在交易系统自动控制的投资合规限制，应通过加强人工监控、多人复核等措施予以控制；第三，重点监控投资组合投资中是否存在内幕交易、利益输送和不公平对待不同投资者等行为；第四，对交易异常行为进行鉴定，并通过事后评估对基金经理、交易员和其他人员的交易行为进行监控，加强对异常交易的跟踪、监测和分析；第五，每日跟踪评估投资比例、投资范围等合规性指标的执行情况，确保投资组合投资的合规性指标符合法律法规和基金合同的规定；第六，关注估值政策和估值方法隐含的风险，定期评估第三方估值服务机构的估值质量，对以摊余成本法估值的资产，应特别关注影子价格及两者的偏差所带来的风险，进行情境压力测试并及时制定风险管理情境应对方案。

销售业务同样是基金管理人极为重要的业务环节，也是监管部门密切关注的环节。私募证券投资基金只能以非公开的形式面向合格投资者进行销售，在审查过程中强调“穿透审查”，因此要切实避免违法违规的销售行为影响投资者利益或出现恶意竞争。销售合规性风险管理的措施主要有：对宣传推介材料进行合规审核，不应出现如“百分百保证”“欲购从速”“机不可失”等不当用语；对销售协议的签订进行合规审核，签约前对销售机构进行审慎调查，严格选择合作的基金销售机构；制定适当的销售政策和监督措施，防范销售人员违法违规和违反职业操守；加强对销售行为的规范和监督，防止延时交易、商业贿赂、误导、欺诈和不公平对待投资者等违法违规行为的发生。

信息披露是投资者了解基金业绩和运作情况的主要渠道，为避免基金管理人披露的信息对投资者产生误导或对行业造成不良影响，需要对其合规性进行规范。信息披露合规性风险管理的措施主要包括：第一，建立信息披露风险责任制，将应披露的信息落实到各相关部门，并明确其对提供的信息的真实性、准确性、完整性和及时性负全部责任；第二，信息披露前应经过必要的合规性审查。

反洗钱是夯实社会治理的重要措施，正在成为维护国家金融安全和经济社会稳定的重要力量，有助于推进国家治理体系和治理能力现代化。为了更好地履行反洗钱义务，避免不法人员利用不同身份账户进行非法资金转移，基金管理人需要对反洗钱合规性风险进行管理，主要措施有：第一，建立风险导向的反洗钱防控体系，合理高效地配置资源；第二，制定严格有效的开户流程，规范对客户的身份认证和授权资格的认定，对有关客户身份证明材料予以保存；第三，从严管控客户核心资料的信息修改、非交易过户和异常账户资金划转；第四，严格遵守资金清算制度，对现金支付进行控制和监控；第五，建立符合行业特征的客户风险识别机制和可疑交易分析机制。

三、合规风险管理的具体措施

私募证券投资基金的合规风控具体措施主要包括登记备案及信息报送的合规性、募集行为的合规性、投资运作的合规性、内部管理及运营的合规性、适当性管理的有效性、信息披露的完整性六个方面的内容，其中募集行为的合规性已在第三章做了介绍，因此本节着重介绍余下五个方面的内容。

（一）登记备案及信息报送的合规性

为提高私募基金运行的透明性，充分保障基金投资者的知情权，更好地规范私募基金行业的发展，基金管理人在进行基金登记备案及信息报送过程中应根据《私募条例》《私募投资基金监督管理暂行办法》《私募投资基金登记备案办法》《私募投资基金信息披露管理办法》等法律法规和行业自律规则的要求执行相关操作，确保私募投资基金登记备案及信息报送过程的合规性。

（1）基金管理人登记：向中基协登记信息应真实、准确、完整，并按照《私募投资基金登记备案办法》及其配套指引的规定，开展登记和更新登记信息的工作。

（2）基金备案：私募基金管理人应在私募基金募集完毕后 20 个工作日进行备案，完成备案后方可进行投资运作，备案信息应真实、准确、完整、及时，并按照《私募投资基金募集行为管理办法》之规定更新备案信息。

（3）信息报送：发生重大事项的，应及时向中基协报告；每个会计年度结束后的 4 个月内，应向中基协报送经会计师事务所审计的年度财务报告和所管理私募基金年度投资运作基本情况。

（二）投资运作的合规性

为确保私募证券投资基金在投资运作过程中的合规性，基金的投资运作应在相关的法律法规框架要求内进行。比如，《关于加强私募投资基金监管的若干规定》第九条要求私募投资基金管理人及其从业人员从事私募基金业务，尤其是在投资运作期间不得有以下行为：

（1）未对不同私募基金单独管理、单独建账、单独核算，将其固有财产、他人财产混同于私募基金财产，将不同私募基金财产混同运作，或者不公平对待不同私募基金财产。

（2）使用私募基金管理人及其关联方名义、账户代私募基金收付基金财产。

（3）开展或者参与具有滚动发行、集合运作、期限错配、分离定价等特征的资金池业务。

（4）以套取私募基金财产为目的，使用私募基金财产直接或者间接投资于私募基金管理人、控股股东、实际控制人及其实际控制的企业或项目等自融行为。

（5）不公平对待同一私募基金的不同投资者，损害投资者合法权益。

（6）私募基金收益不与投资项目的资产、收益、风险等情况挂钩，包括不按照投资标的实际经营业绩或者收益情况向投资者分红、支付收益等。

（7）直接或者间接侵占、挪用私募基金财产。

（8）不按照合同约定进行投资运作或者向投资者进行信息披露。

（9）利用私募基金财产或者职务之便，以向私募基金、私募基金投资标的及其关联方收取咨询费、手续费、财务顾问费等名义，为自身或者投资者以外的人牟取非法利益、进行利益输送。

（10）泄露因职务便利获取的未公开信息、利用该信息从事或者明示、暗示他人从事相关的交易活动。

（11）从事内幕交易、操纵证券期货市场及其他不正当交易活动。

（12）玩忽职守，不按照监管规定或者合同约定履行职责。

（13）法律、行政法规和中国证监会禁止的其他行为。

私募基金管理人的出资人和实际控制人，私募基金托管人、私募基金销售机构及其他私募基金服务机构及其出资人、实际控制人，不得有上述所列行为或者为上述行为提供便利。

（三）内部管理及运营的规范性

私募证券投资基金管理人在日常基金运营工作中，应建立成体系的内部管理制度和运营规范制度，并应当通过信息汇集系统全面掌握日常运营信息，以期达到及时防范化解风险的目的。具体的内部管理及运营规范性要求主要有以下七个方面：

（1）制度完备性及执行的有效性：应健全内部控制制度，包括但不限于制定防火墙制度与业务隔离制度、人力资源管理制度、授权制度、风险管理框架及制度、运营风险控制制度，以及私募基金宣传推介及募集相关规范制度、投资者适当性制度、合格投资者风险揭示制度、合格投资者内部审核流程及相关制度、募集机构遴选制度（如涉及委托募集）、信息披露制度、私募基金财产与私募基金管理人固有财产之间、不同私募基金财产之间、私募基金财产和其他财产之间的财产分离制度，私募基金托管人遴选制度（如涉及托管），保障私募基金财产安全的制度措施和纠纷解决机制（如未进行托管），机构内部交易记录制度，防范内幕交易、利益冲突的投资交易制度，公平交易制度，从业人员买卖证券申报制度，并得到有效执行。基金管理人应对内部控制制度的执行情况进行定期和不定期的检查、监督及评价，排查内部控制制度应存在缺陷及实施中存在的问题，并及时予以改进，确保内部控制制度的有效执行。

（2）内控体系完善：治理结构、组织结构、风险评估体系、业务流程控制、授权控制、投资业务控制等应健全有效。

（3）人员配备合理：应设置专门、独立的风控合规部门和负责合规风控的高级管理人员，合规风控负责人不得从事投资业务等。

（4）人员资格达标：基金管理人的高管人员及基金投资经理均应当取得基金从业资格。其中高管人员包括法定代表人、执行事务合伙人（委派代表）、总经理、副总经理、合规风控负责人等。同时，根据《基金从业人员管理规则》，私募证券投资基金管理人及从事与基金业务相关的基金销售、产品开发、研究分析、投资管理、交易、风险控制、合规管理、信息技术、财务管理等专业人员，以及相关业务部门的管理人员，均需要通过考试，持有从业资格证。

（5）资料保管妥当：应妥善保存私募投资基金投资决策、交易和投资者适当性管理等方面的记录及其他相关资料，保存期限自基金清算终止之日起不得少于 10 年。

（6）合同的完备性：应按照《私募投资基金合同指引》的有关要求完善公司章程、合伙协议和基金合同（区分公司型基金、合伙型基金、契约型基金），文件中应包含有关必备条款。

（7）专业化运营：私募基金管理人不得兼营与私募基金管理无关或存在利益冲突的其他业务，特别是不得兼营民间借贷、民间融资、配资业务、小额理财、小额借贷、众筹、保付代理、担保、房地产开发、交易平台等业务。

（四）适当性管理的有效性

私募证券投资基金在进行自身投资运作的过程中也应该关注投资者保护工作，落实《证券期货投资者适当性管理办法》《基金募集机构投资者适当性管理实施指引（试行）》涉及的适当性管理的有关规定。适当性管理的有效性主要体现在以下方面：

（1）制度机制：应制定适当性内部管理制度，明确投资者分类、产品或者服务分级，以及适当性匹配的具体依据、方法、流程等。同时应制定并严格落实与适当性内部管理有关的限制不匹配销售行为、客户回访检查、评估与销售隔离等风控制度，以及培训考核、执业规范、监督问责等制度机制。

（2）投资者分类：应按照《证券期货投资者适当性管理办法》《基金募集机构投资者适当性管理实施指引（试行）》的有关规定，进行投资者分类，包括了解投资者基本信息、对投资者进行细化分类等。应参考《基金募集机构投资者适当性管理实施指引（试行）》附件列示的模板，拟定“投资者基本信息表”“投资者风险测评问卷”“投资者类型及风险匹配告知书及投资者确认函”“风险不匹配警示函及投资者确认书”“投资者转化表（专业转普通及普通转专业）”等文件。同时，为更好地开展投资者分类和服务工作，应建立投资者评估数据库。

（3）产品服务分级：应按照《证券期货投资者适当性管理办法》《基金募集机构投资者适当性管理实施指引（试行）》有关规定，进行产品分级；参考《基金募集机构投资者适当性管理实施指引（试行）》附件列示的模板拟定产品服务风险等级划分标准。划分产品或者服务风险等级时，应了解相关信息并综合考虑有可能构成投资风险的因素。当存在特殊因素的产品或者服务时，应审慎评估其风险等级。

（4）适当性匹配：应按照《证券期货投资者适当性管理办法》《基金募集机构投资者适当性管理实施指引（试行）》的有关规定，进行适当性匹配。投资者主动要求购买风险等级高于其风险承受能力的产品服务、公司向普通投资者销售高风险产品服务时，应履行相应的程序和特别注意义务。

（5）动态评估：应根据投资者和产品或者服务的信息变化情况，主动调整投资者分类、产品或服务分级，以及适当性匹配意见，并告知投资者上述情况。

（6）告知警示：针对下列四种情形，应履行告知警示义务：第一，普通投资者申请成为专业投资者；第二，向普通投资者销售高风险产品或者提供相关服务；第三，根据投资者和产品或者服务的信息变化情况，主动调整投资者分类、产品或者服务分级，以及适当性匹配意见；第四，经营机构向普通投资者销售产品或者提供服务。通过营业网点向普通投资者进行告知、警示的，应全过程录音或者录像；通过互联网等非现场方式进行的，应完善配套留痕安排，由普通投资者通过符合法律、行政法规要求的电子方式进行确认。对投资者进行告知、警示的内容应真实、准确、完整，不存在虚假记载、误导性陈述或者重大遗漏，语言通俗易懂。

（7）风险揭示：向普通投资者销售产品或者提供服务前，应告知下列信息。

1）可能直接导致本金亏损的事项。

2）可能直接导致超过原始本金损失的事项。

3）因经营机构的业务或者财产状况变化，可能导致本金或者原始本金亏损的事项。

4）因经营机构的业务或者财产状况变化，影响客户判断的重要事由。

5）限制销售对象权利行使期限或者可解除合同期限等全部限制内容。

6）适当性匹配意见。

（8）禁止不适当销售行为：私募证券投资基金产品在销售过程中的禁止行为详见本教材第三章第一节中有关私募证券投资基金的募集流程的内容。

（9）适当性自查：应每半年开展一次适当性自查，形成自查报告。发现违反规定的问题，应及时处理并主动报告住所地中国证监会派出机构。

（10）材料保存义务：应按照相关规定妥善保存其履行适当性义务的相关信息资料，对匹配方案、告知警示资料、录音录像资料、自查报告等的保存期限不得少于 20 年。

（五）信息披露的完整性

在私募证券投资基金运作过程中，私募基金信息披露主体应该按照中基协的规定及基金合同的约定向投资者进行信息披露，并保证所披露信息的真实性、准确性和完整性。

【本章小结】

私募证券投资基金的风险管理是指为降低潜在风险对预期目标的不良影响而采取的一系列方法和行为过程的总称。私募证券投资基金管理人实施风险管理的最终目的是通过建立健全公司风险管理体系，确保经营管理合法合规，受托资产安全，财务报告和相关信息真实、准确、完整，不断提高经营效率，在有效保护投资者利益的前提下促进基金管理人自身实现发展战略。在实施风险管理的过程中，务必遵循全面性原则、独立性原则、权责匹配原则、一致性原则、适时有效性原则等基本原则。此外，风险管理主要包括风险识别、风险评估、风险应对、风险报告和监控以及风险管理体系评价五个主要环节，各个环节相互影响、相互关联，需要不同部门之间的协作和配合。

私募证券投资基金的风险可以概括为一般风险和其他风险，这些风险的具体类型又具有各自的特性，需要审慎甄别和对待。同时，为了更好地实现风险管理的目标，借助风险管理工具将其进行量化是必不可少的。对于已识别的风险，采取相应的管理举措可以在很大程度上降低该风险所带来的损失，这对私募证券投资基金管理人来说是极其有益的。

无论是私募证券投资基金的设立环节，还是投资过程中的投资管理与信息披露环节，只要出现违规行为，就可能给该基金自身带来风险损失与声誉损害，甚至给私募基金管理人造成重大的负面影响。因此，从私募证券投资基金设立之初就应明确合规管理的目标与原则，将合规管理落实到各个具体环节，形成贯穿从基金成立到基金清算的整个基金生命周期的全方位合规管理体系。

【复习思考题】

1. 简述私募证券投资基金管理人在风险管理过程中应遵循的原则。
2. 私募证券投资基金的风险管理流程有哪些环节？
3. VaR 在风险度量方面有什么优缺点？
4. 简述市场风险的主要管理措施。
5. 针对声誉风险的管理，私募证券投资基金管理人管理层应当履行哪些职责？
6. 简述私募证券投资基金运营过程中涉及的合规管理内容。

第八章　私募证券投资基金的监管自律体系

【学习要点】

- 了解我国私募证券投资基金监管自律体系的演进过程
- 熟悉我国私募证券投资基金的监管组织体系与职责
- 熟悉我国私募投资基金监管的原则及思路
- 掌握我国私募证券投资基金的监管自律体系
- 了解当前我国私募证券投资基金监管自律体系中存在的问题及未来发展趋势

第一节　我国私募证券投资基金监管自律体系的变迁

我国私募证券投资基金从20世纪90年代开始，在无法律规范、无监督管理的环境中产生萌芽，并于2004年开始通过借道阳光私募实现合法化。但直到2013年《证券投资基金法》修订后，私募投资基金才正式作为法律主体被纳入监管范畴。

随着私募投资基金市场的发展，私募投资基金的监管自律体系也经历了从无到有、从乱到治的逐步完善。作为私募投资基金的重要组成部分，目前私募证券投资基金的监管体系已覆盖了基金管理人登记备案、基金产品募集与备案、信息披露、基金合同指引等方面，并仍然在持续细化和完善。总的来说，我国私募证券投资基金的监管自律体系的发展历史可以分为早期探索阶段、快速发展阶段和规范发展阶段。

一、早期探索阶段（2013年前）

在2004年之前，私募证券投资基金处于早期萌芽阶段，在监管方面也处于无法律规范、无机构监管的灰色地带。2003年出台的《证券投资基金法》的监管对象虽然是公募基金，但也为私募证券投资基金预留了监管口径。2004年"深国投·赤子之心（中国）集合资金信托计划"的推出，开启了阳光私募证券基金先河。私募证券投资基金借道信托计划，在私募证券投资中也引入了银行托管、信息披露等机制，在监管法规空缺的大环境下，为私募证券投资基金的发展找到了一条合法的发展路径。在此期间，私募证券投资基金的整体监管较多地参照其他金融监管的有关规定。

中国证券投资基金业协会成立于2012年6月6日，是依据《证券投资基金法》《社会团体登记管理条例》，在民政部登记的社会团体法人，也是证券投资基金行业的自律性组织，接受中国证监会和民政部的业务指导和监督管理。根据《证券投资基金法》，基金管理人、基金托管人应当加入中基协，基金服务机构可以加入中基协。中基协最高权力机构为全体会员组成的会员大会，负责制定和修改章程。中基协设立会员代表大会，行使选举和罢免理事、监事，审议理事会工作报告、监事会工作报告和财务报告，制定和修改会费标准等职权。会员代表大会闭会期间的执行机构为理事会。中基协的成立，为后续私募投资基金行业的监管和自律体系建设打下了重要而坚实的基础。

二、快速发展阶段（2013~2015年）

2013~2015年，私募投资基金监管自律体系建设进入了深化改革期，私募投资基金的法律身份得以确立，其监管主体也进一步明确。在此期间，私募投资基金的监管自律体系初步建立。

2013年6月修订发布的《证券投资基金法》，将非公开募集基金纳入了法律调整范围，这对私募投资基金行业是个里程碑的事件。私募投资基金行业有了正式的法律身份，拓展了行业发展空间。

2013年6月30日，中央机构编制委员会办公室下发了《关于私募股权基金管理职责分工的通知》，明确将私募投资基金划归中国证监会管理，由中国证监会实行适度监管，保护投资者权益。自此，私募基金行业统一归属中国证监会监管，随后中国证监会也成立了私募基金监管部，专门负责私募投资基金的监管工作。

2014 年 1 月 17 日，中基协发布了《私募投资基金管理人登记和基金备案办法（试行）》。根据该文件，中基协对私募投资基金行业进行自律管理，负责私募基金管理人登记及私募基金产品备案。在这一时期，私募投资基金行业登记备案性质定位还较为模糊，缺乏明确规则，属于登记备案的探索期。

2014 年 5 月 8 日，国务院在其发布的《国务院关于进一步促进资本市场健康发展的若干意见》中为私募市场的发展方向定调，明确了要进一步建立健全私募发行制度和规范募集行为，提出对私募发行不设行政审批、按照功能监管、适度监管的原则进行监管。

2014 年 8 月 21 日，中国证监会发布了《私募投资基金监督管理暂行办法》，从整体上规范了私募投资基金活动，保护投资者及相关当事人的合法权益，促进私募投资基金行业健康发展。

2014 年 12 月开始，私募投资基金行业登记备案工作进入了新的阶段——全口径登记备案期。在此期间，中基协响应商事制度改革和“双创”要求，对私募基金管理人的登记备案不设门槛。这也导致当时大量背景各异、主业模糊或无明确展业目标的机构纷纷申请登记，登记数量呈爆发式增长，但机构质量参差不齐，行业风险积聚。

三、规范发展阶段（2016 年至今）

2016 年至今，中国证监会与中基协持续细化私募证券投资基金监管自律体系，这对私募证券投资基金行业的发展意义巨大。在该体系的指导下，私募证券投资基金行业逐渐回归本源，开始规范发展。

2016 年 2 月 5 日，中基协发布了《关于进一步规范私募基金管理人登记若干事项的公告》，旨在进一步规范私募基金管理人登记、督促私募基金管理人依法及时展业、加强私募基金信息报送、强化相关高管人员的资质条件。此后，私募基金行业登记备案工作开启了第三个阶段——底线审核和信用约束期。中基协从登记备案的源头开始，全面规范私募基金行业的展业秩序和信用环境。公告实施以来，截至 2019 年 12 月 22 日，通过加强私募基金管理人登记备案、注销清理无效“空壳”私募等方式，累计超过 1 万家机构被注销登记。①

① 资料来源：《关于私募基金管理人注销相关事宜的公告》。

2016 年 7 月 15 日，中国证监会发布了《证券期货经营机构私募资产管理业务运作管理暂行规定》。在正本清源的前提下，重点加强对违规宣传推介、结构化产品、违法活动、“资金池”业务等的规范。对此，私募证券投资基金管理人亦需参照执行。

2016 年 12 月 12 日，中国证监会发布了《证券期货投资者适当性管理办法》，将投资者分为专业投资者和普通投资者，私募投资基金行业也在其调整范围之内。

2017 年 3 月 1 日，中基协发布了《私募投资基金服务业务管理办法（试行)》，该办法规范了基金募集、投资顾问、份额登记、估值核算、信息技术系统等服务业务。

2017 年 3 月 31 日，中基协发布了《私募基金登记备案相关问题解答（十三)》，进一步提高了对私募基金管理人“专业化管理”的要求，规定同一私募基金管理人不可兼营多种类型的私募基金管理业务，明确私募基金管理人在申请登记时仅选择一类机构及业务类型进行登记，且只可备案与本机构已登记业务类型相符的私募基金，不允许此前所谓的“全牌照”“多牌照”私募基金管理人的存在。对此前已登记多类业务类型、兼营多类私募基金管理业务的私募基金管理人，该文件要求整改，应当从已登记的多类业务类型中仅选择一类业务类型作为展业范围，确认自身机构类型，以落实相关要求。

2017 年 4 月 5 日，中基协发布了《关于“资产管理业务综合管理平台”第二阶段上线运行与私募基金信息报送相关事项的通知》。资产管理业务综合管理平台第二阶段上线运行，此后各私募基金管理人均应当通过“资产管理业务综合报送平台”提交管理人登记申请、备案私募基金，按要求持续更新管理人信息与私募基金运行信息，原登记备案系统停止使用。同时，全面启用私募基金从业人员注册管理功能。

2017 年 6 月 28 日，中基协发布了《基金募集机构投资者适当性管理实施指引（试行)》，指引规范了基金募集机构销售行为，以使投资者适当性管理得到有效落实。该文件明确将投资者适当性匹配作为募集程序的必备环节，并规定了投资者分类、产品风险分级，以及投资者与产品风险匹配等内容，核心要求是将适当的产品提供给适合的投资者。

2017 年 12 月，中基协发布了《私募基金管理人登记须知》，并持续进行更新，对私募基金管理人登记及重大事项变更发布补充和更新规定。

2018 年 4 月 27 日，《关于规范金融机构资产管理业务的指导意见》（以下简称“资管新规”）正式颁布。这一由中国人民银行、中国银行保险监督管理委员会、中国证监会、国家外汇管理局联合发布的指导文件对金融机构的表外资产管理业务设定了一系列的统一监管标准，对资管业务中存在的刚性兑付、多层嵌套、过度投机套利、发展不规范等问题表达了坚决的整改意志。对私募基金而言，资管新规意义重大。首先，私募基金被纳入资管“大家庭”，获得了与其他持牌金融机构同台竞技的机会。同时意味着私募基金行业的合规发展，成为了不可回避的重要命题。其次，资管新规限制多层嵌套行为，推动私募基金回归主动管理本源。同时，资管新规提高了私募产品合格投资者的认定标准，明确了合格投资者是指具备相应风险识别能力和风险承担能力，投资于单只资产管理产品不低于一定金额且符合三类情形①的自然人和法人，意味着未来各类非公募资管产品都要遵守统一的投资者资质底线和认购规模底线，有助于进一步规范私募投资基金募集行为。

2021 年 1 月 8 日，中国证监会发布了《关于加强私募投资基金监管的若干规定》，全文共十四条，包括六大方面内容：一是规范私募基金管理人名称、经营范围，并实行新老划断。二是优化对集团化私募基金管理人监管，实现扶优限劣。三是重申私募基金应当向合格投资者非公开募集。四是明确私募基金财产投资要求。五是强化私募基金管理人及从业人员等主体规范要求，规范开展关联交易。六是明确法律责任和过渡期安排。该规定是贯彻落实有关防范化解私募投资基金行业风险要求的重要举措之一，将进一步引导私募投资基金行业树立底线意识、合规意识，对优化私募投资基金行业生态也具有积极意义。

2022 年 5 月 10 日，中基协发布了《基金从业人员管理规则》《关于实施〈基金从业人员管理规则〉有关事项的规定》，并于同日实施。《基金从业人员管理规则》包括总则、从业资格取得、基金行业机构的管理责任、执业行为规范、自律管理和附则六章，共计四十二条，将此前散落在各文件关于基金从业资格获取方式、考试科目要求、远程培训要求等内容进行了统一梳理和明确。

2022 年 6 月 2 日，中基协发布了《关于私募基金管理人登记备案工作相关事宜的通知》。为引导行业规范发展，便利私募基金管理人及申请机构办理登记备案业务，协会更新了《私募基金管理人登记申请材料清单》，并发布了《私募投资基金备案关注要点》。与老版清单相比，新版清单整合了多份承诺函，明确了不同高管人员应具备的工作经历，细化了投资能力材料要求，强化了诚信信息填报。关于私募基金备案要点，协会在发布两期《私募基金备案案例公示》的基础上，对照现行法律法规、自律规则与私募基金运作相关要求，结合近年来行业重大违法违规事件暴露出来的突出问题，提炼募集、投资、管理等各环节产品核心要素，明确并细化了私募基金备案关注内容。

---

① 家庭金融资产不低于 500 万元，或者近 3 年本人年均收入不低于 40 万元，且具有 2 年以上投资经历；最近 1 年末净资产不低于 1000 万元的法人单位，或金融监督管理部门视为合格投资者的其他情形。

2022 年 6 月 24 日，中基协发布了《私募基金管理人登记和私募投资基金备案业务办事指南》，内容涵盖私募基金管理人登记、私募基金管理人重大事项变更、私募基金管理人申请主动注销登记、私募基金备案、私募基金重大变更、私募基金清算、私募基金反向挂钩政策申请等，并就前述登记、备案事项分别制作了附件。以私募基金管理人登记为例，私募基金管理人登记业务指南附件包括《管理人登记法律意见书指引》《登记备案承诺函模板》《管理人登记材料清单》《资产管理业务综合报送平台管理人登记业务操作指南》四份材料，涵盖了私募基金管理人初始登记所需依据的核心规范和文件。因此，该办事指南为广大私募基金管理人和私募基金的登记、备案工作提供了明确的自律指引。

2023 年 2 月 24 日，中基协正式发布了修订后的《私募投资基金登记备案办法》及配套指引。从起草说明来看，该办法的价值和意义在于：一是总结实践经验，整合自律规则，明确登记备案标准。对现行碎片化的规则进行系统的整合、重构，并就管理人基本经营要求、出资人要求和高管人员要求等实践中问题比较集中、亟待明确的重要事项，分别起草指引，进一步细化业务标准，初步形成“办法+指引+案例”的规则体系，推动私募基金自律规则的规范化、科学化、体系化。二是落实扶优限劣，坚持抓规范与促发展相结合。一方面在遵循私募基金法律法规制度框架的前提下，围绕行业突出问题，本着治标与治本相结合、风险防范与规范发展相结合的原则，围绕出资人的诚信水平、机构治理的健全性、股权架构的稳定性、人员配备的专业性、履职能力的持续性和过往行为记录的合规性，适度提高登记备案规范要求，严把行业入口关；另一方面充分落实扶优限劣、分类管理，体现对创投基金的差异化安排，为合规守法的“真私募”服务实体经济、支持科技创新和推动经济转型升级创造良好环境。三是探索全流程自律管理。强调持续合规和事中事后管理，进一步丰富、完善自律管理手段，并针对各类违规行为设置了一系列由轻到重体系化的自律管理措施，提升自律管理水平，加速不良机构和行业风险的出清，引导私募投资基金行业高质量发展。健全注销制度，持续出清小、散、乱、差的尾部机构；限制一定规模以下的管理人买卖“壳”，压降私募“壳资源”价值；坚持问题导向，针对私募投资基金行业近年来较为突出的“黑中介”问题，有的放矢、精准施策，加强规范力度和打击力度。

从内容上来看，《私募投资基金登记备案办法》健全了私募投资基金登记备案的制度机制，强调强化穿透式核查，加强信息披露和报送等事中事后自律管理。该办法还通过实施差异化自律管理、落实扶优限劣理念、完善自律手段、加强对“伪、劣、乱”私募的从严治理等方式，有效遏制行业乱象，净化行业生态，有效促进行业高质量发展。因此，该办法的出台有利于规范私募基金活动，营造更好的发展环境，推动私募基金更好地发挥服务实体经济、促进科技创新、调整经济结构、增加国民财富、增强市场韧性和行业活力等作用。

2023 年 7 月 9 日，国务院公布《私募投资基金监督管理条例》（以下简称《监管条例》），自 2023 年 9 月 1 日起施行。期盼多年的《监管条例》终于落地，意味着私募投资基金行业做到了有法可依。《监管条例》是行政法规，其法律位阶相当之高，仅次于法律，这决定了《监管条例》将对私募基金监管体系和行业发展格局产生重大且深远的影响。

《监管条例》坚持强化风险源头管控，划定监管底线，全流程促进私募基金规范运作。一是突出对关键主体的监管要求。加强私募基金管理人监管，明确法定职责和禁止性行为，强化高管人员的专业性要求，按照规定接受合规和专业能力培训；明确私募基金管理人需向基金业协会申请登记，并确保其满足持续运营要求，具备从事私募基金管理的相应能力。私募基金托管人依法履行职责。二是全面规范资金募集和备案要求。坚守“非公开”“合格投资者”的募集业务活动底线，落实穿透监管，加强投资者适当性管理。明确私募基金募集完毕后向基金业协会备案。三是规范投资业务活动。明确私募基金财产投资范围和负面清单，同时为私募基金产品有序创新预留了空间。对专业化管理、关联交易管理作了制度安排，维护投资者合法权益。建立健全私募基金监测机制，加强全流程监管。四是明确市场化退出机制。为构建“进出有序”的行业生态，对于私募基金管理人出现相关情形的，规定基金业协会应当及时注销登记并予以公示；私募基金无法正常运作、终止的，由专业机构行使更换私募基金管理人、修改或者提前终止基金合同、组织基金清算等职权。五是丰富事中事后监管手段，加大违法违规行为惩处力度。为保障监管机构能够有效履职，《监管条例》明确证监会可以采取现场检查、调查取证、账户查询、查阅复制封存涉案资料等措施；发现私募基金管理人违法违规的，可区分情况依法采取责令暂停业务、更换人员、强制审计以及接管等措施。同时，对标《证券投资基金法》，对规避登记备案义务、挪用侵占基金财产、内幕交易等严重违法违规行为，加大惩处打击力度。

《监管条例》的发布既是健全私募基金监管基础性法规制度的标志，也是促进行业高质量发展进入新阶段的标志，对行业具有里程碑意义。为贯彻落实好《监管条例》，中国证监会表示将重点开展以下工作：一是完善部门规章、规范性文件和自律规则。根据《监管条例》修订《私募投资基金监督管理暂行办法》，进一步细化相关要求，逐步完善私募基金资金募集、投资运作、信息披露等相关制度，根据私募基金管理人业务类型、管理资产规模、持续合规情况、风险控制情况和服务投资者能力等实施差异化监管，完善规则体系。同时指导中基协按照《条例》和证监会行政监管规则，配套完善登记备案、合同指引、信息报送等自律规则。二是全面宣传解读贯彻《监管条例》，开展对私募基金管理人、私募基金托管人、私募基金服务机构以及从业人员等各方的培训工作，引导各方准确充分学习理解《监管条例》内容，准确把握要点，提高规范运作水平。三是进一步推进优化私募基金行业发展环境，畅通“募”“投”“管”“退”各环节，推动私募基金行业高质量发展迈上新台阶。

2023 年 12 月 8 日，证监会发布了《私募投资基金监督管理办法（征求意见稿）》，拟对 2014 年 8 月发布的《私募投资基金监督管理暂行办法》进行全面修订。共十章 82 条，在私募基金管理人主体要求方面，重申管理人名称要求，新增、强调管理人应持续符合的要求和职责，新增业务范围划分、设立分支机构和子公司的原则和例外、管理人股东/合伙人/实控人/从业人员的禁止性行为等，明确集团化管理人差异化管理要求等；在管理人资金募集方面，明确禁止关联方代销、管理人反向尽职调查的要求、向自然人募集资金的要求和补充强调募资禁止行为等；在管理人投资运作方面，新增管理人以自有基金投资要求等；在管理人信息披露方面，明确需向投资者披露基金底层资产情况和履行年度财务报告报送义务等。在私募基金方面，新增母基金类型并明确划分私募基金类型，明确私募基金出资形式和实缴规模要求，新增单一投资者基金规定，补充明确单项目基金的相关要求等。在投资者方面，强调投资者义务，修改一般合格投资者标准，调整单个投资者投资各类基金的门槛，变更当然合格投资者范围等。

2024 年 4 月 30 日，中基协正式发布《私募证券投资基金运作指引》。该指引共计 42 条，自 2024 年 8 月 1 日起实施。通篇来看，指引覆盖私募证券投资基金的募集、投资、运作管理等各个环节，突出问题导向、风险导向，科学设置差异化规范要求。其目的是明确底线要求，针对重点问题予以规范，完善私募证券投资基金运作规则体系，该指引的发布对于加强私募基金自律管理、保护投资者利益、促进行业长远发展有重要意义。

第二节　我国私募投资基金的监管原则

一、监管组织体系与职责

自 2012 年中基协成立以来，我国私募投资基金监管组织体系发生了巨大的变化。经过近几年的不断完善，目前形成了如图 8-1 所示的以中国证监会、地方证监局、中基协、其他相关管理机构作为主体的“监管+自律”组织体系。

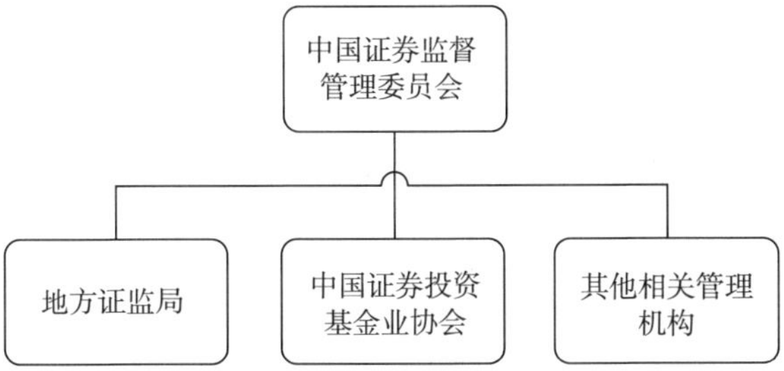

图 8-1 “监督+自律”组织体系

(一)中国证监会监管职责

中国证监会负责对私募基金实施统一集中的行政监管。为更好地履行监管职责，中国证监会于 2014 年 4 月成立了私募基金监管部，专门负责私募基金监管。中国证监会主要承担以下职责：拟订监管私募基金的规则、实施细则，拟订私募基金合格投资者标准、信息披露规则等，负责私募基金的信息统计和风险监测工作，组织对私募基金开展监督检查，牵头负责私募基金风险处置工作，指导中基协开展登记备案工作，负责私募基金的投资者教育保护、国际交往合作等工作。

(二)地方证监局职责

各地方证监局依照中国证监会的授权履行职责，负责对经营所在地在其辖区内的私募证券投资基金管理人进行日常监管，包括对公司治理及其内部控制、私募基金运作等进行日常监管。目前对私募基金的各项现场检查，通常都由地方证监局具体实施。

(三)中国证券投资基金业协会职责

根据《中华人民共和国基金法》及中国证监会授权，中基协的主要职责包括：

(1)教育和组织会员遵守有关法律法规，维护投资者合法权益。

(2)依法维护会员的合法权益，反映会员的建议和要求。

(3)制定实施行业自律规则，监督、检查会员及其从业人员的执业行为，对违反自律规则和协会章程的给予纪律处分。

（4）制定执业标准和业务规范，组织从业考试、资质管理和业务培训。

（5）提供会员服务，组织行业交流，推动行业创新，开展行业宣传和投资者教育。

（6）对会员之间、会员与客户之间发生业务纠纷进行调解。

（7）依法办理私募基金的登记、备案。

（8）中基协章程规定的其他职责。

此外，中基协制定发布了《纪律处分实施办法（试行）》《投诉处理办法（试行）》《纠纷调解规则（试行）》《自律检查规则（试行）》，配套建立了投诉、受理、检查、调解、答复工作机制。同时，成立自律监察专业委员，引入市场机构、监管部门、高校等专家资源，随机组成审理小组，优化纪律处分工作机制。

（四）其他机构职责

上海证券交易所、深圳证券交易所等证券交易所，以及中国证券登记结算有限公司、中央国债登记结算有限责任公司等证券登记结算机构，对私募证券投资基金的运作同样十分重要，从不同的业务角度对私募证券投资基金实施自律管理。如证券交易所设有交易监控系统，对私募证券投资基金在证券市场的投资运作行为的合法合规性进行日常监控，重点监控涉嫌违法违规的交易行为。交易所在监控中发现私募基金交易行为异常，涉嫌违法违规的，可视情况采取电话提示、警告、约谈、公开谴责等措施，并向中国证监会报告。

二、监管原则及思路

当前，中国证监会对私募投资基金行业监管遵循“统一监管、功能监管、适度监管、分类监管”的基本原则，按照扶优限劣、差异化监管的思路开展监管工作。

（一）监管原则：统一监管、功能监管、适度监管、分类监管

1. 统一监管

统一监管就是落实《证券投资基金法》和中央机构编制委员会办公室关于私募基金监管职责分工要求，将私募证券基金、私募股权基金、创业投资基金和其他私募基金等各类私募基金纳入统一监管。

2. 功能监管

功能监管就是针对不同机构条线下的私募基金业务，鉴于其具有的相同的功能属性，进而实行的统一的功能监管。这主要包括了各类私募基金执行统一的合格投资者标准，均应当遵守非公开募集、投资运作、信息披露等规范性要求，防范监管套利。

3. 适度监管

适度监管就是私募基金不设行政审批，而是实行事中事后监管，充分发挥投资者和市场对私募基金管理人的约束，以及私募基金管理人的自我约束作用。行业监管和自律监管主要从资金募集、投资运作、信息披露等环节入手，提出原则性底线监管要求。

4. 分类监管

实践中，鉴于私募基金管理人股东控制权复杂、资金来源多样、管理人内控薄弱、兼营一级和二级市场业务冲突大于互补的现实，中基协要求私募证券、私募股权和其他私募业务分类经营且不得兼营，并采取有差异的分类审核标准。这既是为了避免在管理人层面出现重大利益冲突和利益输送风险，也是为了维护私募基金的本质，推动行业专业化发展。目前的分类监管，就是在统一立法、统一登记备案的基础上，根据各类私募基金投资标的的不同，对私募证券基金、私募股权基金和创业投资基金等分别进行备案，并提出不同的监管要求。同时，根据各类私募基金的管理规模大小、投资者人数、合规风险程度、投诉举报数等维度，以问题和风险为导向，进行分类监测和检查。

近年来，监管部门还在持续探索分类分级监管，以加强诚信激励约束。中国证监会根据私募机构的合规守信情况和不同类型私募基金的特点，研究制定分类分级标准，在风险监测、现场检查、信息披露等方面提出了不同监管要求，并实施差异化监管安排。在此基础上，还应完善私募基金登记备案制度和分类公示制度，加强私募行业诚信建设，对合规水平和诚信水平较高的机构给予有力激励，对违规失信机构给予应有的诚信约束。

（二）监管思路：扶优限劣、差异化监管

在扶优限劣方面，中国证监会将创造条件鼓励优秀机构做大做强，同时清理违规机构、失联机构和空壳机构。

1. 扶优

鼓励的政策主要体现在六个方面：

（1）允许符合条件的私募机构申请公募基金管理人业务牌照。

（2）允许符合条件的私募机构在银行间债券市场开户。

（3）研究并尽快明确私募机构在新三板挂牌问题。

（4）推动引导保险资金等长期资金投资符合条件的创业投资基金。

（5）支持有条件的私募机构开展境外投资业务。

（6）通过分类公示推出行业最佳实践，宣传优秀私募机构。

2. 限劣

在“限劣”方面，中国证监会通过组织现场检查和配合地方政府等，查处行业违法违规行为，对失联机构进行公示，对违法违规机构撤销管理人登记，对长期没有展业的机构注销登记等，引导真正专业、规范的私募机构开展业务。

3. 差异化监管

在差异化监管方面，中基协对不同类别的私募基金从业人员资格考试范围、信息披露内容和频率、托管机构资质要求、合同指引版本等方面进行了差异化自律探索，但是相关的差异化制度安排还需要进一步改进和完善。

第三节　我国私募证券投资基金的监管自律法律框架

自 2014 年起，中国证监会和中基协陆续发布了以私募基金管理人及私募基金产品登记备案为核心的一系列监管和自律规范，涵盖了私募证券投资基金管理人和私募证券投资基金登记备案、从业人员、会员管理、内部控制、基金募集、基金服务、合同指引、投资运作、信息披露、投后退出等方面，基本建立起了一套完整的监管自律体系。该体系为整个私募证券投资基金行业向着正规化、专业化、良性化发展打下了坚实的基础。目前，私募证券投资基金监管与自律体系的整体框架主要包括“一法、一条例、三规章、四办法、十指引、多问答”。

一、一法

2013年6月1日，十一届全国人大常委会第三十次会议表决通过了修订后的《中华人民共和国证券投资基金法》，首次将私募基金纳入调整范围。同时，引入了中基协的概念并赋予其相关监管和对行业进行自律的职权。《证券投资基金法》对非公开募集基金的主要规定为：

（1）对非公开募集基金的资金募集规定。非公开募集基金应向合格投资者募集，不得向合格投资者之外的单位和个人募集资金，并且合格投资者累计不得超过200人。同时，还规定非公开募集基金在资金募集时，不得通过报刊、电台、电视台、互联网等公众传播媒体或者讲座、报告会、分析会等方式向不特定对象宣传推介。

（2）规定了非公开募集基金所募集的资金应交由基金托管人托管。

（3）对非公开募集基金的基金管理人规定。非公开募集基金的基金管理人应在中基协进行登记。

（4）规定了非公开募集基金的基金合同内容。非公开募集基金应当制定并签订基金合同，基金合同的内容包括：

1）基金份额持有人、基金管理人、基金托管人的权利及义务。

2）基金的运作方式。

3）基金的出资方式、数额和认缴期限。

4）基金的投资范围、投资策略和投资限制。

5）基金收益分配原则、执行方式。

6）基金承担的有关费用。

7）基金信息提供的内容、方式。

8）基金份额认购、赎回或者转让的程序和方式。

9）基金合同变更、解除和终止的事由、程序。

10）基金财产清算方式。

11）当事人约定的其他事项。

（5）规定了非公开募集基金的投资范围。非公开募集基金财产的证券投资范围包括买卖公开发行的股份有限公司股票、债券、基金份额，国务院证券监督管理机构规定的其他证券及其衍生品种。

二、一条例

近年来，虽部门监管规范与行业自律政策频频颁布，但私募基金行业一直缺少顶层设计，法律或行政法规层级的上位法缺位。出台的各项规定都属于部门规章、规范性文件，相互之间并不完全兼容，私募股权基金长期面临上位法缺失、法律地位不明确、缺乏统一规范、监管依据不充足等问题。私募行业一直期盼出台更高层级的法律或行政法规，以明确监管框架、统一监管口径、消除监管分歧，促进行业发展。本着统筹发展和安全、规范监管与尊重市场规律相结合的思路，《私募投资基金管理暂行条例（征求意见稿）》终于在 2017 年 8 月面世。其后历经六年修改完善，国务院在 2023 年 6 月 16 日审议通过了《私募投资基金监督管理条例（草案）》，并于 7 月初正式公布《私募条例》，自 2023 年 9 月 1 日起施行。《私募条例》属于行政法规，是目前专门针对私募基金行业的效力级别最高的法律规范。

制定专门行政法规，将私募投资基金业务活动纳入法治化、规范化轨道进行监管，旨在鼓励私募投资基金行业规范健康发展，更好地保护投资者合法权益，进一步发挥服务实体经济、促进科技创新等作用。这是私募基金领域的一个重要里程碑，意味着中国私募市场将迈向更专业、更规范、更透明的方向。《私募条例》共 7 章 62 条，重点规定以下内容：

一是明确适用范围。将契约型、公司型、合伙型等不同组织形式的私募投资基金均纳入适用范围，规定以非公开方式募集资金，设立投资基金或者以进行投资活动为目的依法设立公司、合伙企业，由私募基金管理人或者普通合伙人管理，为投资者的利益进行投资活动，适用本条例。

二是明确私募基金管理人和托管人的义务要求。明确不得成为私募基金管理人及其控股股东、实际控制人、董事、监事、高级管理人员等相关主体的情形，明确从业人员应当按照规定接受合规和专业能力培训。规定私募基金管理人应当依法向国务院证券监督管理机构委托的机构履行登记手续，明确注销登记的情形。列举私募基金管理人的股东、实际控制人、合伙人禁止实施的行为，明确私募基金管理人应当持续符合的要求。明确私募基金管理人、私募基金托管人的职责。

三是规范资金募集和投资运作。私募投资基金应当向合格投资者募集或者转让，单只私募投资基金的投资者累计不得超过法律规定的人数。私募基金管理人应当根据投资者风险识别能力和风险承担能力匹配不同风险等级的私募投资基金产品。加强私募投资基金募集完毕后的监管监测。明确私募投资基金财产投资的范围及不得经营的业务，规定私募投资基金的投资层级。规范私募基金管理人及其从业人员的行为。

四是对创业投资基金作出特别规定。国家对创业投资基金给予政策支持，鼓励和引导其投资成长性创业企业、创新性创业企业。加强监督管理政策和发展政策的协同配合，明确创业投资基金应当符合的条件，对创业投资基金实施区别于其他私募投资基金的差异化监督管理和自律管理。

五是强化监督管理和法律责任。规定私募投资基金业务活动的监督管理应当贯彻党和国家路线方针政策、决策部署。明确国务院证券监督管理机构的监管职责及监管措施等。规定国务院证券监督管理机构会同国务院有关部门和省级人民政府建立私募投资基金监督管理信息共享、统计数据报送、风险处置协作机制。此外，对违反本条例的法律责任作了明确规定。

根据《私募条例》的重点内容来看，其旨在强调发展与监管并重，在有效规范行为的同时，亦关注保持机构的市场活力，体现了诸多亮点：

一是长期以来私募股权基金监管的上位法依据不足，此次进行上位法调整并把私募股权基金统一纳入规范范围，有利于进一步完善健全私募基金的法律体系，维护金融生态稳定，促进私募基金行业规范创新发展。

二是在对私募股权投资基金进行底线监管的同时，充分考虑发挥其积极作用。《私募条例》中专章提出对创投基金实行差异化监管，这体现了党的二十大报告中加快促进创新发展等的战略要求，将有助于促进成长性创业企业、创新性创业企业的持续健康发展，激活国家的重大科技成果转化和高科技创新能力。

三是强化风险源头管控，对可能出现的私募风险加大打击力度。《私募条例》着力加强私募基金管理人监管，加大对管理人违法违规行为的处罚力度。这将有助于加强管理人执业的底线行为规范，优化私募基金行业的竞争环境，为投资者权益保护提供法律保障。

四是强化监管职责、丰富执法手段以提升监管效能。证监会可依照《私募条例》对私募基金进行严格管理，派出机构可依照授权履行职责，倒逼私募基金管理人等机构更加规范运营。

五是完善退出机制，构建“进出有序”的行业生态。《私募条例》不仅规定了管理人的注销登记等流程要求，针对近年来管理人无法正常履职或者出现重大风险，导致私募基金无法正常运作的情形，明确给予投资者退出救济的法律渠道。

综合来讲，《私募条例》的出台对规范私募基金行业具有重要的历史意义和法律意义，它尊重市场规则，既回应了中国私募基金行业发展的现实需要，也为私募基金行业下一步的稳健发展提供了更高位阶的法律支撑和依据，可以更好地保护投资者合法权益，防范金融风险，促进私募基金行业更加规范健康发展。

三、三规章

（一）《私募投资基金监督管理暂行办法》

2014 年 8 月 22 日，《私募投资基金监督管理暂行办法》正式公布，这意味着中国证监会开始对私募投资基金进行正式监管，私募投资基金的监管正式步入正轨。此办法主要内容为：

（1）规定了私募基金的投资标的及经营原则。

（2）要求各类私募基金管理人向中基协申请登记，并按照中基协的规定报送基本信息。

（3）确立了合格投资者制度。此办法规定私募基金应向合格投资者募集且明确了合格投资者的标准。

（4）规定了私募基金管理人、私募基金销售机构在募集资金时应负的责任和禁止的行为。

（5）要求私募证券基金在募集资金时，应当签订基金合同、公司章程或者合伙协议；在基金托管方面，没有强制要求私募基金进行托管安排。对没有托管的私募基金，为了保证资金的安全，应在基金合同中明确保障私募基金财产安全的制度措施和利益冲突机制；为了保护投资者的权益，《私募投资基金监督管理暂行办法》列举了私募基金管理人、托管人、销售机构和其他私募服务机构及其从业人员从事私募基金业务应禁止的行为；在信息披露方面，要求私募基金管理人、托管人按照合同的约定，如实披露基金投资、资产负债、投资收益分配、基金承担的费用和业绩报酬、可能存在的利益冲突情况，以及可能影响投资者合法权益的其他重大信息，不得隐瞒或者提供虚假信息，并规定信息披露规则由中基协另行制定；在信息报送方面，要求私募基金管理人根据中基协规定，及时填报和定期更新相关信息；

（6）规定了违反《私募投资基金监督管理暂行办法》的私募基金管理人、私募基金托管人、私募基金销售机构及其他私募服务机构及其从业人员所受的处罚。

值得引起注意的是，2023 年 12 月 8 日，证监会发布了《私募投资基金监督管理办法（征求意见稿）》，拟对《私募投资基金监督管理暂行办法》进行全面修订。《私募投资基金监督管理办法（征求意见稿）》共十章 82 条，在私募基金管理人主体要求方面，重申管理人名称要求，新增、强调管理人应持续符合的要求和职责，新增业务范围划分、设立分支机构和子公司的原则和例外、管理人股东/合伙人/实控人/从业人员的禁止行为等，明确集团化管理人差异化管理要求等；在管理人资金募集方面，明确禁止关联方代销、管理人反向尽职调查的要求、向自然人募集资金的要求和补充强调募资禁止行为等；在管理人投资运作方面，新增管理人以自有基金投资要求等；在管理人信息披露方面，明确需向投资者披露基金底层资产情况和履行年度财务报告报送义务等。在私募基金方面，新增母基金类型并明确划分私募基金类型，明确私募基金出资形式和实缴规模要求，新增单一投资者基金规定，补充明确单项目基金的相关要求等。在投资者方面，强调投资者义务，修改一般合格投资者标准，调整单个投资者投资各类基金的门槛，变更当然合格投资者范围等。

（二）《证券期货投资者适当性管理办法》

《证券期货投资者适当性管理办法》于2017年7月1日正式施行，并于2020年10月和2022年8月进行了两次修正是中国资本市场首部专门规范适当性管理的行政规章，是统领市场适当性管理制度的“母法”性质的文件，对我国资本市场健康发展和中小投资者权益保护带来了积极深远的影响。

此办法共计43条，对适当性管理问题主要规定了以下制度安排：一是根据多维度指标将投资者进行分类，统一了投资者分类标准和管理要求；二是根据风险特征和风险程度将销售的产品和提供的服务进行风险等级分类，明确了产品分级的底线要求和职责分工，建立了层层把关、严控风险的产品分级制度；三是规定了经营机构在产品销售、服务提供等方面要履行适当性义务，全面从严规范相关行为；四是突出了对普通投资者的特殊保护，向投资者提供与其风险承受能力相适应的产品，提供有针对性的产品及差别化服务；五是加强了监管职责和法律责任，对各项义务制定了相对应的违规处罚，确保适当性义务落到实处。

《证券期货投资者适当性管理办法》将投资者分为普通投资者和专业投资者，规定经营机构应当为产品或服务划分风险等级，并根据适当性匹配原则对投资者进行分类管理，强化保护普通投资者。

中基协根据《证券期货投资者适当性管理办法》的规定，于2017年6月28日发布了《基金募集机构投资者适当性管理实施指引（试行）》，主要增加了产品或服务的风险等级划分，要求募集机构按照普通投资者和专业投资者的分类方法对有关投资者进行分类。同时，中基协以附件的形式提供了投资者适当性管理参考模板，包括投资者信息表、投资者风险测评问卷、基金产品或者服务风险等级划分参考标准、投资者风险匹配告知书及投资者确认函、风险不匹配警示函及投资者确认书、投资者转化表六类。基金募集机构应当在募集资金时使用有关参考模板，在销售产品或者提供服务的过程中勤勉尽责，审慎履职，并基于投资者的不同风险承受能力，以及产品或者服务的不同风险等级等因素，提出明确的适当性匹配意见，将适当的产品或者服务销售或者提供给适合的投资者。

（三）《关于加强私募投资基金监管的若干规定》

《关于加强私募投资基金监管的若干规定》于2020年12月30日正式出台和实施，这是中国证监会在2014年发布《私募投资基金监督管理暂行办法》之后首次发布的专门关于私募基金的深度监管规则。

《关于加强私募投资基金监管的若干规定》共十四条，形成了私募基金管理人及从业人员等主体的“十不得”禁止性要求。该规定主要内容如下：一是规范私募基金管理人名称、经营范围，并实行新老划断。二是优化对集团化私募基金管理人监管，实现扶优限劣。三是重申私募基金应当向合格投资者非公开募集。四是明确私募基金财产投资要求。五是强化私募基金管理人及从业人员等主体规范要求，规范开展关联交易。六是明确法律责任和过渡期安排。

四、四办法

（一）《私募投资基金募集行为管理办法》

《私募投资基金募集行为管理办法》由中基协研究制定并经中基协理事会表决通过，于2016年7月15日起实施。对私募基金募集环节的募集主体、募集程序、账户监督、信息披露、合格投资者确认、风险揭示、冷静期、回访确认、募集机构和人员法律责任做了有关规定。对私募基金募集活动作出了更为严格和细致的监管，为合规募集提供了行为指南。

此办法的主要规定如下：一是规定了此办法的适用范围，包括私募基金管理人、在中国证监会取得基金销售业务资格的机构及以非公开方式向投资者募集资金的从业人员、基金业务外包服务机构等。二是规定了私募基金管理人、基金销售机构的责任及所承担的义务，还规定了私募基金管理人应与监督机构联名开立私募基金募集结算资金专用账户，统一归集私募基金募集结算资金；为了保障募集资金的安全，监督机构负责监督募集结算资金专用账户。三是明确了募集规范流程，要求履行冷静期制度和回访确认制度等。四是规定了私募基金推介材料的内容、信息披露和禁止的推介行为。五是要求私募基金遵守投资者适当性原则并规定了合格投资者的标准。

（二）《私募投资基金信息披露管理办法》

2016年2月4日，中基协发布了《私募投资基金信息披露管理办法》《私募投资基金信息披露内容与格式指引 1 号》，两者主要规定了信息披露的主体和内容、私募基金在募集期间和运作期间信息披露的内容、信息披露的事务管理和对违规信息义务人的处理。

信息披露是私募基金行业实现自律管理的关键环节，信息披露效果直接影响行业效率。私募基金信息披露行为的合理和规范，可以帮助信息披露义务人和投资者实现有效的互联互通，最大限度减少信息不对称，为投资者提供良好的法律保障，促进市场的长期稳定。《私募投资基金信息披露管理办法》规定投资者可以登录中基协指定的私募基金信息披露备份平台进行信息查询，这为保护投资者利益提供了基础。

此办法的主要内容包括：一是规定了信息披露的主体，包括私募基金管理人、私募基金托管人，以及法律、行政法规、中国证监会和中基协规定的具有信息披露义务的法人和其他组织。二是规定了私募基金向投资者进行信息披露时的披露内容、披露频率、披露方式、披露责任、披露渠道，以及信息披露人的禁止行为。三是规定了私募基金在募集期间和运作期间的信息披露的相关事项。

上述办法和指引反映了监管层对私募投资基金的重视，加强了对私募投资基金信息披露的自律监管，同时提高了私募证券投资基金的隐性运营门槛。在信息披露的时间和频度上，半年报需在当年 9 月底前完成，年度报告完成时间放宽到次年 6 月底前完成。在披露内容方面，此次指引文件作出了非常详细的要求。以年报为例，需要披露的内容有：一是基金产品情况，包含基金基本情况、基金产品说明、基金管理人和基金托管人、基金投资者情况、外包机构情况。二是基金运营情况，包含累计运营情况、持有项目说明表。三是主要财务指标、基金费用及利润分配情况，包含主要会计数据和财务指标、基金费用明细、过去三年基金的利润分配情况。四是基金投资者变动情况。五是管理人报告。六是托管人报告。七是审计报告。

（三）《私募投资基金登记备案办法》

为进一步优化登记备案和自律管理工作，引导私募基金行业高质量发展，2023 年 2 月 24 日，中基协正式发布了修订后的《私募投资基金登记备案办法》及配套指引。修订后的《私募投资基金登记备案办法》共六章 83 条，三个配套指引则有 51 条，共计 134 条规定。中基协表示，《私募投资基金登记备案办法》自 2023 年 5 月 1 日起施行。

修订后的《私募投资基金登记备案办法》的主要内容包括：一是适度完善登记规范标准，对私募基金管理人及其出资人、实际控制人、高管人员等关键主体作出了规范要求。二是明确基金业务规范，把握募、投、管、退等关键环节，强化行业合规运作。三是健全制度机制，强化穿透核查，加强信息披露和报送等事中事后自律管理。四是实施差异化自律管理，落实扶优限劣理念，增加行业获得感。五是完善自律手段，加强对“伪、劣、乱”私募的有效治理，遏制行业乱象，净化行业生态。随着该办法及配套指引的认真落实，私募基金管理人登记备案工作将获得持续优化，投资者的合法权益也将得到切实保护，这有利于加快推进私募投资基金行业的高质量发展。

（四）《私募投资基金服务业务管理办法（试行）》

基金业务外包是基金管理行业发展到一定阶段的必然产物，也是市场竞争与基金管理人专业化经营的现实需要，更是国际成熟市场的通行做法。外包机构为基金管理人提供销售、销售支付、份额登记、估值核算、信息技术系统等业务的服务，有利于基金管理人降低其运营成本，提高其核心竞争力。

为了促进私募基金业健康发展，规范私募基金服务业务，保护投资者及相关当事人合法权益，中基协于 2017 年 3 月 1 日发布了《私募投资基金服务业务管理办法（试行）》。《私募投资基金服务业务管理办法（试行）》合并了之前《基金业务外包服务指引（试行）》的主要条款，包括服务机构的法律地位、管理人在业务外包中的法定职责、募集结算资金的安全保障机制等，同时新增了各类服务业务的定义、业务边界、权责划分和退出机制等内容，并分专门章节对基金份额登记、基金估值核算和信息技术系统三类服务业务进行了重点规范。

《私募投资基金服务业务管理办法（试行）》的主要内容包括：一是规定私募基金的主要服务业务包括募集、投资顾问、份额登记、估值核算和信息技术等领域；明确私募基金服务机构必须在中基协完成登记，并成为中基协的会员；此外，还规定了私募基金管理人委托服务机构开展服务业务时，私募基金管理人和服务机构依法承担的权利与义务。二是此办法规定了服务机构向中基协登记时，服务机构应具备的条件、申请提交的材料和登记的流程。三是明确了服务机构对风险防范应建立的制度，包括利益冲突核查制度、防火墙制度和档案管理制度等。四是对从事私募基金份额登记服务业务、基金估值核算服务业务、信息技术系统服务业务的机构进行了规范。

五、十指引

（一）《基金募集机构投资者适当性管理实施指引（试行）》

中国证监会宣布《证券期货投资者适当性管理办法》正式实施后，中基协在该办法的基础上，配套发布了《基金募集机构投资者适当性管理实施指引（试行）》。《基金募集机构投资者适当性管理实施指引（试行）》分为总则、一般规定、投资者分类、基金产品或者服务风险等级划分、普通投资者与基金产品或者服务的风险匹配、附则六章，共计 55 条规定。公募基金、私募基金，以及在中国证监会取得基金销售业务资格并已经成为中基协会员的机构均适用该文件。

《基金募集机构投资者适当性管理实施指引（试行）》主要在以下方面作出了规定：一是建立健全投资者适当性管理制度。二是对投资者进行明确的分类。三是对产品进行风险等级划分。四是明确投资者与产品的匹配。

综合来讲，《基金募集机构投资者适当性管理实施指引（试行）》在作出具体且明确的要求时，简化了操作流程和步骤，减轻了机构和投资者的负担，在统一公募基金、私募基金适当性管理实施标准的大前提下，加强了对投资者的保护。

（二）《私募投资基金管理人内部控制指引》

为了使私募基金管理人加强内部控制，提高风险防范能力，推动私募基金行业健康发展，中基协于 2016 年 2 月 1 日发布了此指引，主要从私募基金管理人内部控制的目标与原则、内部环境、风险评估、控制活动、信息与沟通及内部监督等方面的制度建设着手，开展自律管理，形成私募基金管理人内部控制的自律监管框架。

《私募投资基金管理人内部控制指引》要求在私募投资基金的资金募集、投资研究、投资运作、运营保障和信息披露等各个环节中强化内部控制，该指引分为五章，共三十三条。和《私募投资基金管理人内部控制指引（征求意见稿）》相比，《私募投资基金管理人内部控制指引》新增了一条“私募基金管理人应当遵循专业化运营原则，主营业务清晰，不得兼营与私募基金管理无关或存在利益冲突的其他业务”，强调了私募基金公司的专业性，不能既从事基金管理业务又经营实业或者搞 P2P 等平台业务。随后，中基协又发布了《私募投资基金合同指引 1~3 号》，明确了私募基金规范性内容框架，厘清了私募基金当事人各方的权利与义务，强化了各类基金的内部治理，体现出不同组织形式的私募基金的差异化特点。减少了基金合同内容的随意性，通过合同文本规范化来控制借私募之名的违法违规活动。

《私募投资基金管理人内部控制指引》的主要内容包括：一是规定了私募基金管理人最高权力机构对建立健全内部控制制度承担最终责任。二是明确了私募基金管理人内部控制制度的总体目标和原则。三是明确了私募基金管理人建立有效的内部控制制度的要素，主要有内部环境、风险评估、控制活动、信息与沟通和内部监督。四是规定了私募基金管理人对私募基金有效安全经营应负的职责。

（三）《私募投资基金合同指引》

私募基金不断发展，但作为私募基金核心文件的基金合同一直缺少专业指引。特别是一些新成立的基金和中小基金，其基金合同的制订较为随意，容易产生争议和纠纷。同时，私募基金行业鱼龙混杂，部分机构借“私募”名义从事违法违规活动，而投资者无法从合同文本层面对其进行甄别。因此，为了能够更好地防范和控制风险，保护投资者的权益，有必要在基金合同方面为私募基金设置必要的指引。考虑到不同组织形式基金的特点，《私募投资基金合同指引》分为《私募投资基金合同指引 1 号——契约型私募投资基金合同内容与格式指引》《私募投资基金合同指引 2 号——公司章程必备条款指引》《私募投资基金合同指引 3 号——合伙协议必备条款指引》

《私募投资基金合同指引》的出台，一方面能够为私募证券投资基金、股权投资基金、创业投资基金等私募类产品提供统一的、标准的合同文本参照，另一方面能够为下一步大资管时代下私募类产品的统一监管奠定基础。

（四）《私募投资基金信息披露内容与格式指引 1 号》

信息披露不仅是私募基金行业实现自律管理的关键环节，更是投资者了解私募基金，进而作出投资决策的重要依据。由于大多数投资者并不直接参与私募基金的投资运作，在私募基金行业快速发展的同时，投资者与私募基金管理人之间的信息不对称问题也日益凸显，导致投资者面临较高的道德风险。为了切实保障投资者的知情权，规范私募基金信息披露行为，中基协发布了《私募投资基金信息披露内容与格式指引 1 号》。

该指引适用于私募证券投资基金。其主要内容和要求包括：

（1）该指引作为私募证券投资基金运作期间的信息披露内容和格式要求。信息披露义务人应当参照该指引对所管理的私募证券投资基金编制信息披露表。

（2）信息披露义务人应保证本报表披露的信息不存在任何虚假记载、误导性陈述或者重大遗漏，并对内容的真实性、准确性、完整性承担法律责任。

（3）信息披露报告包括月度报告、季度报告和年度报告。月度报告应当在每月结束之日起 5 个工作日内完成。季度报告应在每季度结束之日起 10 个工作日内完成。年度报告应在每个会计年度结束后的 4 个月内完成，每年 4 月 30 日前发布上一年度报告。

（4）私募基金信息披露报告应通过中基协指定的私募基金信息披露备份平台进行报送。

（五）《私募投资基金服务机构登记法律意见书指引》

中基协在发布《私募投资基金服务业务管理办法（试行）》时，同时发布了《私募投资基金服务机构登记法律意见书指引》，要求服务机构聘请律师事务所，依照《私募投资基金服务机构登记法律意见书指引》出具法律意见书。中基协将在服务机构登记公示信息中列明出具法律意见书的经办执业律师及律师事务所信息。

《私募投资基金服务机构登记法律意见书指引》，对法律意见书的出具提出了以下要求：其一，律师事务所应当勤勉尽责，在尽职调查的基础上对本指引规定的内容发表明确的法律意见，制作工作底稿并留存，独立、客观、公正，保证法律意见书不存在虚假记载、误导性陈述及重大遗漏。其二，法律意见书应当由两名执业律师签名，加盖律师事务所印章，并签署日期。其三，法律意见书的结论应当明晰，不得使用“基本符合条件”等含糊措辞。其四，经办执业律师及律师事务所应在充分尽职调查的基础上，就服务机构提交材料的真实性等五项核心内容逐项发表法律意见，并就对服务机构登记申请是否符合中基协的相关要求发表整体结论性意见，不存在上述事项的，也应明确说明。若引用或使用其他中介机构结论性意见的应当独立对其真实性进行核查。

（六）《私募基金管理人登记指引第 1 号——基本经营要求》

2023 年 2 月 24 日，中基协正式发布了修订后的《私募投资基金登记备案办法》，同时发布了第 1 号配套指引《私募基金管理人登记指引第 1 号——基本经营要求》（以下简称《指引第 1 号》）。对私募基金的基本经营中的私募基金管理人的主体资格问题、名称与经营范围、资本金与高管持股、经营场所、人员要求、内控制度及冲突业务七个方面做了要求。

在主体资格方面，《指引第 1 号》要求，提请私募基金管理人登记的主体，应自工商登记之日起 12 个月内提请办理私募基金管理人登记。在此之前，中基协对申请机构的注册时间并无明确限制，该条款的增设提高了对想要申请私募基金管理人的机构进行登记备案工作的效率要求。

在名称与经营范围方面，在私募基金管理人名称的使用上，新规增加列举了部分负面清单内容，如不得使用“金融”“理财”“财富管理”等字样，未经批准，不得使用“金融控股”“金融集团”“中证”等。

在资本金与高管持股方面，需要特别关注的是高管持股不低于私募基金管理人最低实缴资本的 20% 这一刚性要求。对非创投类私募基金管理人而言，高管合计需实缴出资的最低金额为 200 万元，且只能以货币形式出资。关于出资形式，

《中华人民共和国公司法》持开放态度，包括货币、实物、知识产权、土地使用权等多种形式，《中华人民共和国合伙企业法》第六十四条也仅限制有限合伙人不得以劳务形式进行出资。《指引第1号》的单一出资形式限制，可一定程度上限制高管挂靠等行为，有利于高管在实操中强化发挥主观能动性。

在经营场所方面，《指引第1号》要求私募基金管理人的经营场所不得存在与其股东、合伙人、实际控制人、关联方等混同办公的情形，不得使用共享空间，对租赁期限也提出了最低1年的限制。与原《登记须知》不同，有关注册地与经营地分离问题，不论是否跨行政区域，《指引第1号》均应当具有合理性并说明理由，这一变更有利于规范私募基金管理人的经营场地。

在人员要求方面，《指引第1号》就何为“专职员工”进行了详细的定义，并且专职员工的认定并不以在私募基金管理人处缴纳社保、签订劳动合同为条件。

在内控制度方面，与《材料清单》不同，新规未对证券类与股权类管理人的内控制度进行区分。原专属证券类的公平交易制度、从业人员买卖证券申报制度，是否需要成为私募股权基金管理人的制度尚待明确。保障资金安全、投资业务控制等为新增内控制度。

在冲突业务方面，冲突业务的范围在《私募投资基金登记备案办法》中进行了详细列举，与原有规范基本保持一致。《指引第1号》强调，私募基金管理人不得通过设立子公司、合伙企业或者担任投资顾问等形式，变相开展冲突业务。其审核标准体现了实质重于形式的转变。

（七）《私募基金管理人登记指引第2号——股东、合伙人、实际控制人》

2023年2月24日，中基协正式发布了修订后的《私募投资基金登记备案办法》及配套指引。第2号配套指引为《私募基金管理人登记指引第2号——股东、合伙人、实际控制人》（以下简称《指引第2号》）。

该指引适对私募基金的股东、合伙人与实际控制人的出资架构，实际控制人的从业经历，实际控制人的认定及关联方的认定四个方面做了要求和规定。

在股东、合伙人与实际控制人的出资架构与要求方面，根据《指引第2号》第二条之规定，私募基金管理人无合理理由不得通过特殊目的载体设立两层及以上的嵌套架构。与登记须知相同，新规仍要求私募基金管理人的实际控制人不得为资产管理产品。但放宽其作为一般出资人的限制，仅限定资产管理产品不得作为私募基金管理人主要出资人，以及非主要出资人的比例合计不得高于25%。省级以上政府及其授权机构出资设立的私募基金管理人另有规定的，从其规定。

在实际控制人的从业经历方面，股权类与证券类均从原三年的任职要求提高至五年。与材料清单相比，新规对实际控制人的从业经验，在半年左右做了大幅提高，大大增加了私募基金管理人登记的难度。

在实际控制人的认定方面，实际控制人的认定是《指引第 2 号》的重点内容，也是私募基金管理人登记业务的核心问题。根据《指引第 2 号》第十一条至第十八条之规定，归纳该指引对实际控制人的认定要点如下：

（1）表决权委托不再作为认定实际控制人的有效方式。

（2）对于合伙型私募基金管理人，执行事务合伙人不必然作为实际控制人，可结合合伙协议对合伙事务的表决办法、决策机制，选择认定实际支配私募基金管理人行为的合伙人为实际控制人。

（3）明确事业单位、社会团体为适格的实际控制人主体，解决了原实务中的难题。

（4）国资实际控制人的认定，依据“有效履行相关职责”的原则，可选择财政部、各地财政厅（局）或国务院国有资产监督管理委员会、各地方政府、各地国有资产监督管理委员会等作为实际控制人。原协会的窗口意见并不认可财政部门、地方政府等作为实际控制人，而是建议将省属国有控股二级或市属国有控股一级企业作为实际控制人。

（5）外资实际控制人的认定，对证券类管理人，应当追溯至与中国证监会签署合作备忘录的境外金融机构；对股权类管理人，应当追溯至金融机构、境外上市公司或者自然人三类。

（6）穿透核查后，存在两个及以上共同控制人的，不得无合理理由通过直接认定单一实际控制人的方式规避实际控制人的认定。

（7）不再允许认定无实际控制人。原《登记须知》认可在无实际控制人的情形下，应由其第一大股东承担实际控制人相应责任。根据《指引第 2 号》第十六条之规定，未来除应当由第一大股东穿透认定并承担实际控制人责任外，私募基金管理人还可由所有股东共同指定一名或者多名股东，按照《指引第 2 号》规定穿透认定并承担实际控制人责任。

在关联方的认定方面，考虑到冲突业务的核查范围，关联方的认定一直以来是中介机构关注的重点。此次指引文件对关联方的认定有以下两点变化：

第一，原《登记须知》所要求的申请机构持股 20%以上的其他企业，在该指引中调整为持股 30%或者担任普通合伙人的其他企业，但已在中基协备案的合伙型私募基金除外。

第二，在受同一控股股东、实际控制人控制的企业类型中，增加了上市公司、全国中小企业股份转让系统挂牌公司两类。同时，添加了“其他与私募基金管理人有特殊关系，可能影响私募基金管理人利益的法人或者其他组织”这一兜底表述。

（八）《私募基金管理人登记指引第3号——法定代表人、高级管理人员、执行事务合伙人或其委派代表》

2023年2月24日，中基协正式发布了修订后的《私募投资基金登记备案办法》及配套指引。第3号配套指引为《私募基金管理人登记指引第3号——法定代表人、高级管理人员、执行事务合伙人或其委派代表》（以下简称《指引第3号》）。

该指引对私募基金中的法定代表人、高级管理人员、执行事务合伙人及其委派代表的高管投资业绩，合规风控负责人的任职要求及挂靠行为的治理三个方面做了规定。

在高管的投资业绩要求方面，寻找符合投资业绩条件的投资高管，成为很多申请机构遇到的难题。《指引第3号》对投资高管的投资业绩又提高了标准。其中，对证券类投资高管要求提供最近5年内连续2年以上的投资业绩，单只产品管理规模不低于2000万元。与原《材料清单》比较，一是该指引对投资业绩做出了“最近5年内”“连续2年以上”的时间限定；二是原规范使用的是净资产规模，在《指引第3号》中调整为管理规模；三是在管规模指引的要求也较原《材料清单》增加了一倍。

在合规风控负责人的任职要求方面，根据第十条之规定，合规风控负责人具备“投资相关的法律、会计、监察、稽核”等工作经验，或者“资产管理行业合规、风控、监管和自律管理”等相关工作经验即可。

在挂靠行为的治理方面，高管投资业绩要求较为苛刻，因此私募基金行业中出现了不少高管挂靠现象。原《私募基金登记备案相关问题解答（十二）》并未就何为高管挂靠进行定义，《指引第3号》首次提出了量化指标。即私募基金管理人高级管理人员2年内在3家及以上单位任职的，或者2年内为2家及以上私募基金管理人提供相同业绩材料的，其任职经历将被认定为挂靠而不被认可。

（九）《私募投资基金备案指引第1号——私募证券投资基金》

鉴于现有规则较为零散、亟须整合，为进一步提高基金备案透明度，中基协按照“应公开尽公开”的原则，对现行基金备案自律规则及零散在关注要点、案例中的备案口径进行整合、优化，起草形成《私募投资基金备案指引第1号——私募证券投资基金》（以下简称《备案指引1号》），并修订相关材料清单，推动形成覆盖“募投管退”全流程、体系清晰协调的自律规则体系。2023

年9月28日，中基协正式发布《备案指引1号》及相关材料清单，这对私募证券投资基金的备案有重大指导意义。

《备案指引1号》主要是对现行规则整合细化，新增要求较少且基本为原则性规定，以便完善和优化现行备案规则，进一步提高基金备案透明度。

（1）加强私募证券基金的申赎管理：一是禁止基金备案后的短期赎回行为；二是规定开放式私募证券基金应设置固定开放日，明确申赎时间、频率、程序及限制事项，并明确规定未按照基金合同约定征得投资者同意，基金管理人不得擅自更改前述事项。

（2）完善私募证券基金的业绩报酬要求。一是重申单只私募证券基金只能采取一种业绩报酬计提方法，业绩报酬计提比例不得超过业绩报酬计提基准以上投资收益的60%；二是明确规定，除另有规定外，私募证券基金连续两次计提业绩报酬的间隔期不应短于6个月；三是规定了计提业绩报酬应以投资者正收益为前提的例外情形。

（3）完善对私募证券基金投资经理的要求。在对投资经理应取得基金从业资格并在基金业协会完成注册的基础上，要求投资经理应当具有股票、债券、衍生品、证券投资基金等证券投资领域的投资管理或者研究经验，并将投资经理发生变更作为临时开放日的触发条件，允许投资者赎回。

（4）强调更加严格的披露义务。对管理人施加了更多的信息披露义务，更为严格的信息披露要求虽然加重了管理人的义务，但确实使得基金的募资、管理及投资信息更为透明，也有利于投资人在充分知悉基金投资结构、投资标的、管理团队、投资风险等信息的情况下根据自身的风险承受能力和商业需求作出合理的投资决定。

《备案指引1号》是在《私募投资基金监督管理条例》的大背景下，结合过往私募投资基金备案实践中的若干实务问题，对《私募投资基金登记备案办法》中有关基金备案的相关规定给予补充细化，进一步完善了有关私募投资基金备案的自律监管体系。

（十）《私募证券投资基金运作指引》

2024年4月30日，中基协发布了《私募证券投资基金运作指引》，该文件是配合2023年2月发布的《私募投资基金登记备案办法》落地的实施细则，此次指引的正式发布将对私募证券投资基金的运作产生巨大的影响。该指引共计42条，对私募证券投资基金募集、投资、运作管理等环节提出了规范要求。其重要内容包括：

1. 以要求基金规模的方式对基金管理人进行“扶优限劣”

私募证券投资基金的初始实缴募集资金规模不得低于1000万元。

私募证券投资基金连续60个交易日出现基金资产净值低于500万元情形的，应当停止申购并在5个工作日内向投资者披露；停止申购后连续120个交易日基金资产净值仍低于500万元的，应当进入清算程序。

私募基金管理人存在多只资产净值低于1000万元的私募证券投资基金，中基协可以要求私募基金管理人说明情况。

中基协发现多只基金未实质开展投资业务且未合理说明的，可以根据有关规定暂停办理其私募基金备案。

2. 进一步规范业绩信息宣传活动

业绩信息可提供对象限制为：业绩信息只能向已履行特定对象确定程序的合格投资者、符合规定的基金评价机构、存在基金销售委托关系的机构或者个人。

提供质量限制为：必须提供私募证券投资基金全部全周期业绩信息。

需要排除的业绩信息：规模小于1000万元、成立期限少于6个月的私募证券投资基金业绩信息。

3. 进一步明确基金封闭期限与开放频次

封闭式私募证券投资基金的存续期限不得小于1年，并在基金合同中约定定期分红安排。

开放式私募证券投资基金至多每周开放一次申购/赎回，每次开放不得超过2天。投向AA级及以下信用债（可转债除外）、流动性受限资产合计超过基金净资产20%的，至多每季度开放一次申购、赎回，每次开放不得超过5天。开放式私募证券投资基金设置临时开放日的，应当符合中国证监会和中基协的相关规定。

开放式私募证券投资基金合同中应当约定不少于3个月的份额锁定期或者与基金份额持有期限对应的短期赎回费用安排，收取的赎回费用应当归属基金财产。

4. 严控非平等型的显性或隐性结构化

规定私募基金管理人及私募证券投资基金不得通过设置增强资金、安全垫、费用返还等方式调节基金收益或者亏损，不得以自有资金认购的基金份额先行承担亏损等形式提供风险补偿。

私募证券投资基金接受资产管理产品投资或者私募基金管理人担任资产管理产品投资顾问的，私募基金管理人不得以自有资金、第三方资金直接或者间接为该资产管理产品提供风险补偿或者保本保收益安排。

5. 投资同一资产的“双 25%”比例限制

单只私募证券投资基金投资于同一资产的资金，不得超过该基金净资产的 25%。

同一私募基金管理人管理的全部私募证券投资基金投资于同一资产的资金，不得超过该资产的 25%。

6. 系统化指标措施降杠杆控风险

私募证券投资基金的总资产不得超过该基金净资产的 200%，投向 AA 级及以下信用债（可转债除外）、流动性受限资产合计超过该基金净资产 20%的，总资产不得超过该基金净资产的 120%。

不得通过场外衍生品等工具规避杠杆限制，不得参与场外配资。（注：AB 互换已被禁止，此次主要对 DMA 降杠杆）。

向全部交易对手方缴纳的场外期权交易保证金和权利金合计不得超过基金净资产的 25%。

参与挂钩股票、股票指数等权益类收益互换的，向交易对手方缴纳的保证金比例不低于合约名义本金的 50%。

参与证券公司等机构发行带敲入和敲出结构的场外期权或者收益凭证（如雪球结构衍生品）的合约名义本金不得超过基金净资产的 25%。

私募证券投资基金开展场外衍生品交易，私募证券投资基金及其投资者均不存在份额分级安排。

不得将场外衍生品交易异化为股票、债券等场内标的的杠杆融资工具，不得为基金销售机构向自然人投资者销售特定结构的场外衍生品提供通道服务，不得为投资者提供规避场外衍生品交易要求的通道服务。

私募基金管理人及其管理的私募证券投资基金、股东、合伙人、实际控制人、员工不得参与债券结构化发行，不得参与债券代持，不得直接或者变相收取债券发行人及第三方支付的承销服务、融资顾问、咨询服务、信用风险补偿等各种形式的费用或者保证金。

7. 限制债券投资交易规模上限

单只私募证券投资基金投资于同一债券的资金，不得超过该基金净资产的10%。

私募基金管理人管理的所有私募证券投资基金投资于同一债券的数量，不得超过该债券存续数量的10%，因发行人行使赎回选择权或者进行债券购回，以及其他持有人行使回售选择权导致的被动超标除外。

单只私募证券投资基金投资于同一发行人及其关联方发行的债券资金总额，不得超过基金净资产的25%。同一实际控制人控制的私募基金管理人管理的所有私募证券投资基金投资于同一发行人及其关联方发行的债券的总数量，不得超过相关债券存续数量的25%。

8. 投资上市公司股票上限的限制

同一实际控制人控制的私募证券基金管理人的自有资金、管理的所有私募证券投资基金、担任投资顾问的资产管理产品合计持有单一上市公司发行的股票不得超过该上市公司可流通股票的30%。

9. 限制通道业务与反向交易

私募基金管理人应当履行受托管理职责，不得由投资者、第三方下达投资指令或者负责投资运作，不得为投资者、证券发行人、金融机构、其他私募基金管理人、资产管理产品以及其他私募基金等第三方提供规避投资范围、杠杆约束、投资者门槛等监管要求的通道服务。

私募基金管理人应当严格控制同日反向交易，严格禁止可能导致不公平交易或者利益输送的同日反向交易。确因投资策略或者流动性等需要发生同日反向交易的，私募基金管理人应当要求投资经理提供决策依据，并留存记录备查。

10. 风险及时报告与提取风险准备金

债券投资交易重点风控指标异常、程序交易突发性事件、托管人发现管理人违规违反合同约定行为、规模私募基金管理人季度压力测试应当及时报告。

符合一定资产管理规模以上等条件的私募证券基金管理人应当按要求提取风险准备金，主要用于弥补因私募基金管理人违法违规、违反合同约定、操作错误或者技术故障等给私募证券投资基金或者投资者造成的损失，具体要求由中基协另行规定。

六、多问答

中国证监会和中基协还通过发布通知公告、问题解答和答记者问等形式来规范私募证券投资基金的业务操作，如中基协发布的《私募基金登记备案相关问题解答》、中基协负责人就落实私募基金登记备案事项的相关问题答记者问等。因该部分内容发布、更新、废止较为频繁，本教材不再一一列举说明，感兴趣的读者可以去相关网站进行查阅了解。

第四节 我国私募证券投资基金监管自律的发展趋势

一、当前我国私募证券投资基金监管自律中存在的问题

尽管我国私募证券投资基金的监管自律体系建设工作取得了非常大的成绩，但是仍然存在一些需要完善的地方。

（一）监管工作存在一定的被动性和滞后性

私募基金行业在我国出现的时间不过一二十年左右，随着近些年的迅速发展，其在金融资产管理行业中的地位举足轻重，已经成为资本市场建设的重要推动力。有关部门面对基金行业的快速发展，在预见方面略显不足，基本上是在基金业务实践积累了一些比较突出的矛盾后，监管部门才就有关问题制定相应规则，造成了政策的被动性和滞后性，对防范金融风险较为不利。例如，前些年部分机构和人员以私募基金的名义搞非法集资犯罪活动，致使部分投资者上当受骗。尽管主要是因为投资者风险意识欠缺，但有关部门对私募证券投资基金的规范运作缺乏制度性约束也是重要原因之一。

（二）监管工作受金融监管体制和外部环境影响较大

2023 年 3 月，党的二十届二中全会审议通过了《党和国家机构改革方案》（以下简称《改革方案》）。值得关注的是，在金融监管方面，《改革方案》要求在中国银行保险监督管理委员会的基础上组建国家金融监督管理总局，统一负责除证券业之外的金融业监管，不再保留中国银行保险监督管理委员会。这标志着我国的金融监管的双峰部门监管体系的形成，即中国证券监督委员会和国家金融监督管理总局，这对两部门间的协同性提出了更高的要求。且当前我国正在深化金融体制改革，未来，金融监管体制和外部环境的变化将对私募证券投资基金的

监管自律体系建设产生重大影响。

（三）投资者了解水平亟待加强

我国私募证券投资基金行业正处于快速发展的阶段，但由于该行业的专业性和准入门槛较高，投资者金融素养一直是该行业的重要议题之一。目前，中国私募证券投资基金行业的投资者金融素养仍有较大提升空间，主要表现在以下四个方面：

（1）投资者对私募基金产品的理解不足。私募基金产品相比公募基金产品更加复杂，包括不同类型的基金、不同的投资策略和投资周期等，投资者需要更多的专业知识来了解这些产品。然而，许多投资者可能只是基于口碑或名气而进行投资，缺乏对产品的深入了解。

（2）私募基金产品缺乏透明度和信息披露。私募基金产品的信息披露相对较少，投资者往往难以获取完整的信息。此外，一些私募基金的运作方式也缺乏透明度，投资者可能难以准确地了解基金的投资策略和实际操作情况。

（3）投资者信息不对称。在中国私募证券投资基金行业中，投资者往往面临信息不对称的问题。一方面，基金公司及其销售人员对基金的运作和投资风险了解更多，而投资者往往缺乏相关信息；另一方面，基金公司及其销售人员为了推销基金，可能会夸大收益、掩盖风险，导致投资者在做出投资决策时缺乏全面的信息。

（4）投资者保护意识不强。由于中国私募证券投资基金行业尚处于相对不成熟的阶段，监管制度和法律制度尚未完善，导致投资者的权益得不到充分保障。同时，由于投资者缺乏相关知识和经验，往往容易被销售人员误导和欺骗，导致他们在投资过程中出现损失。

二、我国私募证券投资基金监管自律的发展目标

结合我国私募证券投资基金监管中存在的不足，相关部门正在抓紧采取措施进行完善。

（一）明确监管目标

所谓监管目标，是监管行为取得的最终效果或达到的最终目标，是实现有效监管的前提和监管部门采取监管行动的依据。对私募基金来说，实现监管目标便是遵循我国私募行业的实际情况，对私募基金的监管体系和模式进行不断改革和完善。通过借鉴国外私募行业监管体系的经验和教训，我国私募证券投资基金的

监管目标可以考虑以下几点：首先，保护投资者利益，维护投资者的合法权益，坚持以法治引领行业监管自律管理，做好投资者保护的各项工作，引导私募行业为广大投资者提供安全有效的财富管理服务。其次，确保市场有效、透明和公平公正。目前，欺诈发行、内幕交易、坐庄操纵市场的行为时有发生，对私募基金市场这种高风险金融市场而言，这些行为不仅会放大风险，而且会给市场造成效率低下等后果。因此，监管部门有必要保证市场的透明、公平公正，使投资者均能平等获取市场信息，并依靠自己的投资能力及经验做出决策，从而保证私募基金市场有效运行，进一步推动我国私募基金行业发展。最后，促进私募基金行业稳健发展，降低系统性风险。私募基金具有流动性提供、价值发现、资源配置及满足各类投资者的投资需求等功能，但是同时也不能忽视私募基金的高杠杆性所带来的风险。当私募基金出现危机时，极有可能将风险传导给商业银行、证券公司等机构，从而加大金融市场的系统性风险。就我国私募基金市场的现状而言，一方面需要大量的资金进行金融创新和金融衍生品价值的发现，另一方面私募基金市场的发展还不够成熟，抵抗系统性风险的能力较弱。因此，维护金融市场的稳定，降低系统性风险是监管机构必须明确的监管目标。

（二）协调监管原则

在监管政策的拟定、实施过程中，监管原则是贯穿始终的，因此规则监管和原则监管的有效融合是其中的关键所在，具体涉及下述三个原则：首先，监管同时具有公平和效率的原则。受私募基金产品机动和灵活的特性使然，在监管过程中效率是不可忽略的重要部分，以有效应对市场的多变性。与此同时，政府监管往往需要投入大量的成本，所以对监管的高效性也提出了相应的要求。制度的合理性与监管中效率和公平的有效融合，以及各体系环节与法律的无缝衔接均与监管目标有息息相关的内在联系，更对处于相对弱势地位的投资者产生极大影响。其次，行业自律监管搭配政府监管原则。实现对私募基金的监管取决于健全、完善的政府监管体系，然而不可否认，该体系不乏诸多局限性的存在，加之过度的政府监管无疑会对市场的高效运行造成一定的冲突，进而对投资者的积极性造成极大打击。因此，进一步推动行业自律机制建设步伐，使其与政府监管进行有效的配合是当前亟待解决的问题。最后，监管要执行适度监管原则。市场机制对资源配置的决定性在私募基金方面尤为凸显。一方面，需要对市场配置资源的基础性地位予以明确界定，大力推动简政放权政策实施，为市场机制充分发展创造更有利的外在环境；另一方面，对市场失灵范围进行密切关注，在适宜时机通过对监管机制的改革简化来达到监管的适度调控。

（三）完善监管自律规则体系

充分发挥市场化信用的制衡机制，通过引导市场主体参与有序竞争，坚守行业本质，落实自律规则。引导市场改变考核机制，从结果导向转为过程导向，更加注重过程中的行为规范和信用约束。一是探索行业信用体系建设，营造良好信用生态。全面实施信用信息报告制度，推动建立多维度市场化信用制衡机制，让信用信息报告制度在私募基金行业发挥信用记录和信用约束作用。二是建立私募基金评级体系。通过为私募基金行业建立公允、透明的评级体系和评价机制来为相关金融机构提供信用推荐和信用背书，可以让信用记录良好、内部治理稳健、历史业绩优秀的私募机构有机会脱颖而出，获得更低的展业成本、更大的展业空间。对于优秀的私募基金产品，政府监管部门可以授予其星级基金标识，这样有利于基金的优胜劣汰，发挥监管对私募证券投资基金合规发展的指导作用，并激励私募基金管理人更好地为投资者服务。

（四）统筹协调各监管部门

鉴于当前国内私募基金监管体制仍有部分有待完善之处，且各监管主体的意见也不尽相同，特别是地方政府与行业协会间的冲突尤其显著；虽然各方主体意见统一很难实现，但仅凭借一方的力量实现对私募市场的监管存在更大难度。因此，通过法律手段将各监管部门的职责进行科学、规范、有效的组织是现代私募基金监管的关键。国家金融监督管理总局于2023年5月正式揭牌，统一负责除证券业之外的金融业监管，不再保留中国银行保险监督管理委员会。这标志着我国金融监管体系的双峰部门监管体系的形成。为实现对私募证券投资基金运作的全方位监管，保障私募证券投资基金的稳健运行，两大部门可以探索针对私募证券投资基金监管的交叉部分建立协作机制来进行联合监管、扫除监管盲区。

（五）开展投资者教育工作

为解决投资者在投资私募基金产品时面临的自身专业性不足，产品缺乏透明度，信息披露、投资者信息不对称，以及保护意识不强的问题。私募证券投资基金行业可以通过以下五种方式开展投资者教育工作：

（1）发布教育性资料。私募证券投资基金行业可以通过发布教育性资料来帮助投资者更好地理解投资基金的运作和风险。这些资料可以包括投资基金的组成、运作模式、风险等级及投资者权益等方面的内容。

（2）举办投资者教育活动。私募证券投资基金行业可以组织投资者教育活动，例如举办投资者讲座、研讨会、交流会等，向投资者普及有关基金投资的基本知识和注意事项。此外，也可以通过社交媒体等渠道推广教育性内容。

（3）提供投资者咨询服务。私募证券投资基金行业可以向投资者提供投资咨询服务，回答他们关于基金投资的疑问，提供有关基金投资的建议和帮助投资者制订投资计划。

（4）定期发布投资者报告。私募证券投资基金行业可以定期发布投资者报告，向投资者公开基金的运作情况、投资收益、风险状况等信息，帮助投资者更好地了解基金的运作和投资收益。

（5）加强合规管理。私募证券投资基金行业还应加强合规管理，建立健全的内部控制制度和风险管理体系，确保基金运作安全、透明，为投资者提供更加稳健的投资环境。

【本章小结】

随着私募投资基金市场的发展，私募投资基金的监管自律体系也经历了从无到有、从乱到治的逐步完善。作为私募投资基金的重要组成部分，目前私募证券投资基金的监管体系已覆盖基金管理人登记备案、基金产品募集与备案、信息披露、基金合同指引等各个方面，并仍然在持续细化和完善。总的来说，我国私募证券投资基金的监管自律体系的历史发展可以分为早期探索阶段、快速发展阶段和规范发展阶段。

自2014年起，中国证监会和中基协陆续发布了以私募基金管理人及私募基金产品登记备案为核心的一系列监管和自律规范，涵盖了私募证券投资基金管理人和私募证券投资基金登记备案、从业人员、会员管理、内部控制、基金募集、基金服务、合同指引、投资运作、信息披露、投后退出等方面，基本建立起了一套完整的监管自律体系。该体系为整个私募证券投资基金行业向着正规化、专业化、良性化发展打下了坚实的基础。目前，私募证券投资基金监管与自律体系的整体框架主要包括“一法、一条例、四规章、四办法、十指引、多问答”。

尽管现阶段我国已经建立了较为体系化的私募基金的监管自律体系，极大地促进了私募基金行业的规范发展。但是仍然面临着监管的被动性和滞后性、监管的法律责任体系不全面、监管工作受金融监管体制和外部环境影响较大、投资者教育现状不容乐观等问题的困扰。鉴于此种情况，我国相关监督管理部门也正在抓紧采取措施进行完善。主要采取的措施包括明确监管目标、协调监管原则、完善自律规则体系、统筹协调各监管部门、开展投资者教育五个方面。

【复习思考题】

1. 我国私募证券投资基金监管自律体系涉及哪些部门和机构?
2. 中国证监会提出的私募投资基金监管的基本原则是什么?
3. 《私募投资基金登记备案办法》及配套指引的主要内容是什么?
4. 简述目前我国私募投资基金的监管体系存在的问题及发展趋势。

第九章 国际著名私募投资基金发展经验及启示

【学习要点】

- 了解国际知名私募投资基金及其代表人物
- 汲取国际知名私募投资基金的经验和启示

第一节 国际著名私募投资基金简介、代表人物及经验启示

一、邓普顿基金

（一）基金简介

邓普顿在1937年股票市场非常低迷的时候成立了自己的公司——Templeton, Dobbrow & Vance。1939年，26岁的邓普顿依靠1万美元的借款购买了104家公司的各100股股票，几年后，其中100家公司的成功投资为邓普顿掘得了第一桶金。公司取得了相当大的成功，资产规模也迅速增长到了上亿美元，旗下拥有8只共同基金。1968年，公司更名为Templeton Damroth并被转售。同年，邓普顿在巴哈马的拿骚，再次建立了自己的邓普顿成长基金。在之后的25年中，邓普顿创立了全球最大最成功的邓普顿共同基金集团，1992年他将邓普顿基金卖给

富兰克林集团。邓普顿基金从1954年成立到1992年出售，38年间从最初投资的1万美元增长到了1736108美元，折算下来年化收益率约14.6%，超过同期基准MSCI环球指数约3.7%。

（二）核心人物

约翰·邓普顿1912年出生于田纳西州，家境贫寒，凭借优异的成绩，他依靠奖学金完成了在耶鲁大学的学业，并在1934年毕业时取得耶鲁大学经济学一等学位。之后，他在牛津大学继续深造，获得罗德斯奖学金，并在1936年取得法学硕士学位。

1968年，56岁的邓普顿为了减少华尔街的噪声和干扰，远离纽约移居到太平洋岛国巴哈马，并在那里设立了新的邓普顿成长基金。由于常年居住在巴哈马，邓普顿自然成为英国公民，并受到伊丽莎白二世的青睐，于1987年授予其爵士爵位以表彰其功绩。邓普顿受勋的成就之一，即颁发世界上奖金最丰厚的邓普顿奖，自1972年起，每年颁发给在信仰上的贡献卓著者。退休之后，他通过自己的约翰·邓普顿基金开始活跃于各类国际性的慈善活动。自1972年起，该基金每年重奖在人文和科学研究上有卓著贡献之士，是世界上奖金最丰厚的奖项之一。

1999年，美国《Money》杂志将邓普顿誉为“本世纪当之无愧的全球最伟大的选股人”。在长达70载的职业生涯中，邓普顿先生创立并领导了那个时代最成功的共同基金公司。福布斯杂志称他为“全球投资之父”“历史上最成功的基金经理之一”。2006年他被《纽约时报》评选为“20世纪全球十大顶尖基金经理人”。

2008年7月8日，邓普顿在他长期居住的巴哈马拿骚逝世，享年95岁。

（三）经验与启示

1. 环境的重要性

邓普顿在56岁的时候离开了纽约，来到了巴哈马居住。记者问他为何这样做，邓普顿说：“在纽约，我们和其他投资分析人士一起开会，而他们的分析总是很有道理，让我们不得不被影响，当你离他们有几千里远，让自己变得不同就容易多了。我们发现在搬过来的22年里，我们基金的表现比之前在纽约的25年里要更好。”作为全世界最著名的投资大师，邓普顿和巴菲特都选择了远离纽约，远离市场，巴菲特在奥马哈，邓普顿在巴哈马。这给了投资者很多启示：

（1）环境的重要性，一是交易环境，二是生活环境。巴菲特办公室里不放电脑，邓普顿每天上班时在海滩上散步、思考。邓普顿甚至连《华尔街日报》

也晚几天阅读，以减少冲动。同时，和谁交往也非常重要，邓普顿远离华尔街分析师，巴菲特不看分析师的报告。今天的神经科学已经证明了环境对大脑决策的重要性。人是环境的产物，要营造适合自己的投资环境。

（2）如果连投资大师都需要"离群索居"，以减少干扰和噪声，那些每天看盘，盘中交易的普通投资者又如何能够投资成功？

2. 逆向投资

邓普顿基金成立时的座右铭是"在大家疯狂卖出时买进，在大家疯狂买进时卖出，这需要最坚忍的意志，也会带来最丰厚的回报"。这个原则不仅适用于整个股票市场，也适用于特定商业领域，以及特定种类的股票。"在市场到达极度悲观点时投资买入，这是我 70 多年投资生涯一直使用的基本原则。也就是说，市场最悲观的时候，正是你应该最乐观的时候。在我 70 多年投资生涯中，这些方法适用于个股，适用行业板块，也适用于一个国家的整个股市"。作为一名投资者，最重要的是不能盲目跟风。

3. 便宜股猎手

邓普顿把价值投资说得非常简单易懂："价值投资就是买便宜股，我自己是便宜股猎手。我们能用的投资方法有很多，但是我过去 70 来年运用下来最成功的投资方法就是买入便宜股，买入那些市场价格远低于其内在价值的股票。""在全球范围寻找低价的、长期前景良好的公司作为投资目标。底部才是成功的股票投资最有收获的狩猎场"。

4. 移情差距

移情差距是指当一个人处在状态 A 时，很难理解状态 B 的想法或感受，人们容易低估情绪状态对自己的决策行为的影响，并高估智力对决策的影响。如果不事先设定好买入价格和卖出价格，到时候是无法做到买入或卖出的。所以必须事先设好价格，到时候自动执行。把市场情绪剥离出去的办法就是移情差距，事先设定好买入价格和卖出价格，到时自动执行。邓普顿平时有一个心愿单，记录自己看好的公司，然后在冷静的时候制定好价格，到时候自动执行。

5. 意识到自己的无知

投资这个行业，很多时候不是不知道，而是不知道自己不知道，以为自己很知道。"意识到自己的无知，这可能是比情绪误导更大的问题……有如此多的人得到一点消息就贸然买入，他们真不了解自己买的是什么"。记住这个简单的事实：每一笔投资交易都涉及两方，其中一方很有可能事先掌握了最丰富的信息，因此交易前要做大量的工作，要开展大量的研究和调查。邓普顿声称，勤奋对他的成功所起的作用要比天赋大得多，他致力于终身学习。他经常说，他打算多打一些电话、多进行一些会谈、多做一些研究旅行。他还说，“年轻时我四处寻找一切关于投资的书面资料，现在我仍在这么做”。在他 80 多岁的时候，他说：“作为一名投资者，我每年都在努力拓展知识面。”邓普顿强调，我们要实事求是地了解自身知识的局限性，不要太自负自大，不要以为你知道谁会预判精准。

6. 为避免受自身弱点的影响，投资组合应多样化

据邓普顿测算，他在职业生涯中至少做出过 50 万个投资决策。多年来，他一直详细记录着他给客户提供的股票买卖建议。这些记录揭示了这样一个令人不安的事实——他约有 1/3 的建议是“不明智的”。他总结说，投资非常困难，即使是最优秀的投资者也应该认识到，无论他们多么努力，他们的决策正确率也不会超过 2/3。

7. 成功的投资需要耐心

邓普顿在“二战”爆发时买入了美国公司的股票，他虽然知道这些股票非常便宜，但他无法预测市场会花多长时间才能认可他的看法。他的优势不仅在于他具有超群的洞察力，而且还在于他愿意忍受年复一年的痛苦煎熬，直到形势发生与预期相符的转变。“为了得到好的投资结果，你要能沉住气”。他警告说，几乎所有的投资者都“太没有耐心了”，他补充说，“那些一年调一次仓、不停地从一只基金转换到另一只基金的人更多的是基于情感而不是事实行事。”① 邓普顿的大部分时间都在耐心等待机会，利用全球市场中的极致悲观点投资。有时，一等待可能就是几年，因为便宜货猎手买进的股票经常会在很长一段时间内持续跌价，所以耐心不仅是一种美德，还是成功价值投资者的一个关键特质。

8. 自律到了极致

约翰·邓普顿的侄女劳伦·邓普顿说：“约翰·邓普顿是我一生见过最自律的人之一。我认为，他对自己的时间极为敏感，所花的每分钟都会精打细算。在我看来，他非常的严谨，他重视每一分钟，所以传出了他开会 1 小时 11 分钟的消息。他有既定的结束时间，只要会议没有成效就立即叫停；或者若他没有从会

① 威廉·格林．更富有更睿智更快乐［M］．北京：中国青年出版社，2020.

议了解到新资讯，会议就会结束，因为他要用这些时间来学习。他非常自律，他不介意孤独。”邓普顿认为，“我确实认为我一直很自律，我当然希望其他人也能做到这一点。”

9. 自己运营

邓普顿的基金公司主要靠自己运营，而不依靠专业研究团队的支持。最好的业绩记录是由个人创造的，而非委员会。

二、沃尔特·施洛斯基金

（一）基金简介

1956~2002 年，沃尔特·施洛斯基金的年复合收益率为 15%，累计回报率为 788 倍。沃尔特·施洛斯合伙公司收益率为 20%，累计回报率为 5456 倍，远高于标普 500 指数的表现，同期标普 500 指数年复合收益率仅为 10%，累计回报率为 80 倍。沃尔特·施洛斯的一生经历过 18 次经济衰退，但他执掌的沃尔特·施洛斯基金在近 50 年的漫长时间里长期跑赢标杆股指。①

（二）核心人物

沃尔特·施洛斯是沃尔特·施洛斯有限合伙公司的创始人，是美国最杰出的价值投资者之一，和巴菲特一样，他也是“证券分析之父”格雷厄姆的学生。沃尔特 1916 年生于纽约一个犹太移民家庭，幼时家庭遭遇变故，他高中毕业后没有继续读大学，成为华尔街的经纪公司“波尼快递”中的一员，在街上跑来跑去传递信息。期间，他参加了纽约证券交易机构赞助的由格雷厄姆执教的夜间课程，一下子就被他的观点迷住了。后来战争爆发，施洛斯入伍了，在他即将退伍时，格雷厄姆给他提供了证券分析师这份工作，由此改变了施洛斯的一生。

1946 年 1 月 2 日，沃尔特·施洛斯进入格雷厄姆—纽曼公司，那时“二战”刚刚结束，他的第一个任务就是总结格雷厄姆—纽曼第一个十年的业绩。在老师的言传身教下，他对价值投资有着较为深刻的领悟。1955 年，格雷厄姆退休后，沃尔特·施洛斯开始自己管理基金，成立了投资公司。他的初始资金来源于 19 位投资者的 10 万美元，1973 年，他的儿子埃德温开始协助他工作，这是一家只

① 资料来源：沃尔特·施洛斯致股东的信。

有施洛斯父子二人的公司，没有雇佣任何员工，他们仅在特维迪—布朗尼公司租用一间狭小的办公室。

施洛斯父子刻意控制基金规模，他们不想管理数十亿美元的资产，而是每年将大部分收益返还给合伙人。与一般基金不同的是，他们的基金不收取管理费，只按照业绩获得报酬，此外，他们也承担着相同比例的亏损。如果某一年基金亏损了，有限合伙人的账户要比基金本身下跌得少，施洛斯父子要根据自己的股份所占比例弥补亏损。2001 年，由于找不到便宜的股票，沃尔特·施洛斯和儿子埃德温决定停止营业并清算基金。2002 年基金清盘时，他的基金规模仅为 1.4 亿美元。沃尔特·施洛斯在 2002 年退休，于 2012 年 2 月 19 日去世，享年 95 岁。沃尔特·施洛斯被巴菲特称为“超级投资者”。

（三）经验与启示

1. 以净资产为衡量标准购买便宜的股票

沃尔特·施洛斯是一位传统的价值投资者，他不关注公司未来的盈利前景，而是倾向于买资产，寻找那些具有下跌保护的公司。资产是有价值的，但是盈利的波动却很大，就如同他的恩师格雷厄姆所说的“买股票就要像买菜一样买，不能像买香水一样买，在买的时候就把钱给赚了”“相对于价值来说，价格是最重要的因素，追求下跌保护”。

在沃尔特·施洛斯管理基金的早期，他寻找的是“价格低于营运资金的股票”，也就是在扣除所有负债和优先股后，每股股价低于每股包含的营运资金。假设一家公司的流动资产是 1000 万美元，流动负债是 300 万美元，那么它的营运资金就是 700 万美元。假设有 200 万美元的长期负债，减去长期负债，调整后的营运资金就是 500 万美元。假设有 10 万股，则每股营运资金就是 50 美元，如果现在的股价是 30 美元，就会进入沃尔特·施洛斯的关注列表。

到了 1960 年，随着大萧条已经成为遥远的回忆，低于营运资金的股票找不到了。沃尔特·施洛斯降低了选股标准，把关注的焦点转为净资产，去寻找股价为净资产一半的公司；要是没有，就找股价为净资产三分之二的公司，到最后这类公司也变少了，施洛斯父子就把选股标准调整为股价等于净资产的公司。除非有特殊情况或者有经济特权，他们几乎不会以高于资产价值的价格买股票，而且不管是什么股票，他们买入的价格都不会高于两倍市净率。

在选择股票时，施洛斯父子会仔细查看创新低的股票列表，尤其是当一只股票创了两年或三年的新低时，就会引起他们的关注。和市场绝大多数投资者不一样的是，沃尔特·施洛斯尤为喜欢那些如断崖般直线下跌的股票，这类股票的下跌，通常是由市场的极度恐慌造成的，只要公司情况稍微好转，在杠杆效应的作用下就能赚很多。但是持有这些股票，需要有一定的耐心，因为这类公司往往是在经营上出了问题，价格不会在短时间内得到纠正。

除了在价格上的苛刻要求，沃尔特·施洛斯会选择那些没有负债或者负债很少的公司，他认为债务会让人麻烦缠身，许多人深陷巨额债务无力偿还，最后只能破产。此外，公司至少要有20年以上的经营历史，管理层持有足够多的股份，能以股东利益为重，如果遇到管理层名声不好的公司，他会及时远离。“不管什么股票，我们都不会以两倍市净率买入，这是我们的原则，我们绝对不会违反”。

2. 分散投资

与巴菲特集中持股不同，沃尔特·施洛斯采取的是分散投资的策略。沃尔特·施洛斯的投资组合中有一百多只股票，一般来说，单只股票大概占5%的仓位，如果对一只股票很看好，沃尔特·施洛斯会投入组合10%~15%的仓位，但不会超过20%，组合中规模最大的20只股票大概占60%的仓位。此外，和巴菲特持有一定现金不同的是，施洛斯总是满仓交易，他认为和持币等待相比，满仓投资更踏实。

发现了便宜的股票，沃尔特·施洛斯会在还没有深入研究之前，先建立一点观察仓位，他认为如果以旁观者的角度观察，就无法对该股票上心，只有真正的买入，才能对公司有更为全面的研究。在对股票进行研究时，他会向上市公司索取财务报表和委托书，关注公司每季度披露的财务报告。

3. 持股策略：平均持有4年时间

沃尔特·施洛斯买入的都是陷入困境的公司，所以必须要等一段时间，公司才能好转，他的持股时间平均为4年。“干这行必须有耐心。”

沃尔特·施洛斯认为，知道什么东西便宜比较简单，但要知道什么东西太贵就难了。一只被高估的股票，可能越来越贵，它的股价可能翻倍，而卖出是最难的。在买入时，只要股票符合“便宜”的标准就可以出手，如果继续下跌，他会选择加仓，而卖出时机的选择却没有固定标准。

沃尔特·施洛斯一般会把股票过去的价格当作参考，衡量股票价格是否被低估，如果被低估就继续持有。如果一只股票的买入价是20美元，而这只股票过去曾涨到过40~50美元，所以当股价涨到这个价位的时候，就回到了历史价格，这个价格可以当作股价所处估值区间的参考。

沃尔特·施洛斯认为等到股价被高估时再去卖，就有风险了，所以他会选择在上涨的时候分批卖出。基本上买入的股票价格翻倍之后，沃尔特·施洛斯就会选择卖出，所以他有很多股票卖出太早，从而错过股票大涨后的收益。他曾在10~11美元左右买了浪琴—咏雅华手表，在涨到20美元时，他认为价格已经到了预期了，可后来这只股票涨到了200美元。此外，沃尔特·施洛斯还曾在9美元买过克拉克石油，在27美元卖出，后来该股票涨到了260美元。

这和沃尔特·施洛斯的投资风格有关，他的投资组合中有一百多只股票，所以很难对每只股票的基本面有深入透彻的研究。此外，他买的依据不是股票的成长性，而是“被低估”，所以选择在股票好转时卖出，然后再去买别的，这样就可以实现一些收益，这样的投资方法适合他自身的性格。

4. 成功与否核心在于管理好自己的情绪

沃尔特·施洛斯说：“就是从价值出发，我特意远离每天的行情波动，我的办公室没有报价机。总的来说，我尽量远离市场情绪，市场是个情绪很强烈的地方，很容易激发恐惧和贪婪。它能诱发人性中的各种缺陷。”为了减少市场对情绪的影响，沃尔特·施洛斯从不调研公司，也很少和管理层交流。此外，他不使用互联网，远离市场分析师，这样才能专注于对股票价值的研究。施洛斯认为，成功的投资者需要具备冷静、不受情绪影响、理性的性格特征。情绪会影响一个人对股票的判断，甚至影响之前形成的判断和印象。

5. 适合自己的

沃尔特·施洛斯：“我认为每个人的投资方法必须是适合自己的。在考虑自己如何投资时，关键要知道自己的优势和劣势。”

三、伯克希尔·哈撒韦

（一）公司简介

伯克希尔·哈撒韦公司（以下简称伯克希尔公司）由沃伦·巴菲特（Warren Buffett）创建于1956年，是一家总部位于美国内布拉斯加州奥马哈的多元控股公司，旗下掌管着多家子公司。伯克希尔的经营核心为保险事业，包括物业、意外险、再保险及特殊类保险。除主营保险业务外，在其他许多领域也有商业活动。公司长期处于世界500强前10位，在2020年《财富》全球最受赞赏公司榜单排名第5位。

伯克希尔公司1956年是一家濒临破产的纺织厂，在沃伦·巴菲特的精心运作下，股价从每股 7 美元上涨到今天的近 50 万美元。

（二）核心人物

1. 成长历程

沃伦·巴菲特出生于 1930 年 8 月 30 日，是有史以来最伟大的投资家，现任伯克希尔·哈撒韦公司董事长和首席执行官，也是唯一一个通过股票投资成为世界首富的人。巴菲特被称为“股神”“奥马哈先知”，他的投资哲学影响了全世界的投资者。同时，巴菲特也是伟大的慈善家，2006 年 6 月 25 日，巴菲特在纽约公共图书馆签署捐款意向书，正式决定向五个慈善基金会捐出其财富的 85%，约合 375 亿美元，这是美国和世界历史上最大的一笔捐款。此外，巴菲特承诺在有生之年或去世时捐出 99%以上的个人财富，主要交由比尔及梅琳达·盖茨基金会运作。巴菲特也被美国人称为“除了父亲之外最值得尊敬的男人。”

巴菲特和股票结缘已久，至今为止，巴菲特的投资生涯已长达 81 年。早在 1941 年，11 岁的巴菲特购买了人生中的第一只股票——Cities Service 优先股，当时他以 38 美元的价格买了 6 股该股票，但是在股价涨到 40 美元的时候就卖出了，后来这只股票很快涨到了 200 美元。

1947 年，巴菲特进入宾夕法尼亚大学攻读财务和商业管理专业，但他觉得教授们的空头理论不过瘾，两年后转学到内布拉斯加大学林肯分校，之后一年内获得了经济学学士学位。1950 年，巴菲特申请哈佛大学被拒之门外，便机缘巧合地考入哥伦比亚商学院，成为格雷厄姆的学生，这也是他价值投资思想的来源地。

1954 年，巴菲特获得了在格雷厄姆公司工作的机会，在这里，巴菲特学到了书本上没有的新知识，他的投资思想也逐渐形成。1956 年格雷厄姆退休后，巴菲特便回到了奥马哈，从亲戚朋友那筹集了 10.5 万美元，成立了巴菲特合伙公司。巴菲特合伙公司从 1957 年运营到 1969 年，在这 13 年间，公司取得了年化 30.4%的业绩，同期道琼斯工业指数年化回报仅为 8.6%。①

1969 年，巴菲特解散合伙企业，当时股票市场进入疯狂的投机时代，找不到便宜货的存在，巴菲特不想让自己成为一个永远管理着资金，追逐着投资收益的疯狂的兔子，于是决定关闭合伙企业。1970 年，巴菲特就任伯克希尔公司的董事长，在试图重振化纤事业的同时，开始收购多家公司的股票，打算将伯克希尔公司转型成为投资公司。

---

① 资料来源：巴菲特致股东信。

1965~2021 年，伯克希尔每股市值的复合年增长率为 20.1%，明显超过标普 500 指数的 10.5%，而 1964~2021 年伯克希尔公司的市值增长率是令人吃惊的 3641613%，也就是 36416 倍多，而同时期的标普 500 指数增长率为 30209%，即 302 倍左右。①

巴菲特在 2018 年度致股东信中，第一次把伯克希尔公司比喻为“森林”，并拥有五个小树林，其中四个是易于理解的差异化企业和金融资产群，第五个是庞大而多样化的保险业务，以不太明显的方式为伯克希尔公司提供了巨大的价值。这五个小树林是伯克希尔公司得以成功的关键。

“森林体系”的前三部分是伯克希尔公司控股的非保险公司、持有股权的投资（5%~10%）和与其他地方共享控制权的公司，为伯克希尔公司贡献了利润和分红，通过持续将利润进行再投资，从而实现复利增长。

“森林体系”的第四部分，是伯克希尔公司持有的现金和现金等价物，伯克希尔目前账上有 1400 多亿美元的现金和现金等价物，以防各种意外的发生，这让公司能够在危机时有钱进行抄底。

“森林体系”的第五部分是伯克希尔庞大而多样化的保险业务，为伯克希尔公司提供源源不断的浮存金，而且浮存金的成本很低，接近免费，在有些年度，由于有承保收益，资金的成本甚至是负的，这笔长期低成本的资金，能够保证伯克希尔公司每年账上都有着充足的资金进行危机中的投资布局。

巴菲特投资哲学的产生，主要受三个人的影响，分别是他的恩师——本杰明·格雷厄姆，成长股投资策略之父——菲利普·费雪，以及他的黄金搭档——伯克希尔公司的副主席——查理·芒格。

2. 投资理念演进

（1）早期“烟蒂型投资”。在早期的投资实践中，巴菲特主要遵从老师格雷厄姆的教诲，采用定量分析的方法，买那些股价远远低于营运资金的股票，这种投资方法被巴菲特称为“烟蒂型投资”。

巴菲特曾这样解释这一投资方法：“在大街上四处溜达，看哪有烟头可捡，最后发现了一个，上面带着口水，但是还能抽一口，于是弯下腰把它们捡起来，免费抽了一口。有的股票和别人扔的烟头一样，捡起来免费抽一口，扔掉，然后继续在大街上四处溜达，接着捡，一点都不体面。‘捡烟头’的投资方法管用，但是用这种方法买的都是资产回报率很低的生意”。

巴菲特合伙公司的投资组合主要由三部分构成。第一部分主要由价值被低估

① 资料来源：巴菲特致股东信。

的证券组成，这也是巴菲特投资组合中最大的一部分，前 5~6 只证券的市值占总资产的 5%~10%，对于其他持有量较小的 10~15 只证券则会占总资产更小的比例的资金。巴菲特会在具有相当安全边际的前提下买入，以获得未来的较大的升值潜力。

投资组合的第二部分是套利性投资，主要从公司的合并、清算、重组和分拆等事件中获取收益。这部分的投资为合伙公司提供较为稳定的利润，且很大程度上与道琼斯指数的表现无关。套利性投资可以偶尔使用杠杆，但借款上限不超过净资产的 25%，这部分的收益率一般在 10%~20%。

第三部分是获得目标公司的控制权或者通过持有其较大比例的股权对该公司的政策产生影响，这种行为需要一年以上或数年时间才会见到成效，其投资表现和道琼斯指数没有关联。

其中，第一部分和第三部分，巴菲特的要求非常苛刻，他会在公司股票的市场价格远远低于市场价值时买入，这样一旦获得控股权，只要能够稍微改善公司的情况就能够保证合理的利润，即便不可能控股，也降低了长期持股的风险。

在 20 世纪 60 年代末期，随着具有价格优势的投资标的在数量上大大减少，定量分析方法所能把握的机会已经逐渐干涸，低于巴菲特资金规模的扩大，1969 年巴菲特合伙公司的资金基数已经达到了一个亿，超过 300 万美元的投资量对其净资产的影响几乎可以忽略不计，此外，对投资的过多关注已经导致市场的交易行为变得极度追求短期利润，而巴菲特的投资技巧只能评估一个有限的价值区间，使用传统的价值投资方法已经无法继续获得超额收益，但是格雷厄姆的投资思想却指引了巴菲特的价值投资之路。

巴菲特认为，格雷厄姆的投资思想，主要包括以下三个方面：

第一，是你对股市的态度。这一点体现在《聪明投资人》的第 8 章，假如你能有书上所说的态度，那么你一开始就已经跑赢了股市中 99%的人。这种态度是一个极大的优势。

第二，是安全边际，安全边际能给予你巨大的优势，而且除了用在投资上以外，还可以用在很多地方。

第三，是把股票视为企业，能使你的视角与市场中大多数人截然不同。

（2）中后期以合理的价格买入具有长期竞争优势的企业。巴菲特曾说他的投资哲学 85%来自格雷厄姆，15%来自于菲利普·费雪。格雷厄姆教会了巴菲特价值投资思想的精髓——“市场先生”、安全边际和把股票视为企业。但在后来的投资实践中，巴菲特逐渐意识到这种“捡便宜”的投资方式的不足，于是在芒格的影响下，学习并吸收了费雪投资优秀成长股的长期投资策略，开始以合理的价格买入优质的企业。

1965年，巴菲特买入了伯克希尔公司的控制权，在明知道这个产业没有什么前景的前提下，却仍旧被其很便宜的价格所吸引，虽然这种投资方式在早期带来不错的收益，但在投资伯克希尔公司之后，巴菲特逐渐意识到这不是一个理想的投资模式。巴菲特认为，就长期而言，原来看起来划算的价格到最后可能一点都不值得，在经营艰困的企业中，通常一个问题才刚解决不久，另外一个问题又接踵而来；此外，先前的价差优势很快地就会被企业不佳的绩效所侵蚀。投资伯克希尔公司的经历，让巴菲特明白以合理的价格买下一家好公司要比用便宜的价格买下一家普通的公司来的好得多。

传统的定量分析方法有自身的局限性，有些公司在财务上看是很便宜，但是却忽视了公司未来的经营困境，因此这些股票不但不能算便宜，而且与几年后的价格相比还是很高的。即使是真正便宜的股票，它便宜的程度也是有限的，股价通常需要很长的时间才能回归反映公司真实价值的程度。

在搭档芒格的影响下，巴菲特吸收了费雪的投资策略，去购买优质公司的股票，并相当大量地长期持有。在1987年致股东的信中，巴菲特写道“我们的目标是以合理的价格买到绩优的企业，而不是以便宜的价格买进平庸的公司，查理跟我发现买到货真价实的东西才是我们真正应该做的”。

在芒格的推动下，1972年，巴菲特以三倍净资产的价格买下了喜诗糖果，芒格称这是“第一次为品质买单”。1972~2007年，喜诗糖果为伯克希尔公司贡献了13.5亿美元的税前利润，但只消耗了3200万元用于补充公司的营运资金，所有的收益都流到了伯克希尔公司，在缴纳了公司税后，伯克希尔公司用余下的钱购买了其他有吸引力的公司。喜诗糖果被巴菲特称赞为“梦幻般生意的原型”，也为伯克希尔公司开启了后来的许多滚滚而来的新财源。

喜诗糖果的投资经历，为巴菲特后来买入可口可乐公司奠定了基础。巴菲特虽然一直是可口可乐饮料的忠实粉丝，但却没有投资这家公司。在体会到这种具有特许经营权企业的魔力后，巴菲特开始在1988年买入可口可乐公司，并相继在1989年、1994年继续增持，到了1997年的时候，伯克希尔从可口可乐公司的投资中赚到了110多亿美元。此外，1989年巴菲特买入了6亿美元的吉列可转换优先股，巴菲特认为可口可乐和吉列是当今世界上最好的两家公司，预期未来几年它们的获利能力还会以惊人的速度增长。

在1993年致股东的信中，巴菲特写道“就长期而言，可口可乐公司与吉列公司所面临的产业风险，要比任何计算机公司或零售商小得多，可口可乐占全世界饮料销售量的44%，吉列则拥有60%的刮胡刀市场占有率（以销售额计），除了称霸口香糖的箭牌公司之外，我看不出还有哪家公司可以像它们一样长期以来享有傲视全球的竞争力。更重要的是，可口可乐与吉列近年来也确实一点一滴地在增加它们全球市场的占有率，品牌的力量、产品的特质与配销通路的优势，使他们拥有超强的竞争力，就像是树立起高耸的护城河来保卫其‘经济城堡’”。

（3）重仓苹果：投资理念进一步进化。巴菲特 2016 年开始买入苹果公司，到了 2016 年 12 月 31 日，伯克希尔公司持有 6100 万股苹果公司股票，市值 71 亿美元，之后两年巴菲特继续增持，到了 2018 年，累计投入 360.44 亿美元，占苹果公司 5.4%的股份。2020 年，巴菲特在第三季度略微减仓苹果，获得了 110 亿美元的收入。截至 2022 年第二季度，伯克希尔公司持有苹果 8.95 亿股，占苹果公司 5.56%的股份，巴菲特在苹果公司上的投资收益也达到 1000 亿美元以上。伯克希尔分析师詹姆斯·沙纳汉称苹果公司是伯克希尔公司在过去 10 年里做出的最强有力的投资之一。

目前苹果公司为伯克希尔公司的第一大重仓股，在组合中占比 40.76%。从来不投资科技股的巴菲特，却对苹果公司赞誉有加，巴菲特称苹果公司是自己所知道的世界上最好的企业，是伯克希尔公司的“第三大产业”，仅次于保险和铁路业务。① 2022 年第二季度伯克希尔公司前十大重仓股如表 9-1 所示。

表 9-1　2022 年第二季度伯克希尔公司前十大重仓股

伯克希尔公司前十大重仓股		
股票名称	持股数（亿股）	仓位（%）
苹果	8.95	40.76
美国银行	10.10	10.48
可口可乐	4.00	8.38
雪佛龙	1.61	7.79
美国运通	1.52	7.00
卡夫亨氏	3.26	4.14
西方石油	1.59	3.11
穆迪	0.25	2.24
美国合众银行	1.20	1.84
动视暴雪	0.68	1.77

在选择股票上，巴菲特希望以合理的价格买入那些具有长期竞争优势，由德才兼备的经理人所经营的企业。科技行业技术更新变化大，需要不断地投入资金来维持竞争地位，难以看清 10 年后的样子；而可口可乐却能靠不变的产品，在

① 资料来源：巴菲特致股东的信。

软饮料行业维持上百年的统治地位。所以巴菲特公开表示不买科技股，只在熟悉的消费领域寻找投资机会。

巴菲特在 2018 年清仓了 IBM，但却重仓持有苹果，这一行为遭到了质疑。但巴菲特认为与传统的科技行业不同，苹果公司本质上属于消费行业，和 IBM 有着不一样的客户。苹果公司具有强大的品牌影响力，iPhone 是一款黏性产品，将人们留在公司的生态系统内。

在巴菲特的一些采访中，他分享了自己投资苹果公司的逻辑。首先，在买苹果公司股票时，当时的市盈率更加合理，以苹果公司当时的业绩，在未来并不需要太多的盈利增长。此外，苹果公司在消费者中有很大的影响，巴菲特可以清楚地看清苹果公司在行业内的竞争地位，还有它的竞争对手和竞争的强度。苹果公司具有忠实的用户基础，其产品深受消费者喜爱。人们想要一部安卓手机，他们能找到很多品牌，但如果他们想要一部苹果手机，只有一种选择，这就是品牌力和产品力。买过苹果的消费者都会重复消费，尽管他们有更便宜的选择，但他们看都不会看一眼。

和喜诗糖果、可口可乐一样，苹果属于资本投入少，但却能赚取高额利润的公司，这样的生意模式是梦寐以求的。巴菲特认为苹果公司拥有着比伯克希尔公司更好的生意模式，苹果公司拥有价值 370 亿美元的财产、厂房和设备，而伯克希尔公司拥有 1700 亿美元或类似的资产，苹果公司却赚了更多的钱，所以苹果公司的生意模式更好。①

此外，苹果公司有两个伟大的经理人，乔布斯在创意上做到了极致，颠覆了手机行业，而库克虽然在创意方面不如乔布斯，但是更懂管理。巴菲特称赞库克是苹果出色的管理者，甚至是世界上最好的管理者之一。在库克的领导下，苹果公司的市值一度突破 3 万亿美元，为投资者带来了丰厚的回报。

芒格曾这样评价巴菲特“巴菲特就是一台学习机器，如果他没有一直在学习，我敢肯定他留下的只是一个苍老的背影。但巴菲特在过了大多数人的退休年龄之后，他的情况甚至还有所改善。在投资领域，至少当你老了的时候，你仍可以取得进步”。

巴菲特一生与投资为伴，他在 11 岁时买下了第一只股票，开启了自己的投资之路；20 岁考入哥伦比亚大学商学院，拜师本杰明·格雷厄姆；24 岁加入格雷厄姆—纽曼公司，为格雷厄姆工作；26 岁成立巴菲特合伙公司，开始创业；29 岁遇到好搭档芒格，在他的影响下，巴菲特完成投资思想上的进化；35 岁开始正式接管伯克希尔公司；39 岁解散合伙企业，专心经营伯克希尔公司，开启

① 资料来源：公司年度报告。

了新的投资旅程。

巴菲特的价值投资思想启蒙于老师格雷厄姆，但是却能突破格雷厄姆的局限性，不断与时俱进，最终形成自己的投资哲学，这也是他能够在风云变幻的投资世界中屹立不倒的原因。

（三）经验与启示

巴菲特是价值投资的集大成者，无论从收益率、投资期限、收益规模来看都是过去 100 年来最伟大的投资家，他一生都在研究公司和行业，对公司和行业有非常独到的见解。正如比尔·盖茨所言“在漫长的职业生涯中，他对商业和企业的分析和思考是无与伦比的。能将商业看得如此透彻的人，除了巴菲特，绝无二人”。

1. 护城河理论

1993 年，巴菲特在致股东信中首次提出了“护城河”概念：“最近几年可乐和吉列剃须刀在全球的市场份额实际上还在增加。他们的品牌威力，他们的产品特性，以及销售实力，赋予了他们一种巨大的竞争优势，在他们的经济堡垒周围形成了一条护城河。相比之下，一般的公司在没有这样的保护之下奋战。就像彼得·林奇说的那样，销售相似商品的公司的股票，应当贴上这样一条标签‘竞争有害健康’”。

1995 年，在伯克希尔的年度会议上，巴菲特对“护城河”的概念做了仔细的描述：“奇妙的、由很深、很危险的护城河环绕的城堡。城堡的主人是一个诚实而高雅的人。城堡最主要的力量源泉是主人天才的大脑；护城河永久地充当着那些试图袭击城堡的敌人的障碍；城堡内的主人制造黄金，但并不都据为己有。通俗地说就是，我们喜欢的是那些具有控制地位的大公司，这些公司的特许权很难被复制，具有极大的，或者说永久的持续运作能力”。

在 2000 年的股东大会上，巴菲特进一步解释“我们根据‘护城河’加宽的能力及不可攻击性作为判断一家伟大企业的主要标准。而且我们告诉企业的管理层，我们希望企业的护城河每年都能不断加宽。这并不是非要企业的利润要一年比一年多，因为有时做不到。然而，如果企业的‘护城河’每年不断地加宽，这家企业会经营得很好”。

在 2007 年的致股东信中巴菲特指出：“一家真正伟大的公司必须有一条坚固持久的‘护城河’，保护它的高投资回报。资本动力学决定了竞争对手会不断进攻那些高回报的商业‘城堡’。因此，坚固的防御，例如成为低成本制造商（汽车保险公司 GEICO，好市多仓储超市）或持有一个强大的世界性品牌

（可口可乐、吉列、美国运通），对持久的成功来说，至关重要。商业的历史充满了‘罗马蜡烛’（残酷），那些自我保护措施不足的公司会很快在竞争中败下阵来”。

巴菲特从自己几十年的投资实践中，总结出护城河理论。从以上论述来看、品牌威力、产品特性、销售实力、特许权、低成本等都是“护城河”的主要来源。进一步讲，无形资产、转换成本、网络效应、成本优势，构成了巴菲特“护城河”的四大基础来源，为投资者选择投资的公司提供了指南。

2. 消费垄断型企业

究竟什么是消费垄断型企业呢？总括巴菲特先生在 1989 年、1991 年、1993 年致股东的信和“23 个投资采访答问”，以及 1998 年在佛罗里达州大学的演讲等中的各种论述，可以这样回答：这是一种明显区别于普通商品型企业的特殊企业，它的产品和服务有广泛、重复和持久的需求，并且影响需求，体现出差异化的特点，凭借着多年来在消费者心目中建立起的名望也就是经济商誉，被消费者认为没有较为近似的替代品；同时，它的产品和服务不仅价格不受管制，而且有很强的自主定价权，能够抵御通货膨胀和同类产品的低价竞争。这种企业有持续的竞争优势，能够获得高于市场的平均收益，能够容忍一时的不当管理或危机，不易被打败、模仿和复制，外观上很像一座拥有宽阔护城河的城堡。

巴菲特说“我一生追求消费垄断型企业”，消费垄断型企业可以说是皇冠上的明珠，拥有这样的企业就是拥有了持久的财富。

3. 巴菲特对原则和纪律的坚守

安全边际是价值投资的精髓，巴菲特对安全边际的坚守，给了我们很大的启示。20 世纪 60 年代末，美国股市进入大牛市，巴菲特找不到便宜的股票了，他宁可关闭合伙企业，也不违背自己的投资原则买入高价股，这种坚持从 1969～1974 年持续了 5 年，这种耐心和自律，非比寻常。

巴菲特的投资原则是不懂的东西坚决不碰。这里面有一个经典的案例，20 世纪 90 年代微软如日中天的时候，作为巴菲特忘年交的比尔·盖茨，亲自游说巴菲特购买微软的股票，但是巴菲特依然不为所动，坚决不买入。

这两个案例非常值得投资者思考和反省。

4. 巴菲特无与伦比的品格和聪慧

巴菲特一直强调投资最重要的是“Temperament”，从投资的品格或心性角度来看，巴菲特确实是非常适合价值投资。巴菲特从小有买便宜货的习惯，骨子里有根深蒂固的对便宜货的渴望，恰好吻合了价值投资的精髓——安全边际，本能地不买贵的。从他父亲霍华德·巴菲特那里继承下来的遵循内部的记分牌而不是外部的记分牌，使巴菲特具有本能的独立思考习惯，不受外部的影响，独立研究，独立决策，本能地避免了群体思维和从众行为。巴菲特周围的人，比如芒格、比尔·盖茨都是聪明绝顶的人，但是相比巴菲特的聪慧都是自叹不如。巴菲特的大脑反应速度极快，甚至快得不可思议，在 90 多岁的时候依然思维敏捷，思如泉涌，同时把握问题本质的能力无与伦比。巴菲特 80 年持续不断的商业实践、投资研究、投资决策、不停地思考和总结，对商业本质的透彻理解加上合适的品格，铸就了人类历史上无与伦比的投资业绩记录神话。

四、Baupost 基金

（一）基金简介

Baupost 基金成立于 1982 年，截至 2022 年管理规模 270 亿美元，实现了年均复合 20%的收益率，且在 1982~2022 年的近 40 年的时间里，只有四年是下跌的，且 1998 年、2008 年、2015 年的下跌幅度都不超过 10%。

（二）核心人物

塞思·卡拉曼出生在 1957 年。1967 年，10 岁的卡拉曼买入了第一只股票——强生。21 岁，卡拉曼在著名重组股之王迈克尔·普莱斯的 Mutual Series Fund 基金公司实习工作。22 岁，获得康奈尔大学经济学学士学位；25 岁，在哈佛商学院深造，获得 MBA 学位。卡拉曼读大三的时候就为大名鼎鼎的麦克斯·海因和迈克尔·普莱斯的 Mutual Shares 基金工作，一直延续到大学毕业之后。卡拉曼说，他从这两位价值投资大师那里学习到的商业知识，比书本或者教室中传授的知识都要好。卡拉曼认为，普莱斯在抽丝剥茧方面有着惊人的能力。普莱斯会注意到一些东西，然后会感到好奇，并提出问题，由这件事引申到另外一些事，如此便能做到举一反三。卡拉曼清楚地记得，普莱斯曾经画一张图，图上显示了矿产之间复杂的所有权关系。卡拉曼认为，这就是举一反三的例子，如果能够持之以恒，就有可能找到更多的线索。这就给卡拉曼一个很大的启发——那就是永远也不要感到满足，应该一直保持好奇心。在 Mutual Shares 基金的工作经历，让卡拉曼成为价值投资的信徒，并为自己之后投资哲学的形成，以及创办基金积累了宝贵的财富。因此，卡拉曼把他的成功归之于这两位前辈。

1982 年，塞思·卡拉曼从 4 个家庭那里筹集到 2700 万美元，与他的教授威廉·普尔沃等人，共同创立了 Baupost Group。由于塞思·卡拉曼是效仿格雷厄姆的投资理念，所以也经常被称为“小巴菲特”，对比巴菲特被人称为“奥马哈神谕”，塞思·卡拉曼被称为“波士顿神谕”。

不仅在投资实践上取得卓越的成绩，塞思·卡拉曼对价值投资思想也有深刻的见解，他曾编过《证券分析》第六版的阅读指南，他的著作《安全边际》也是一本价值投资经典著作，该书在 1991 年出版，现在已成为绝版。

（三）经验与启示

1. 价值投资哲学三要素

塞思·卡拉曼认为价值投资哲学有三个要素。第一，价值投资是自下往上的策略，使用这种方法可以分辨出特定的被低估的投资机会。第二，价值投资追求的是绝对表现，而不是相对表现。第三，价值投资是一种风险规避方法，对会出现哪些错误（风险）和哪些会进展顺利（回报）给予同等关注。

2. 永远不遭受重大亏损

Baupost 基金在 1982~2022 年的近 40 年的时间里，只有四年是下跌的，且 1998 年、2008 年、2015 年的下跌幅度都不超过 10%。卡拉曼不仅实现了年均复合 20%的业绩，更是很好地控制了业绩的回撤，卡拉曼下面的一些举措会对我们有很好的启示：

（1）卡拉曼最为持之以恒的就是强调投资风险。风险规避是投资中唯一最重要的因素，规避风险必须是投资哲学的基石。即使只出现过一次巨额亏损，这也会让之前好几年所获得的巨额回报毁于一旦。

（2）在卡拉曼的投资组合中从不使用杠杆，哪怕是使用些许的杠杆，因为杠杆是一个巨大的风险因素，那些失败的对冲基金几乎都使用了过量的杠杆。

（3）Baupost 基金一贯以持有高现金比例而闻名，善于等待。2006 年 Baupost 基金平均收益为 21.4%~22.8%，同期标准普尔 500 涨幅 15.8%，但这段时间 Baupost 现金比例为 48%。在 2008 年年报中卡拉曼也提到 Baupost 2008 年初现金比例为 35%，卡拉曼认为这并不是因为自上而下看得准，而是按照他的安全边际确实找不到投资品种。

（4）卡拉曼在投资中也很少有空头头寸，而且通常持仓数年，而不是几天或几个月。

3. 严格遵守安全边际

价值投资，不论是在今天还是在格雷厄姆和多德的时代，基本做法就是购买低于其价值的证券或资产——即俗语所谓“半价而购之”。购买特价证券可以获得安全边际——即留出余地以应对出错、信息不准确、运气不好，或经济和股市变化无常的影响。虽然有些人可能错误地认为价值投资是寻找低价证券的机械工具，但它实际上是一个全面的投资理念，强调进行深入的基本分析的重要性，追求长期投资的结果，限制风险，并抵制从众心理。遵循安全边际需要：

（1）一直以大幅度低于潜在价值的打折价进行购买。

（2）更看重有形资产而不是无形资产。

（3）将当前持有的股票替换成最新出现的更好的便宜货。

（4）更重要的是，买便宜货≠逢低便买，投资者不应只将注意力放在当前的投资“是否”被低估上，还应包括“为什么”被低估。

（5）塞思·卡拉曼认为“一只股票在某一个价格上是适合买入的，在另一个价格上是适合继续持有的，在更高的价格上是适合卖出的。风险与你的支付价格有关，而不仅仅是与你所买入的东西有关。这是一个非常重要的区别点”。

4. 严格遵守投资纪律

塞思·卡拉曼在《安全边际》中阐述“价值投资需要非同一般的严格纪律和长期的投资视角，只有极少数人愿意和能够为成为价值投资者付出大量的时间和精力，而价值投资者中又只有一小部分拥有较强心理素质的人才能取得成功”“成功的长期投资需要永无止境的刻苦，巨大的耐心和严格的纪律”。

5. 拥有上行潜力并保护下行风险

Baupost 基金绝对不会试图买入最热门的高价股，并寄希望于它们能继续上涨；相反，Baupost 基金总是在底部淘金。卡拉曼喜欢在价格受到极度打压的时候买入，寻求令人震惊的价格错位，这一般是由紧急事件、人们惊慌失措或盲目地抛售引起的。规避在股市下跌过程中出手太早，卡拉曼的经验是当有人开始以低得荒唐的价格抛售东西，而且他们这么做是因为他们不得不如此而不是想这样做时，这个时间是一个很好的买入时机。

6. 投资流程的重要性

投资领域最重要的一件事是流程。人们对决策进行评估时，不应该考虑结果是对是错，而是应该看整个流程。决策者们不是为了一切正确，而是找出所有决策相关的概率，并有效利用它们。除了透彻的基本面分析，一家投资机构必须营造辩论和追求事实的氛围，应该鼓励公开讨论，抵制行为偏见。所有的仓位，只要出现了新的事实和新的价格，就应该不断重新评估。在 Baupost，无论是谁提出的标的，都要经过同样的流程，就是为了确保在任何时点，不论我们当时的业绩今年以来表现如何，都能得到同样的投资结论。绝大多数同行都面临重重压力，所以这样做比听上去难度要大得多。

7. 远离大众

随大流总是很容易，跟风买进市场热点也是很容易的，但这是傻瓜的做法，也是很不负责的做法。离开人潮，独自前进需要很多的勇气和自信。不过，长期投资成功的一个关键要素就是与大众保持距离，投资者获得优异收益的唯一办法是定期地远离大众。

五、橡树资本

（一）基金简介[①]

美国橡树资本管理有限公司（Oaktree Capital Management）（以下简称“橡树资本”）是一家国际性资产管理公司，创立于 1995 年，总部位于美国加州洛杉矶。橡树资本管理的资产规模接近 1400 亿美元，在全球 14 个国家的 21 个城市设有办公室，员工超过 1000 名。橡树置风险控制于首位，专注于自身擅长的投资领域，并获得了全球领先投资者的长期支持。

橡树资本拥有 30 余种不同投资策略，广泛投资于信贷、实物资产、股权、公开市场股票四大领域。作为全球最大的困境债务投资者之一，橡树资本的困境机会投资策略拥有长达 32 年的优秀业绩。该公司的客户包括约 70 家美国最大的养老基金、数以百计的捐赠基金和基金会，以及许多世界上最大的主权财富基金。

自成立以来，橡树资本的年化总回报率达到 23%，年化净收益率达到 17%，同期标普 500 的回报率约为 10%。此外，橡树资本投资及回本速度非常快，平均 4~4.5 年能够收回本金，6.5~7 年可以收回全部投资收益。与众多昙花一现的明星基金相比，橡树资本可谓华尔街名副其实的“常青树”。

① 资料来源：美国橡树资本管理有限公司官网。

（二）核心人物

霍华德·马克斯，1946 年 4 月 23 日出生，橡树资本创始人。霍华德·马克斯出生于美国一个中产阶级家庭，当时美国正处于战后经济增长的黄金时代。大学就读于沃顿商学院，在这里接触到了金融学知识，从而放弃了早年要从事会计工作的人生志向。从沃顿商学院毕业后，霍华德·马克斯向哈佛大学提交了攻读 MBA 学位的申请，和巴菲特一样，他也被拒绝了。1967 年，他进入了芝加哥大学商学院深造，在这里他接受了理论性的量化教育。

霍华德·马克斯的价值投资思想，源自于父母的经历。他的父母出生于 20 世纪初期，成年时遇上了美国 20 世纪 30 年代的大萧条，生活状况的迅速恶化，让他们对未来产生担忧，对损失感到厌恶，于是，“不要把鸡蛋放在同一个篮子里”“未雨绸缪”，成为了霍华德·马克斯从小到大听到的话，这也是他价值投资思想的起源。

20 世纪 60 年代，是霍华德·马克斯投资理念形成期。1968 年 5 月，霍华德·马克斯在纽约花旗银行投资研究部打暑期工，这家银行主要投资于“漂亮 50 公司”，当时，“漂亮 50 公司”被视为美国发展最好、增长最快的公司，这些公司运营十分稳健，以至于市场认为其股票价格再高也不过分，这些股票的市盈率高达 80~90 倍；到了 20 年代 70 代初，股市降温，“漂亮 50 公司”的市盈率跌到了 8~9 倍，这意味着投资者损失了 90%的资金。霍华德·马克斯如果在刚进入银行就买入这些股票，并且一直持有五年的话，几乎会亏掉全部本金，“漂亮 50 公司”泡沫的破裂，对霍华德·马克斯的投资理念影响颇深。

1978 年，霍华德·马克斯转到花旗的债权部，负责设立一只高收益债券基金。当时他主要投资的是美国最差的上市公司的债券，这些债券全部都被评为投机级别或垃圾级别，但是霍华德·马克斯却以稳健的方式从中赚了一大笔钱，这些债券按金额计算，每年大约有 4%的违约率，但是它们的价格对投资者来说太有利。

2008 年初，当绝大多数人都信心满满的看涨股市时，橡树资本就已经做好了应对混乱的准备，2008 年初，橡树资本募集了 109 亿美元的资产，建立了史上规模最大的不良债务基金。同年 9 月 15 日，雷曼兄弟倒闭当天，几乎所有人都丧失希望的时候，橡树资本开始出手，在接下来的 15 周里，每周以 5 亿~6 亿美元的金额，去大量购买被市场抛弃的资产。在危机最严重的时候，橡树资本总共投资了约 100 亿美元，这些投资带来了 90 亿美元的收益。

霍华德·马克斯的投资生涯中经历过的一系列重大危机事件，不断地塑造了他的投资思想。如 1973 年阿拉伯石油禁运、20 世纪 70 年代的“漂亮 50 公司”

股票的崩盘、1987 年的美国股市黑色星期一、1989～1992 年的房地产崩盘、1997～1998 年新兴市场崩盘、2000～2001 年美国科技股泡沫的破裂、2008～2009 年全球金融危机等。对这些危机的把握和利用，让橡树资本取得了长期卓越的业绩。

（三）经验与启示

1. 成功的投资并不是因为买入了好的标的，而在于买得好

霍华德·马克斯认为，对价值投资者来说，必须以价格为根本出发点。事实屡次证明，无论多好的资产，如果买进价格过高，都会变成失败的投资。同时，很少有资产会差到以足够低的价格买进都不能转化为成功投资的地步。“成功的投资并不是因为买入了好的标的，而在于买得好，明白这两者之间的区别至关重要。关键不是你买了什么，而是你花了多少钱买入”。任何资产，无论其多么丑陋，只要价格足够低廉，它就值得购买。事实上，马克斯认为，“低价买入”是获得投资财富的唯一可靠途径，而“高点进场”是最大的风险。因此，对任何潜在的投资而言，最应该提出的基本问题是“它便宜吗”？由于心理的过度积极，导致出价过高，是投资的主要风险。

2. 第二层次思维

第一层次思维说“这是一家好公司。让我们买进股票吧”。第二层次思维说“这是一家好公司，但是人人都认为它是一家好公司，因此它不是一家好公司。股票的估价和定价都过高，让我们卖出股票吧”。第一层次思维说“会出现增长低迷、通货膨胀加重的前景。让我们抛掉股票吧”。第二层次思维说“前景糟糕透顶，但是所有人都在恐慌中抛售股票。买进”！第一层次思维说“我认为这家公司的利润会下跌，卖出”。第二层次思维说“我认为这家公司利润下跌得会比人们预期得少，会有意想不到的惊喜拉升股票，买进”。

第一层次思维单纯而肤浅，几乎人人都能做到（如若你希望保持优势，那么这不是一个好兆头）。第一层次思维者所需的只是一种对未来的看法，譬如“公司的前景是光明的，表示股票会上涨”。第二层次思维深邃、复杂而迂回。第二层次思维者要考虑许多东西：未来可能出现的结果会在什么范围之内？我认为会出现什么样的结果？我正确的概率有多大？人们的共识是什么？我的预期与人们的共识有多大差异？资产的当前价格与大众所认为的未来价格及我所认为的未来价格相符的程度如何？价格中所反映的共识心理是过于乐观还是过于悲观？

显然，第一层次思维和第二层次思维之间的工作量差异是巨大的，能够进行

第二层次思维的人数远少于能够进行第一层次思维的人数。第一层次思维者寻找的是简单的准则和简单的答案。第二层次思维者知道，成功的投资是简单的对立面。

3. 留余

霍华德·马克斯建议：与其试图预测无法预测的情况，不如致力于构建“稳固的投资组合和生活”。这样，即使在恶劣的条件下，人们也不大可能崩溃。这对普通投资者来说意味着什么呢？“避免大量的债务和过高的杠杆”，不要让你的“发财梦”导致你“遭受灾难”，为未来的生活做准备时，“不要试图做到极致，在投资和生活中都是如此。所以问问自己，你超越极限了吗？”这个问题不仅适用于投资，也适用于消费。他认为“切记，你反脆弱的能力来自你没有达到极限的程度。我们需要认识到财务和心理方面的脆弱性。实事求是地评估我们的风险承受能力至关重要。当你承受的风险过大时，你会被压垮，即使没有发生其他对你不利的事情，如得到追加保证金的通知或需要购买面包，你也会在压力下做错事”。

4. 风险控制

霍华德·马克斯认为，最好的获得长期业绩表现的基础是避免灾难性的损失。那些公认的杰出投资者，他们出色的投资记录源于他们数十年没有大亏，而不仅仅是高收益。他们中的每个人可能都有一两年表现不佳的时候，但总的来说，他们应对风险的能力和他们赚取收益的能力一样强。

此外，橡树资本所有投资组合都不用杠杆来放大本金，新兴市场基金中可以在很小的限度内使用杠杆。霍华德·马克斯认为，当考虑使用杠杆时，必须假设到那些糟糕的情况。投资界最大的崩盘就是因为杠杆过高，此时进入非常糟糕的时期，投资者会血本无归。杠杆不会让任何投资变得更好，只是放大收益或者损失。最重要一点就是只用合适的杠杆，橡树资本只用一点点杠杆或者不用杠杆。如果判断正确，没有杠杆放大，也有很好的收益。

霍华德·马克斯认为，贯穿长期投资成功之路的，是风险控制而不是冒进。在整个投资生涯中，大多数投资者取得的结果将更多地取决于致败投资的数量及程度，而不是制胜投资的伟大。良好的风险控制是优秀投资者的标志。

六、帕伯莱投资基金

（一）基金简介

2000~2018 年，帕伯莱投资基金收益率高达 1204%，而同期标准普尔 500 指数的收益率仅为159%。如果你在1999年7月该基金成立时投资了10万美元，那么到2018年3月31日时，你的资金将增加至1826500美元（扣除各项费用后）。①

（二）核心人物

莫尼什·帕伯莱是帕伯莱投资基金的创始人，也是巴菲特的忠实信徒，通过学习和模仿巴菲特，运用巴菲特的方法进行投资，取得了长期超额的业绩回报。

莫尼什·帕伯莱1964年出生于印度，在孟买、新德里和迪拜长大。早期的帕伯莱和投资领域并无交集，他就读于美国克莱姆大学，学习计算机工程专业。1986年大学毕业后，帕伯莱进入泰乐公司，担任高速网络数据组工程师，后来转入市场销售部门。1990年，帕伯莱从泰乐公司辞职，拿着自己的3万美元和7万美元信用卡借债，成立了一家技术咨询公司——Trans-Tech。

和巴菲特不同的是，帕伯莱没有商学院学习的经历，也没有投资大师的指引，更未在华尔街工作过，和投资的结缘，是一次偶然的经历。Trans-Tech公司的发展，给帕伯莱带来了可供投资的闲钱，到了1994年，帕伯莱已经积攒了100万美元。这一年，在机场候机的帕伯莱，为了打发时间，购买了一本彼得·林奇所写的《彼得·林奇的成功投资》，书里对巴菲特长期超额业绩的介绍，引起了帕伯莱的极大兴趣，他深刻领悟到了复利的威力，希望找到巴菲特的选股之道，从而复制他的制胜方法。帕伯莱在1999年以2000万美元的价格卖出公司，并在同年创立了帕伯莱投资基金，开启了他的全职投资之路。

作为一名杰出的投资者，帕伯莱的投资思想并非原创，而是在效仿巴菲特和芒格等投资大师理论精髓的基础上，加以改造吸收。帕伯莱并不像他人一样抵触模仿，过分强调自己在思想上的创新，相反，他将自己在投资领域所取得的成就，归结为对他人明智想法的借鉴，谦逊地认为自己是个十足的模仿者，没有任何原创的思想。

在早期的个人投资中生涯中，帕伯莱仅仅用了五年的时间，就用初始的100万美元赚到了1000万美元。为了学习更多的东西，帕伯莱曾写信给巴菲特，表示自己愿意义务帮助他做投资，可这一建议被巴菲特拒绝，这也促使他出售自己的技术咨询公司，全身心投入投资业务，帮助身边的朋友管理资金。

2007年7月，帕伯莱和好友盖伊·斯皮尔以65.01万美元的出价赢得了和巴菲特共进午餐的机会，2008年6月25日，帕伯莱如愿以偿地见到了他的价值投

① 威廉·格林. 更富有更睿智更快［M］. 北京：中国青年出版社，2020.

资导师，在长达三个小时的交流中对投资有了更加深刻的理解和感悟。这次交流涉及很多话题，带给了帕伯莱两方面的启示：一是事关如何投资，二是事关如何生活。

巴菲特和芒格都按照“内心的计分卡”来衡量自己，他们不在乎外界的看法，而是选择做真实的自己。无论是管理公司，还是选择和谁交往，以及日常生活的安排，巴菲特都顺从自己的天性，专心致志地过契合自己个性的生活，这也引导着帕伯莱遵从偶像的路径去经营自己的投资人生。

和巴菲特、芒格一样，帕伯莱把大量的时间花在阅读上。此外，为了减少干扰，他会避免会见正在研究公司的 CEO，也拒绝与潜在的投资者交流，这样能使他在投资上做到独立自主。在选择交往的朋友上，帕伯莱也十分谨慎，和巴菲特一样，帕伯莱选择和优秀的人交往，他也有着自己的一套评价标准，“当我第一次遇到某人时，我会在事后对他进行评估，我会问自己，‘与这个人建立联系会让我变得更好还是更糟’，如果答案是更糟，那我就不再跟他联系”。

此外，帕伯莱采取了和巴菲特合伙公司相同的收费模式，他所管理的基金不收取管理费，只收取特定部分的业绩报酬。具体收费方式为：当基金的收益率小于等于6%时，不收取任何费用；只有基金的回报率超过6%时，才收取超过部分的25%。帕伯莱认为这样的收费方式能够使得基金管理者和投资者的利益保持一致。

帕伯莱深刻地体会到简单的力量，通过对巴菲特和芒格投资法则的坚定奉行，他成为当代杰出的投资者之一。为了研究巴菲特的投资之道，帕伯莱阅读了巴菲特数十年来致股东的信和《巴菲特传》，连续 20 年参加伯克希尔公司的股东大会，最终得以和巴菲特建立联系。通过巴菲特的引荐，帕伯莱建立起了和芒格的友谊，加入大师投资圈，在投资思想上不断地进化。

（三）经验与启示

1. 极度的耐心

帕伯莱认为投资的首要技能是“保持耐心，极度的耐心”。帕伯莱平时很少进行投资，一年中通常只买入两三只股票，有的年份甚至一只股票也不买。但在市场极度恐慌的时候，他会果断出手。2008 年股市崩盘时，他在 2 个月内完成了 10 笔投资交易。

帕伯莱的投资团队只有他一人，这样能够避免投资上的冲动。当团队人数较多时，就会渴望采取行动，这样就无法做到等到时机，买入真正的便宜货；此外，大量的交易也会增加亏损的概率。在投资领域，需要的不是大量的行动，而是极度的耐心。

为了锻炼自己的耐心，帕伯莱也在刻意模仿巴菲特的生活方式，他很少和人打交道，大部分的时间是独自一个人待在办公室，静静地看书思考。他的办公室在南加州一个普普通通的办公园区，附近没有任何的金融机构，这样能够减少周围环境对自己思维上的影响。此外，他学习巴菲特玩网络桥牌，据说这样的嗜好可以抵消“行动的自然偏误”。帕伯莱还通过骑自行车、打壁球等运动，使自己的情绪从市场中剥离出来，在没有交易的时间，他会把精力投入自己的慈善基金会。

2. 集中持股，避免“太难理解”的企业

帕伯莱效仿巴菲特的集中持股策略，他的投资组合十分集中，往往只持有10只股票。帕伯莱认为，只有当买入的股票数目较少时，才可以精挑细选。帕伯莱运用巴菲特的简化选股的原则，在不到一分钟的时间里，就能在数百只股票中迅速淘汰几乎所有的股票。

帕伯莱运用以下四点原则进行选股，这也是对巴菲特选股体系的提炼。只投资于“在自己能力范围内”的公司。帕伯莱遵从巴菲特“能力圈”的原则，当帕伯莱分析一家公司时，他首先会问“我真的理解其业务吗”？他会实事求是地考虑其业务是否是自己熟悉的领域。在交易价格大幅低于其基本价值时买入。帕伯莱平常几乎不出手，只有在市场极度恐慌的时候，才去进行投资布局，这也是便宜货大量出现的时候。这种一眼就能看出来的便宜，提供了较大的安全边际，未来随着市场的好转，资产的价格也会快速翻倍。在9·11恐怖袭击事件发生后不久，帕伯莱便投资了巴西航空工业公司，以每股12美元的价格大量买入该公司的股票，这是一家产品优越、制造成本低、管理一流、有着充足的现金流的优质企业。2005年，在该股票30美元时全部卖出，在4年的时间里，取得了近三倍的收益。

帕伯莱在与芒格的交往中，进一步体会到了优秀企业的长期价值。芒格向帕伯莱指出，专注于廉价股投资的格雷厄姆通过持有GEICO保险公司的股票获得了最高的回报，几乎占他全部投资利润的一半。“他并不是因为公司便宜而赚了钱”，帕伯莱说，“他赚钱是因为这是一家优秀的企业”。

帕伯莱曾注意到，巴菲特办公桌的一个盒子上贴有“太难理解”的标签，这是一个醒目的提醒，提醒他要抵制住投资这类企业的诱惑。对帕伯莱来说，投资成功的一大秘诀是避免“太难理解”的企业。

七、蓝宝石基金

（一）基金简介

1997年，盖伊·斯皮尔以1500万美元起家，创立蓝宝石基金，5年后，蓝宝石基金的规模扩大到了5000万美元，在经过2008年金融危机的挑战后，截至2022年底基金规模达到3.5亿美元，年化回报率达到9%，超过标普500指数、摩根士丹利资本国际世界指数、富时100指数等主要指数的回报率。

（二）核心人物

盖伊·斯皮尔1966年出生于南非，1984年就读牛津大学并以顶尖的成绩拿到经济学学位，1993年毕业于哈佛商学院。盖伊·斯皮尔和莫尼什·帕伯莱一样，也把巴菲特当作自己的人生导师，他们两人都是“模仿大师”，通过模仿巴菲特的思维和投资模式，取得了显赫的成绩。对盖伊·斯皮尔而言，莫尼什·帕伯莱是对他人生影响最大的一个人，2007年7月，盖伊·斯皮尔和好友莫尼什·帕伯莱共同拍下与巴菲特的午餐，两人开始加入巴菲特的朋友圈。

和好友莫尼什·帕伯莱不同的是，盖伊·斯皮尔接受的是绝对的精英教育，1984年，盖伊·斯皮尔就读于牛津大学，并以全班第一的成绩拿到经济学学位，1993年盖伊·斯皮尔毕业于哈佛商学院，巴菲特曾经被这所大学拒之门外。盖伊·斯皮尔是大家眼中非常聪明的人。

1996年，盖伊·斯皮尔开始为他的父亲西蒙·斯皮尔管理资金，初始资金为100万美元，随着后续资金追加，以及西蒙·斯皮尔生意伙伴的加入，一年后，基金的净值达到1500万美元。盖伊·斯皮尔把基金命名为蓝宝石基金，名字来源于他的父亲曾经创办的一家公司——蓝宝石化学产品公司，蓝宝石基金的资金来源主要为盖伊·斯皮尔的个人资产、其父亲的终身积蓄，以及家庭亲友的财富。

和好友帕伯莱相同的是，盖伊·斯皮尔也是通过阅读伯克希尔公司历年“给股东的信”，洛温斯坦写的《巴菲特传》，参加伯克希尔公司的年会，去学习巴菲特的投资思想，努力模仿巴菲特的思维和投资模式。他会认真研究巴菲特历年的投资组合，从而通过巴菲特的眼光来看穿它们，理解巴菲特为什么买入。此外，盖伊·斯皮尔的基金有很大部分投资了伯克希尔公司，伯克希尔公司的存在为盖伊·斯皮尔的证券组合提供了稳定因素，既包括经济上的，也包括情感上的，盖伊·斯皮尔将巴菲特纳入自己的生态系统中，指引着自己去更好地应对投资和生活。

（三）经验和启示

1. 我们所处的环境比我们的才智更强大

盖伊·斯皮尔充分意识到了环境对投资结果的重要性。起初，盖伊·斯皮尔在纽约金融圈内办公，但华尔街整体的制度环境让人很容易陷入盲目从众的陷阱，从而无法坚持自己独立的看法，在意识到这一弊端后，他进行了几次搬家，去了远离金融圈的非正式办公场所办公，但是仍然没有离开纽约。此后，环境对投资的益处开始显现，盖伊·斯皮尔以冷静克制的态度，成功躲过了20世纪90年代的高科技狂热。此时，盖伊·斯皮尔面临了新的挑战，周围全部是夸赞和吹捧的声音，让他的嫉妒之心占了上风，他开始渴望站上业界的顶峰，赢得他人的认可，管理更大规模的资金。斯皮尔开始去营造成功的标志，从而满足自己的虚荣心，租下豪华的办公室、高额的彭博资讯终端机和配置光鲜亮丽的团队成员，这些都开始偏离正确的航道。

2008~2009年的金融危机，比尔·米勒损失了80%的财富，被迫关闭基金，而盖伊·斯皮尔的基金也陷入危险之中，他的基金在那一年中累计下跌了46.7%，机构投资者相继撤出，在危机前，盖伊·斯皮尔旗下有大约1.2亿美元资产，经历了危机后资产缩水到了勉强6000万美元，股东又赎回了大约1000万美元，基金遭遇了重大的打击，但所幸的是大股东仍然抱有信心，而在基金中拥有较大股份的父亲，最终也站在了他这边。在布莱尔投行的工作经历，以及在金融危机期间的遭遇，使盖伊·斯皮尔认识到大脑在所处环境的干扰下，无法做到理性思考。在2008年与巴菲特共进午餐之后，盖伊·斯皮尔深刻明白了环境的重要性。巴菲特为自己创造了平静思考的空间，不受那些试图主导华尔街的噪音打扰，巴菲特告诉他，仅靠一个人的才智去过滤这些噪音是不够的，你需要正确的流程和环境才能做到这一点。在此次午餐的六个月后，盖伊·斯皮尔正式告别纽约，把家搬到了苏黎世，他开始投入大量的精力为自己创造理想的投资环境，从而保证自己能够在这样的环境下，做到宁静的思考、理性的行动。

苏黎世远离市场和人群，是一个安静舒适的生活场所，这里不被投资公司包围，可以断绝和基金营销人员、证券分析师的往来，同时也能够减少和亲戚朋友的来往，从而可以集中精力专注于投资，做到逆向思考。此外，苏黎世被列为全世界生活质量最高的城市之一，基础设施比较完善，而高度平均化的生活水准，可以避免骄傲和嫉妒情绪的滋生。

在挑选办公场地上，盖伊·斯皮尔起初选择了班霍夫街，这里是顶级富人区，这种环境容易激发人性的贪婪和欲望。很快，盖伊·斯皮尔便把家搬到了河对面的另外一个办公室，和班霍夫街保持安全的距离。盖伊·斯皮尔也效仿巴菲特的做法，努力创造属于自己的“奥马哈”，他的办公室步行到家需要 20 分钟、乘电车需要 7 分钟，而巴菲特和帕伯莱的住所距办公室有 10 分钟的车程。盖伊·斯皮尔和帕伯莱在一起讨论过通勤时间的问题，得出的结论是：理想的通勤时间应该在 10~20 分钟。这样的距离很近，能够提升一个人的生活质量；但是也足够远，可以把工作和家庭有效分隔开。此外，在办公室的布局上，斯皮尔也花了不少心思，他尽可能减少信息的干扰，使自己能专注于长期投资。

盖伊·斯皮尔认为环境胜过才华“我们所处的环境比我们的才智更强大。只有极少数投资家——不论是业余的还是专业的，能够真正理解这个关键点。伟大的投资家清醒地把握住了这种观点，比如巴菲特（他离开纽约回到了奥马哈），约翰·邓普顿（他定居在巴哈马），以及塞思·卡拉曼（他居住在马萨诸塞州坎布里奇市），我却花了很长时间才学习到这一点”。

2. 构建更好的投资流程

盖伊·斯皮尔不仅花费了大量的心思去创造理想的投资环境，还通过结构化、系统化的方式去构建投资流程。他给自己制定了 8 条规则，用来解决在投资中的不理性行为。这 8 条规则为：一是不要总是查看股价。二是如果有人给你推销什么东西，不要买它。三是不要和管理人员谈话。四是按照正确顺序研究投资信息。五是只与没有私心的人讨论你的投资观点。六是永远不要在开市期间买卖股票。七是如果你的股票下跌了，两年之内不要卖。八是不要讨论你当前的投资。

为了抵御行情的诱惑，盖伊·斯皮尔把彭博终端机放在了办公室里一个高度可调节的桌子上，他调整了桌子的高度，迫使自己必须站着使用机器，这样能减少使用的时间，他把看行情的时间缩短到一周不到一次。此外，盖伊·斯皮尔不会把自己所有的股票价格显示在一个屏幕上，这样在查看单只股票的时候，不会看到其他的股价。

除了行情外，和外界的交流也会影响投资者的判断。斯皮尔选择和自己所研究公司的管理者保持距离。管理人员自身所处的位置，会促使他们在交流中着重强调积极因素，淡化公司存在的问题，这样会对投资者的判断造成干扰。只有不和管理人员谈话，才能够更加客观地对公司的年报和数据进行研究。

此外，研究投资信息的顺序也非常重要。人类的大脑往往会形成先入为主的思维偏见，最先阅读的材料，往往会产生较大的影响。斯皮尔会选择先看最客观的、不偏不倚的信息，包括该公司的年报、季报等数据，再去看客观性较低的公司文件，包括该公司的会议纪要、媒体发布的信息。至于券商公司所发布的股票研报，斯皮尔很少去看，这些报告带有主观色彩，会混淆投资者的判断。

在股票交易上，斯皮尔制定了一条纪律：永远不要在开市期间买卖股票，这一点是受到好友帕伯莱的启发。斯皮尔会在交易结束之后，再把指令发给经纪人，以第二天的平均价格进行交易，除非一些特殊情况。这样做的目的是屏蔽市场的噪音，防止行情对大脑的干预，减少盲目行动。

面对下跌的股票，斯皮尔设定了一条规则—两年之内不要卖。这条规则能够引导投资者在买入一只股票前，就要考虑清楚后果，如果犯错，将会伴随着自己两年的时间。此外，它警示投资者应该在自己的承受范围内，去买入相应的数量。该规则的核心是提醒投资者要谨慎采取行动，只做自己确定性的投资，长期持有优质股票。

除了以上几点，斯皮尔还在自己的决策流程中加入了最后的断路器——检查清单。在一些复杂的领域，检查清单起着关键性的作用，比如外科医生在做手术前使用检查清单，能够减少很多患者的死亡；而飞行员会仔细核对一遍飞行清单，确保无误之后才能顺利起飞。这个伟大的想法，可以同样应用于投资领域，芒格非常推崇这一做法，并为自己制作了投资原则检查清单。

斯皮尔认为，一份检查清单，是管理你自身思维、保护自己免受个人癖好干扰的好方法，所以它需要建立在这种自我反省的基础之上。斯皮尔的检查清单里有一些案例分析，详细介绍了让自己损失惨重的投资错误，事后他进行了深刻的反思，从而为每一个错误设计了专门的检查清单条目。

第二节　他山之石

相比国外基金行业上百年的发展历程，我国的私募基金行业无疑处于起步阶段；汲取国外私募基金行业发展的经验教训，为我所用，少走一点弯路，少犯一点错误，少经历一些痛苦，就显得意义非凡。因为这些经验教训，都是由无数的财富和苦难积累出来的，错误的代价和痛苦是巨大的，正如芒格所言，安全边际是格雷厄姆经历巨大痛苦后的痛定思痛。

1. 做对的事

证券私募投资基金要想长期稳健发展，取得持久的成功，首要的是要坚守价值投资的大道、正道。做对的事，要有所为，有所不为。不做什么，可能更重要。不做违法违规的事情、不靠内幕消息、不投机、不用杠杆、不做空、不做复杂的金融衍生品、不懂的东西不碰，抵制诱惑，坚守能力圈，这些都是成功的基金公司的经验教训。

像由数学家西蒙斯创建的量化基金大奖章基金虽然也在一定时期内取得了好的业绩，但不具有可复制性。更多的基金都是昙花一现，或在一定时期内顺风顺水，然后突然折戟沉沙，给投资者造成重大亏损。一些投资基金的理念和方法没有经历过历史大风大浪的考验，最终都是在无常的各种风险巨浪中破产倒闭。纵观过去能取得几十年优秀投资业绩，经历了历史风浪的检验，直到基金关闭都没有给投资者造成亏损的基金公司，都是坚守价值投资的理念和方法的。欧文·卡恩 2015 年以 109 岁的高龄去世，是历史上最长寿的投资大师，经历过两次世界大战、1929 年的经济大萧条、苏联的兴衰、计算机的发明等大事件，拥有超过 85 年的投资经验。卡恩曾担任格雷厄姆的助理，一生坚守价值投资，在去世前几个小时依旧在读报纸与杂志。沃尔特·施洛斯一生经历过 18 次经济衰退，但他执掌的基金在近 50 年的漫长时间里，长期跑赢标杆指数，直到 2001 年退休。查理·芒格 2023 年 99 岁，巴菲特 93 岁，依然保持着优秀的投资业绩记录。塞思·卡拉曼的基金不仅不用杠杆，还经常大量持有现金，经常被人称为“半仓打天下”，但依然取得了优秀的投资业绩。

做对的事，基金的利益要和投资者的利益保持一致性。要像管理自己的钱一样管理客户的钱，管理人自己的钱要和客户的钱在一起，保持一致性。

2. 快就是慢

基金这个行业最考验人性。急于求成，急于发财是人的天性，是最容易犯的错误。贝索斯曾经问巴菲特“你的方法其实不难，为什么你如此富有，别人却不和你做一样的事呢”？巴菲特回答“因为没有人愿意慢慢变富”。价值投资的本质是防守，是一种风险规避方法，是保证怎么不亏钱，特别是不造成重大亏损；而急于求成，急于发财的结果往往是速成疾亡，大亏出局。

知识的积累是一个缓慢的过程，不可能一蹴而就。心性的成熟需要经历牛市与熊市的体验和磨砺，就算是这些伟大的投资大师也都需要十几年时间的学习和实践才能慢慢掌握价值投资的技能。

心理的承受能力有一个阈值，是一个循序渐进的过程，心理的承受能力赶不上盈利的速度或亏损幅度，或者基金的规模超过了心理承受的范围，都会造成灾难。无论是卡恩、巴菲特、邓普顿、卡拉曼他们基金的业绩特征都是“稳”而不是“高”，他们管理资金的规模都是循序渐进，有节制地慢慢积累。巴菲特基金的起步资金是 10.5 万美元，施洛斯基金的起步资金是 10 万美元，戴维斯是 5

万美元，都是从小钱开始慢慢积累，不让规模的增长超过心理可以承受的阈值，在无压力状态下投资是一条秘诀。

价值投资是一个复利的过程，最终靠的是复利的威力和不亏损的稳健。哪怕一次巨额亏损，都会让好几年获得的投资成果毁于一旦。“一名在10年内连续获得16%回报率的投资者最终的财富，居然比一个连续9年获得20%回报率，却在第10年损失15%的投资者财富要多，这一结果可能会让人感到意外”。

做价值投资基金要牢记的教训是：速成疾亡，晚成善终，快就是慢。

3. 留余

国内康百万家族富裕了12代400多年，积累下来的智慧“留余”和格雷厄姆总结了股票市场两百多年的经验教训得出的“安全边际”有异曲同工之妙。或许“留余”更适合中国人的文化和思维模式。巴菲特在股东大会也阐述了“安全边际能给你巨大的优势，而且除了用在投资之外，还可以用在很多地方”。

想想格雷厄姆、卡恩、巴菲特、施洛斯在过去的一个世纪里经历的风风雨雨，就会意识到，无序、混乱、动荡、危机、意外不是系统的缺陷，而是系统的特性，正如我们修建的大坝在要考虑可能的十年一遇，百年一遇的洪水冲击一样，我们的基金也要“留余”，以应对我们不知道的各种意外和危机，为我们的错误、误判、坏运气设置安全防护。

在价值投资中除了遵循价格的安全边际以外，还要遵循能力的安全边际、情绪的安全边际、管理的安全边际、规模的安全边际，留余，反脆弱，保持韧性。

4. 小而美

一家基金公司既要经受投资的风险，还要经受公司的风险，很好的投资者不一定能经营好公司，有一个合适的团队很重要，但这往往是可遇不可求的。伟大的基金管理人和伟大的企业一样都是稀缺的。从这些长期保持优秀业绩记录的基金来看，大多数都是一个人或两个人，员工人数很少。戴维斯一个人从5万美金到10个亿，邓普顿是一个人在运营基金，施洛斯是父子，卡恩也是家族，伯克希尔公司主要是巴菲特和芒格。邓普顿和巴菲特都强调，最好的业绩记录是个人创造的，而不是靠委员会。

规模往往是业绩的敌人。想保持又好又持久的业绩记录，需要有节制的规模。基金追求的应该是更安全、更健康、更长久，安全稳定比规模更重要。

【本章小结】

本章主要介绍了邓普顿基金、沃尔特·施洛斯基金、伯克希尔·哈撒韦、

Baupost 基金、橡树资本、帕伯莱基金、蓝宝石基金七家有代表性的投资基金，分别介绍了它们的基金业绩、代表人物、对我们的经验和启示。

相比于国外基金行业上百年的发展历程，我国的投资基金行业无疑处于刚起步的阶段，汲取国外投资基金行业发展的经验教训，为我所用，意义非凡。做对的事、快就是慢、留余、小而美，是符合私募投资基金行业发展规律，值得汲取和借鉴的经验启示。

【复习思考题】

1. 国外私募投资基金行业的经验教训有哪些？
2. 巴菲特所说的消费垄断型企业有哪些特征？
3. 什么是移情差距？
4. 蓝宝石基金有哪些经验和启示？
5. 为何要留余？

参考文献

[1] 刘磊．证券投资基金学 [M]．北京：清华大学出版社，2022.

[2] 吴跃平，宋磊，方磊．私募股权投资基金运作与管理 [M]．北京：清华大学出版社，2020.

[3] 吴晓求．证券投资学（第五版）[M]．北京：中国人民大学出版社，2020.

[4] 闫冬．私募基金业绩评价 [M]．北京：企业管理出版社，2022.

[5] 曹泉伟，陈卓．2022 年中国私募基金研究报告 [M]．北京：经济科学出版社，2022.

[6] 王伟斌，黄忠薇．私募基金法律纠纷全方位实务指南 [M]．北京：法律出版社，2021.

[7] 中国证券投资基金业协会．证券投资基金（第二版）[M]．北京：高等教育出版社，2017.

[8] 陈爱华．私募基金会计和税务 [M]．北京：中国市场出版社，2020.

[9] 段永强．私募基金内控合规与监管合规指引 [M]．北京：中国法制出版社，2021.

[10] 朱华芳，郭佑宁．私募基金法务实操指引 [M]．北京：清华大学出版社，2022.

[11] 李以学．私募证券 FOF 基础与投资实务 [M]．北京：中国金融出版社，2022.

[12] 中国证券投资基金业协会．中国私募证券投资基金行业发展报告 2021 [M]．北京：中国财政经济出版社，2021.

[13] 李录．文明现代化价值投资与中国 [M]．北京：中信出版社，2020.

[14] 本杰明·格雷厄姆．聪明的投资者 [M]．北京：人民邮电出版社，2016.

[15] 罗伯特·哈格斯特朗．巴菲特之道 [M]．北京：机械工业出版社，

2021.

［16］沃伦·巴菲特．巴菲特致股东的信［M］．北京：机械工业出版社，2018.

［17］霍华德·马克斯．投资最重要的事［M］．北京：中信出版社，2019.

［18］弗兰克·H. 奈特．风险不确定性与利润［M］．北京：商务印书馆，2010.

附录一　价值投资理论简介

一、价值投资

（一）投资的大道

从全世界投资生涯超过30年，并且在这30年中有公开投资业绩记录的著名投资家，如表1所示：

表1　投资大师投资业绩

投资大师	年限（年）	复合年化收益率（%）
本杰明·格雷厄姆	30	20
沃伦·巴菲特	60	20
约翰·邓普顿	50	13.5
戴维斯家族	47	23
沃尔特·施洛斯	47	20
塞思·卡拉曼	30	20
约翰·涅夫	31	13.8
大卫·史文森	35	13

通过表1的业绩记录，我们可以看到同为价值投资大师的格雷厄姆实现了30年20%的复合年化收益率，他的两个弟子，大弟子沃尔特·施洛斯使用格雷厄姆价值投资方法于1956~2002年实现了年化20%的收益，巴菲特从1957年一直到2022年依然健康快乐地在投资，投资业绩依然骄人。巴菲特的搭档查理·芒格99岁了，依然健康，依然思维清晰，依然奋斗在投资一线。格雷厄姆的助理欧文·卡恩，1928年起开始在华尔街工作，投资生涯80年，享年109岁，在去世

前依然在健康投资。其他的例如约翰·邓普顿、戴维斯家族、有“小巴菲特”之称的塞思·卡拉曼，以及约翰·涅夫、大卫·史文森，这些都是践行价值投资的大师。我们只要稍微对比一下非价值投资的人，对比一下他们最终的结局，就很容易得出结论，投资的大道是什么。

我们常说，条条大道通罗马，但就股票投资这个行业来说，纵观股票市场出现以来的几百年发展历程，无数的人试验了无数的方法，但就最终通过实践检验、业绩验证，能够实现持久成功的道路而言，价值投资是最被广泛认可的一种途径。正如格雷厄姆所言“经过各种各样方法的检验，经历了所有的苦难，我们终于找到了价值投资这条道”“价值投资是我所了解的唯一能够为投资人带来风险加权后长期优异回报的投资方法”。

（二）价值投资与股市的关系

中国股票市场从1990年上海证券交易所和深圳证券交易所成立至2023年，已经有33年的历史了，在这33年的历史中熊长牛短，投资者损失惨重。多数投资者对每天的股市行情、股价的起起落落非常在意，在这里我们归纳一下价值投资与股市的关系。

（1）股市是一个可以交易的平台，在这里可以买到符合价值投资标的的股权。从本质上讲，价值投资和股市没有关系，和股市行情也没有关系，最好忘记股市的存在。

（2）价值投资买的是公司，不是股市，价值投资者希望通过投资公司赚钱，而不是通过投资股票赚钱。

（3）价值投资是长期投资，不是短期；这个长期是以年为计算单位，不是以天、月计算的。

（4）价值投资不预测股市，对股市的涨跌没有看法，认为无法预测，永远不知道。

二、聪明的投资者

价值投资理论体系可以概况为“一聪加四柱”。“一聪”指的是聪明的投资者，“四柱”分别是：股东视角、“市场先生”、安全边际、能力圈。前三个是格雷厄姆的贡献，最后一个是巴菲特的贡献。本教材从实际应用的视角构建这种理论框架体系，既是对格雷厄姆、巴菲特、李录等人的学习与总结，也是笔者20年的价值投资理论和实践的思考和总结。

（一）聪明的投资者“聪明”的涵义

格雷厄姆对聪明的投资者的定义：聪明的投资者与他们的智商和学历无关，他们都具备一类品质，有耐心、能约束自己、渴望学习，同时能够驾驭自己的情绪，并且能够进行自我反思。格雷厄姆解释说，这种智慧“与其说是表现在智力方面，不如说表现在性格方面”。

1. 耐心

耐心是价值投资的首要技能。正如完全模仿巴菲特做投资非常成功的莫尼什·帕伯莱所说，投资的首要技能是保持耐心，极度的耐心。巴菲特表示：“我人生的巨大财富来源于两个字——耐心”。查理·芒格说“你不需要大量的智慧，需要的是大量的耐心”。菲利普·费雪：“非凡的耐心，稳定的情绪”。彼得·林奇：“我们需要的不是比别人多一点点的耐心，而是完全碾压别人的耐心”。

价值投资的“耐心”首先是一种自我约束的情绪定力，不急于求成，不急功近利，这种定力不受市场行情的影响，不受媒体报道的影响，不受周围人的影响。其次，这种耐心从时间上指的是长期主义，这种长期是以年为单位，不是按天、周、月计算的。在早期，本杰明·格雷厄姆的持仓期限都是2年，约翰·邓普顿的持仓周期是平均7年，巴菲特是以10年来计算的，因为市场均值回归的周期一般也要3年以上，甚至要更长的时间。最后，这种耐心更多的是等待，在没有机会的时候，持有现金长年累月地等待，比如巴菲特由于1969年股市过高，一直等待到1973年才开始投资，等待了5年；再是买入后，在公司基本面符合预期的情况下，长期的持有等待。比如巴菲特1988~1989年买入可口可乐股票一直持有到今天，再如中国投资者比较熟悉的，巴菲特2008年投资比亚迪一直持有到今天，2003年买入中国石油股票持有到2007年。而这里面困难在于，大多数投资者是没有耐心的，能够以年为单位持有现金是不容易的，持有一只股票以年计算更是难上加难。

2. 情绪掌控能力

“要想在一生中获得投资的成功，并不需要顶级的智商、超凡的商业头脑或秘密的信息。而是需要一个稳妥的知识体系作为决策的基础，并且有能力控制自己的情绪，使其不会对这种体系造成侵蚀”。巴菲特在《聪明的投资者（第四版）》的序言中，专门讲了这段话，这段话也成为了很多价值投资者的座右铭。巴菲特在接受采访中说“我告诉学生们，如果你智商150来做这一行，你可以卖个 20 或者 30 给别人，你并不需要这么高的智商，你需要稳定的情绪，当市场最盛的时候，你能抑制住自己的恐惧和贪婪”。巴菲特的名言“别人恐慌的时候我贪婪，别人贪婪的时候我恐慌”，就是对情绪掌控力最好的说明，巴菲特也承认自己对情绪有很好的掌控力。1987 年 10 月 19 日，星期一，道琼斯指数在一天之内重挫了 508. 32 点，跌幅达 22. 6%，爆发了历史上最大的一次崩盘事件，而巴菲特对当天股市的暴跌，竟然内心毫无波澜，依然专心看报纸，并未受到影响。

价值投资的情绪掌控能力本质上是一种反人性、反本能的逆向思维和逆向情感，是普通人或者正常人所不具备的一种心理特性，这是价值投资知易行难的原因之一，但也是价值投资可以超越时代，超越社会，持久成功的原因，因为无论什么时代、什么国家，人性都是一样的。

3. 渴望学习

价值投资者不是靠内幕消息，或者别人的推荐来买卖股票，靠的是独立研究，独立思考，独立决策。所以只有不断的学习，对知识的渴望和好奇心是必不可少的。巴菲特、芒格一生都在学习，他们都是“长了两条腿的书”，取得持久成功的投资人没有一个不是终身学习的。价值投资者的大部分时间都是用来阅读，汲取知识。成为一个合格的价值投资者的学习过程是非常长的，至少需要 15 年的积累，才算是慢慢上路。

4. Temperament

巴菲特和芒格都经常讲投资人最重要的一个词“Temperament”。牛津词典释义一是“（人或动物的）气质、性情、性格、禀性”；二是“易冲动，（性情）暴躁，喜怒无常”。无论是格雷厄姆，还是巴菲特、芒格都是非常强调合适的性格，特别是巴菲特经常讲投资最重要的是性格而不是智商。非凡的耐心、稳定的情绪、冷静沉着、不易冲动、不受外界影响、在乎自己内心的记分牌而不是外部的记分牌、独立思考、不急于求成、严格自律、慢慢来、平常心，这些都是价值投资者需要的心性。

5. 聪明并非智商和学历

价值投资所需要的“聪明”与智商和学历无关，也是一种常识，要是智商最高的最容易投资成功，那么获得诺贝尔奖的人，肯定最容易投资成功，但长期资本管理公司的破产，提供了最好的反证。牛顿绝对是有史以来最聪明的人之一，但是他却在股票市场上遭遇惨败。在 1720 年南海股票狂热的时候，他也失去了理智，在卖出之后又重新进场买入，结果损失了20000英镑，换算成今天的货币价值，大概相当于300万美元。终其一生，牛顿都不愿意听到“南海”一词。

成为一个聪明的投资者，需要建立起对自身的心理约束，避免自己陷入市场的狂热和恐惧之中，这里的聪明指的是性格而不是智力。

（二）耐心之谜

尽管有足够多的证据证明，具有耐心的长期思维是投资成功最重要的一环，但现实似乎没有太多改变。在现实中，大多数投资人是没有耐心的，那么投资人为何没有耐心呢?

这里面实际上存在着耐心之谜，大脑的神经机理，大脑在不确定环境下决策的系统1和系统2，大脑的二元决策机理及胜者主导的思维模型，让人非常容易受环境的影响，而缺乏耐心。

人们的思维、判断和决策过程中有若干独立但又交互作用的加工系统，神经过程的相互作用体现出一种竞争和协作的关系，就是情绪和理性，既竞争又合作。情感与认知的交互作用取决于情感的强度，情感在强度较低的水平时，似乎扮演着“提议”的角色，携带着特定决策所需要的信息；情感达到中等水平时，情感输入与认知输入产生冲突，这种强度水平时的冲突即“自我控制”；情感达到最大强度时，在事实上情感可以排除理性的决策过程。总之，在认知与情感冲突时，后者一定会战胜前者。其原因是，那个被编码为最大满足度的信息将形成一种“赢者通吃”的局面，并激发其他神经元成为唯一的被神经系统执行的行为。基于情绪—理性互动的机理，同时考虑投资决策的时间约束，情绪—理性的互动和环境的动态变化，大脑在不确定条件下的情绪—理性互动决策模型如图1所示：

脑神经科学关于情绪与理性的决策机理，为现实中投资者买卖股票的决策机理提供了科学依据。在市场或个股出现极度恐慌和极度狂热时，舆论和新闻媒体的报道风声鹤唳、哀鸿遍野或激情澎湃时，周围人的情绪低落或高涨时，情绪达到最大强度；在价值与价格的竞争中，价值让位于价格；投资者反应过度，会不择成本地抛售股票或者买入股票，从而不能够长期耐心持有股票。

耐心是可以培养的，查理·芒格认为，在某种程度上耐心可以通过学习养成，即后天锻炼出来的，而在另外某种程度上是天生具有的。一方面，现实中确实有些人非常具有耐心，像巴菲特、邓普顿、中国的知名投资者林园，这些人天生具有这种性格特征，是天才。他们在这些方面的性格特质远远超越常人，这也可能是近百年的价值投资实践中，只有很少的人能取得成功的原因之一。另一方

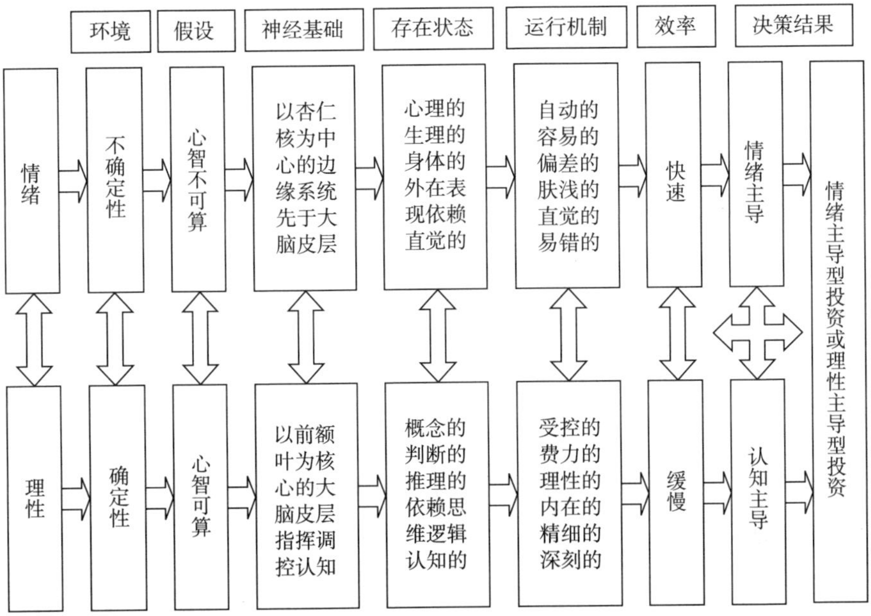

图 1　大脑反应机制

面，耐心也是一种习惯，可以通过环境的改变，不断的刻意强化训练来实现。正如巴菲特所言“金融方面取得的成就，并不取决于你天赋的高低，而是取决于是否拥有良好的习惯”。在行为金融领域，心理对股票的影响，在股市中心理的交互影响，是一个非常复杂的系统，人类的认知在很多方面还存在很大的局限性。就作者自己的投资实践来说，耐心可以通过改变环境，比如不看行情、远离市场、远离人群等，循序渐进地培养。认知和心性都是一个循序渐进、逐步强化的过程，随着时间的推移，我们都可以变得更加有耐心。

三、价值投资的理论支柱

价值投资主要是一门实践的学问，依据格雷厄姆、巴菲特等人近百年来的经验总结，实践完善。价值投资理论框架主要包括四根理论支柱，这里归纳为股东视角、“市场先生”、安全边际、能力圈。正如巴菲特在股东大会提问中所说“这四条是哲学基础，是基石，万变不离其宗”。

（一）股东视角

格雷厄姆认为，股票并非仅是一个交易代码或者电子信号，而是表明一个实实在在的企业所有权，企业的内在价值并不依赖于其股票价格。巴菲特认为，要把股票当成一个生意来看，而不是一种上下波动的有价证券。查理和我采取的态度就是和买下私人企业一样，我们着重于这家公司的经济前景、经营管理，以及我们支付的价格。“买一只股票就意味着投资一家企业，而自己就相当于是这个企业长期的伙伴，而且你投资的企业应该在它的行业具有优势，从而能保证企业在一定时期内维持较好的盈利能力”“不要把股票看成是一个每天不停上下浮动的东西，不能轻信一些谣言，不能根据谣言判断一只股票的真实的价值”“学会格雷厄姆教的思维方式，不可能做不好投资”“买股票就是买公司，不想要这家公司，就别买它的股票，学会分析生意。不要过分关注你的投资，只要你遵从格雷厄姆先生的教导，你的投资几乎是很难赔钱的。从短期来看，可能有人赚得比你多，但是只要你不赔钱，你的回报是持续且合理的”。

我们确信，普通投资者不可能通过努力来成功预测股价的变动，更不可能通过预测股价的波动，来取得投资的持续成功，人们预测股价成功的概率和猴子投飞镖的概率一样。

从本质上来讲，买股票就是买公司，买的是一种生意，拥有公司的股权，本质上和股市没有关系，和股价短期的涨跌没有关系。就好比一家没有上市的公司，你成为公司的股东，长期持有公司的股权。

（二）“市场先生”

格雷厄姆的“市场先生”寓言故事说的是设想你在与一个叫市场先生的人进行股票交易，每天市场先生一定会提出一个他乐意购买你的股票或将他的股票卖给你的价格，这个可怜的家伙有易动感情的不治之症。因此，在有些日子市场先生很快活，只看到眼前美好的日子，这时市场先生就会报出很高的价格；在其他日子市场先生却相当懊丧，只看到眼前的困难，报出的价格很低，市场也可以在较长时间内保持相对正常。然而，本质上市场先生却是一个狂躁抑郁症患者，这种病症会不定时爆发。格雷厄姆建议：当市场先生对未来陷入一种忘乎所以的、狂热的、痴迷的情绪，并且愿意以疯狂的价格接盘你手中的股票时，你就应该把股票卖给他；相反，如果他被沮丧与绝望所折磨，愿意不惜任何代价卖出股票时，你就应该出手买入。格雷厄姆认为，投资者要把市场波动看作是朋友而不是敌人，投资盈利有时来自对朋友的愚忠而非跟随市场的波动。

巴菲特认为，市场先生是来给投资者服务的，千万不要受他的诱惑反而被他所引导，要利用的是他口袋中的报价，而不是他的智慧，如果他有一天突然傻傻地出现在你面前，你可以选择视而不见或好好地加以利用，但是要是你占不到他的便宜反而被他愚蠢的想法所吸引，则你的下场可能会很凄惨。事实上若是你没有把握能够比市场先生更清楚地衡量企业的价值，你最好不要跟他玩游戏。就像是打牌一样，若是你没有办法在 30 分钟内看出谁是倒霉蛋，那么那个倒霉蛋很可能就是你！

巴菲特：“就我个人的看法，投资成功不是靠晦涩难解的公式，计算机运算或股票行情板上股票上下的跳动；相反，投资要想成功，唯有凭借优异的商业判断同时避免自己的想法、行为、受到容易煽动人心的市场情绪所影响。以我个人的经验来说，要能够避免市场诱惑，最好的办法就是将格雷厄姆的‘市场先生’理论铭记于心”。

“我们从来就不知道股市接下来到底是会涨还是会跌，不过我们确知的是贪婪和恐惧这两种‘传染病’在股市投资世界里面，会不断地发生，只是发生的时间点很难准确预期，而市场波动程度和波动状况一样不可捉摸，所以我们要做的事很简单，当众人都贪心大作时，尽量试着让自己觉得害怕；反之，当众人感到害怕时，尽量让自己贪心一点”“你对股市的态度，如能像格雷厄姆‘市场先生’寓言故事所讲的那样，那么你一开始就跑赢了股市中 99%的人，这种态度是一个极大的优势”。

巴菲特说：“我们对股市会怎样变化没有哪怕一点点想法。”“我认为，我们从来没有决定过，我们中的谁要在哪儿说、或者觉得我们应该根据市场未来走势或是经济未来形势去买或是卖，我们就不知道。”“股市下一秒怎么样都没人知道，股市明天开不开门都不知道。”“我很清楚，我买的不是股票，我买的是一家公司，我干嘛要每天去盯着屏幕在意股价短期的波动呢？”“股价越跌，我越开心，因为这是我买入的大好时机。”这就是价值投资，而不是频繁操作，每天盯着屏幕看 K 线。为了使自己的情绪与股票市场隔离开来，总是将“市场先生”这则寓言故事谨记在心。“那就是买进企业的方法——假设股市不存在。”

投资的最高境界：股市就根本不存在。

（三）安全边际

在《聪明的投资者》的最后一章，格雷厄姆说出了关于投资最重要的一个词“安全边际”。1929~1932 年美国股市大崩盘、经济大萧条，格雷厄姆经历了重大亏损，正如他在《聪明的投资者》扉页中的名言：“通过各种各样的机会选择，经历了所有的坎坷，我们找到了自己的路。”芒格说，安全边际的概念（原则）是人生中犯过很多的错误，遇到了很多的困境而产生的理念。格雷厄姆经历了重大亏损以后，痛定思痛，尝试了各种各样的方法，最终找到了一条康庄大道，一条前无古人的成功之道。巴菲特认为，格雷厄姆的思想将永远是理性投资的基石。

巴菲特说“如果一定要把价值投资的秘诀浓缩为几个字，我应该会总结为四个字——‘安全边际’。自从这个概念被格雷厄姆提出后，我已经研究它数十年了，但我至今仍然认为‘安全边际’的投资策略非常正确。投资者往往非常容易忽视这个非常简单的投资概念，这也导致了他们经常遭受重大的损失”“我们强调在股票的买入价格上留有安全边际。如果我们计算出一只普通股的价值仅仅高于它的价格一点点，那么我们不会对这只股票产生兴趣。我们相信这种‘安全边际’原则是投资成功的基石”。

格雷厄姆认为，安全边际是价值投资的核心。尽管公司股票的市场价格涨落不定，但大多数公司还是具有相对稳定的内在价值的。训练有素且勤勉的投资者能够精确合理地衡量这一相对稳定的内在价值。为了实现真正的投资，买入的股票必须有一个较大的安全边际；并且，真正的安全边际可以由数据、有说服力的推理和很多实际经验得到证明。格雷厄姆告诫投资者，有时候，投资于估值过低股票的投资者在股市中失败的概率可能更大。因为市场上总会有大量估值过低的股票，并有不少投资者都在寻求此类公司。但这些股票的价格往往不会在短时间内就回归到内在价值附近，而是会继续向反方向下跌，用时间来考察投资者的坚定性。在大多数情况下，市场总会将其价格提高到与其内在价值相符的水平。股市在短期是投票机，在长期是称重机。

安全边际这一概念与分散化原则之间有着密切的逻辑联系，两者是相互关联的。投资者即使有一定的安全边际，个别证券还是有可能出现不好的结果，因为安全边际只能保证盈利的机会大于亏损的机会，并不能保证不会出现亏损。但是，当所购买的具有安全边际的证券种类越来越多时，总体利润超过总体亏损的可能性就越来越大。这就是保险业务的基本思想。安全边际是一种概率，加上分散化才是保险。

格雷厄姆认为，安全边际概念可以被用作试金石，用来区别投资操作与投机操作。

关于安全边际，这里尝试做两个引申和扩展。在投资实践中，除了价格的安全边际以外，还可以引申出来另外两个具有相同思想的安全边际：一是能力边际，二是情绪边际。

能力边际就是在能力上也不要高估自己，留有一定的能力安全边际，通俗地讲，就是有 80 分的能力做 70 分的事情。这里面的原因是：一是人性很容易高估自己的能力，特别是在投资当中，高估自己的能力几乎是一种普遍行为，并非是偶然现象。二是由于投资的特性，股市涉及的领域非常广泛，是一个非常复杂的系统，而我们每个人所生活的环境，所接触的知识都是非常有限的，在投资领域存在着大量我们不知道自己不知道的东西，所以要在能力上留有安全边际。

情绪的安全边际，就是不要高估自己的情绪掌控能力。在笔者管理基金的实践中，发现价值投资的道理投资者都明白，甚至可以说当作了自己的座右铭，但在实践操作中，还是很容易犯错。事实上，每个投资者都是流淌在“市场先生”血液里的一份子，每个人对恐慌、贪婪、耐心都有一个阈值，超出了这个阈值，都会导致情绪失控。比如投资人的压力，客户在极端情况下的赎回可能会对你的情绪掌控力产生巨大影响；比如资金的规模，当资金的规模扩张超过了投资人情绪控制的阈值时，或者当巨额的亏损或者盈利出现时，都会导致投资人情绪的失控。所以在价值投资的实践中不能高估自己的情绪掌控能力，除了刻意制造的环境之外，在仓位管理、单一持股比例、资金规模等方面都不要超越自己心理所能承受的极限。

安全边际类似于中国文化里的“留余”，在投资中，“留余”不失为聪明投资者的做法。诞生于美国文化和英文背景的安全边际和中国文化里面的“留余”似有异曲同工之妙。

（四）能力圈原则

能力圈原则是巴菲特根据自己几十年的投资实践总结出来的，是对格雷厄姆价值投资理论的发扬和创新。“能力圈”就是围绕投资者能够真正了解的那些企业的名字周围，画一个圈，然后再衡量这些企业价值的高低、管理的优劣、出现经营困难的风险大小，排除掉那些不合格的企业。

巴菲特认为，对投资者的能力圈来说，最重要的不是能力圈的范围大小，而是你如何能够确定能力圈的边界所在。对于大多数投资者而言，重要的不是他到底知道什么，而是他们是否真正明白自己到底不知道什么。如果知道了能力圈的边界所在，你将比那些能力圈虽然比你大 5 倍却不知道边界所在的人要富有得多。

查理·芒格说“我一再重述，如果你不知道自己的能力边界，那就算不上能力，那会是灾难，你会很惨。为什么我常说，我宁愿和一个智商 130 却自认为只有 125 的人打交道，也不愿意和一个智商 180 却自认为 200 的家伙打交道，因为第二个家伙会害死你。所以，认清自己的优势在哪十分重要”。

坚持能力圈原则，最大的困难在于：如何能够抵挡住为了追逐更多利润跨出能力圈的诱惑。20 世纪 90 年代后期，网络高科技股大牛市时，巴菲特却一股也不买，尽管这让他在 1999 年盈利只有 0.5%，而当年股市大涨 21%。巴菲特却依然坚持能力圈原则。“我们的投资原则如果运用到科技股上也会同样有效，但我们并不知道该如何具体运用。如果我们今年亏了钱，我们会在第二年赚回来，并向你解释我们是如何做到的。我确信比尔·盖茨运用的是和我们同样的投资原则。他理解高科技企业的方式与我理解可口可乐公司或吉列公司这些传统企业的方式一样。我可以肯定地说，他同样也是寻找一个投资的安全边际；我可以肯定，他估算安全边际时，就像他拥有整个企业一样，而不是仅仅拥有一只股票。所以，我们的投资原则对任何科技股都同样适用。只不过我们并不是能够把这些原则具体运用到科技股上的人而已。如果我们在自己的能力圈里面找不到值得投资的企业，我们并不会因此就去扩大我们的能力圈。我们只会选择耐心等待”。

“几乎99%的经理人都认为，如果自己在某一领域表现出色，在其他领域一定也能同样表现出色。实际上，他们就像池塘里的鸭子：下雨时随着池塘水面的上涨，鸭子也浮了起来，但鸭子居然认为是自己而不是上苍让自己上浮。于是，他们来到不下雨的地方，一屁股坐在地上，试图使身体浮起来，结果可想而知。实际上，知道自己的能力范围不是一件容易的事情。美国大公司的 CEO 们大部分不知道自己的能力范围，这也是他们进行了众多愚蠢的企业并购的原因之一。他们之所以能爬到企业的高层，可能是因为他们是成功的推销员，或者是出色的制造工人，或者在其他职位上作出了成绩，然后就非常突然地被安排成企业的最高层，负责运作上百亿美元的业务，从此之后他们的工作变成了如何配置资源、如何并购企业。可笑的是，在此之前，他们从来没有从事过任何并购业务，甚至不知道并购究竟是什么”。

“我们不会去做那些自己不了解的事情。也许这样做我们会错过一些机会，但我们不会做自己不熟悉的事情，即使麦肯锡咨询公司告诉我们这是一个前景美好的项目并为我们进行了详尽的分析，但由于我们对项目不完全了解，因此无法作出决定，我们绝不会参与这样的项目。我们因为无法评估而完全自愿地放弃了90%的项目，但是这又怎么样呢？我们的能力范围并没有随时间的推移而大幅扩展，因此我们只有等待，等待好的项目，等待机会，一年甚至五年都不是问题”。

“如果我们不了解一项业务，就不会投资。例如，我不了解个人电脑是什么，根本不能判断哪家公司的个人电脑做得最好。即使这些我都了解，我也不清楚三年后哪家公司的个人电脑业务最好，但我知道三年后哪家巧克力店的生意会最好。你也许知道三年后哪家公司的个人电脑业务最好，但无论你怎样试图告诉我你的预测，我对个人电脑的了解都不会达到对巧克力的了解程度，也就没有信心作出决策”。“投资的关键是确定自己的能力范围并注意保留一定的误差范围，只在确定性的能力范围内行事。而且必须承认，有些事情我们是无法准确预测的。你不可能玩任何游戏都赢，因为很多事情是你无法确定的，在这种情况下，我宁可等待那些有把握的机会出现。然而，当你没有100%的把握时，各种机会会不断地在你面前闪现。我们在等待那些明显能赚钱的机会，但华尔街的机制却不断怂恿人们买入卖出。如果交易所能定期关闭，人们的境况将会比现在好很多”。

在巴菲特的办公桌的上方，有一个贴着“太难”标签的信箱。像巴菲特这样一个聪明绝顶的人，也可能是这个世界对股市经验最丰富的人，过去100年当中投资业绩记录最优秀的人，也需要在办公桌前放这样一个“太难”标签的信箱，这件事会给我们很多启示。

巴菲特说“我认为，积累财富的秘密在于坚持做自己能力范围内的事，超出自己能力范围行事才是失败的根源”。

——巴菲特1990斯坦福演讲

四、价值投资为何知易行难

根据实证研究，市场参与者中可能只有不到5%的人是真正的价值投资者。

为什么明白价值投资的人很多，实际从事价值投资的人却这么少，而真正取得持久成功的人更是凤毛麟角。价值投资的实践为何知易行难？到底难在何处？

正如查理·芒格所言，投资并不容易，认为投资容易的人是愚蠢的。这里面尝试从两个方面总结：一是心理方面，情绪掌控难；二是能力建设方面，实践中运用好价值投资绝非易事。

（一）情绪掌控难

做价值投资，首先是要掌控自己的情绪，做市场先生的主人，而不是市场先生的奴隶，但在现实中发现绝大多数都是市场先生的奴隶，很少有人能做到市场先生的主人。要驾驭市场先生，是一件非常困难的事情，总结一下，有以下10难。

（1）不被市场狂热吞噬难。市场狂热是一股极其强大的力量，疯狂的牛市可以泯灭理性和常识，很少有人能不被吞噬，牛顿在78岁的时候都无法不被裹挟，不被周围人赚钱的刺激影响，一般人更是很难做到的，因为这是人性。就是投资大师，像巴菲特、邓普顿也是离群索居，远离市场，避免市场干扰。巴菲特住在奥马哈，邓普顿在巴哈马一个小岛上，刻意约束自己成为“孤家寡人”，尽量减少市场和周围环境的刺激。正像巴菲特所说“如果我住在纽约，我的肾上腺素分泌就会被刺激，要不了几天就会做出疯狂的举动”。邓普顿在采访中说“在纽约，分析师们太聪明了，想不被影响很难”。所以普通人想不被市场狂热吞噬，是一件难度极高的事情，违背人性。这也是大多数人牛市亏钱的主要原因。

（2）在狂热的时候卖出股票难。在赚得盆满钵满的时候，人性本身的贪婪，对金钱的渴望，身体分泌的多巴胺，大脑神经胜者主导的认知机理，财迷心窍的神经机理，在市场狂热、心花怒放的时候激流勇退是极其不容易的。

（3）恐慌的时候买入股票难。因为你本身就是市场的一部分，对市场造成恐慌的事件也一定会对你造成影响，在股市暴跌、哀鸿遍野、风声鹤唳的环境中，有勇气、有见识、果决买入股票也是违反人性的一件难事。

（4）大跌中不卖出难。股市受很多因素的影响，无人可以预测股市的涨跌，就像巴菲特所说，“股市明天开不开门你都不知道”，“9·11”股市就关闭了，所有股市的大跌都是非常突然的，不可知的。在股市崩盘大跌中，卖出是人的本性，因为亏损对人的心理影响程度是盈利的两倍，每天看着自己账户的亏损，久而久之就无法忍受，最终人性的选择就是忍痛割爱。

（5）等待买入难。从价值投资心理视角来讲，耐心是第一性要求，价值投资的精髓就是耐心、等待。这其中等待不是以天、周、月计算，而是以年计算，这种长期的等待比恐慌和贪婪还要难，因为人在股市面前，在每天的行情起起伏伏的波动面前是很难具有耐心的，大多数人在股市中是没有耐心的，就算在生活中非常有耐心的人，在股市中也会变得没有耐心。在股市大涨中，能够持有现金等待绝非易事，就是巴菲特也容易犯这样的错误，何况普通投资者。

（6）耐心持有难。价值投资需要的时间一般都要几年的时间，三年可能是最低要求，但是持有一只股票超过三年并不是一件容易的事情，要想忍受其中的起起伏伏、动荡不安，一般人也很难做到。

（7）不受行情影响难。巴菲特办公室里不放电脑，卡拉曼不装彭博终端，邓普顿每天在海边散步，离群索居在巴哈马等。这些顶尖投资大师想尽了办法克服行情对价值投资的不利影响，而作为一般人，在手机时代、互联网时代，随时随地方便看行情的情况下不受影响，是极其困难的自我约束，就像巴菲特所说，99%的人都做不到。

（8）不受周围的影响难。周围人的议论、每天的报道、各种研究报告，以及互联网、头条、抖音渗入生活的方方面面，想不受周围的影响，独立思考，独立判断，更是难上加难。

（9）不从众难。人具有天生的从众性，几千年进化的部落性，想逆向思考、逆向情感、逆向行动，本身就是对人性的挑战，极其困难。

（10）坚守能力圈难。价值投资要坚守自己的能力圈，不懂的东西不碰。但是现实是各种诱惑、各种概念、各种风口，想坚守自己的能力圈并不是一件容易的事情。人性总是喜欢新鲜，总是想尝试不同的东西，想不受诱惑，坚持自律非常不易。

从情绪的视角来说，价值投资在心理上是反人性的、反本能的，这是价值投资的困难之源。但这也恰好是价值投资之所以可以持久成功之源，如果没有反人性，又哪里来的价格的高估和低估？

（二）能力建设难

这里归纳一下，能力建设主要包括以下方面：

（1）“懂”并不容易。巴菲特的投资原则，不懂不碰。但巴菲特所说的“懂”，并不是说我了解了企业的业务、或者我对公司管理层很熟悉、或者对行业很熟悉就叫“懂”，而是对公司未来5~10年盈利水平和竞争地位的判断，要做到这一点绝非易事。没有多年对商业的理解与洞察，对行业的规律的了解，对管理、对业务的深刻理解和把握，一般人是做不出这样的预测的。

（2）知识是慢慢积累起来的，系统掌握价值投资整个体系，一般来讲需要15年的时间，这是一个不容易的过程。

（3）价值投资需要体验。正如巴菲特的比喻“一条鱼无法理解走在路上的感觉”，如果没有多年的实践体验，往往都是不知道自己不知道，以为自己很知道。

正如塞思·卡拉曼在《安全边际》中所说，价值投资需要做许多艰苦的工作，非同一般的严格纪律和长期的投资视角。只有少数人愿意和能够为价值投资付出大量的时间和精力，而价值投资者中又只有一小部分拥有较强心理素质的人，才能取得成功。

五、价值投资的成功模式

巴菲特说，一个投资者如果想成功，必须将两种能力结合在一起：一是将自己的思维和行为与市场弥漫的极易传染的情绪隔离开来的能力，二是判断优秀企业的能力。李录也说，价值投资是一套思维方式，精髓是不受市场周围环境的影响独立决策，同时在一定安全边际和能力圈内完成投资，即在不确定的投资环境里，获得相对确定的回报。

（一）以心为心

正如《聪明投资者》中的名言“投资成功的秘诀在于你的内心”，股市是一个超级复杂的系统，影响的因素和变量很多，如果把握不住核心，就无法取得成功。以心为心就是遵循第一性原理，从价值源点出发，理解本质，变与不变，把握核心。投资以风险为中心，永远不要亏损，永远不要忘记这一条。企业以客户为中心，个人以心性为中心。而心性又是其中核心的核心，运用之妙，存乎一心。

（二）一套思维模式和行为方式

格雷厄姆说“说到底，你的投资方式远不如你的行为方式重要”。笔者归纳了一套利于价值投资的思维和行为方式：

（1）孤独式。价值投资的精髓是不受周围环境的影响，而人本身是环境的一部分，想不受环境的影响，首先需要创造一个有利于价值投资的环境。“我们所处的环境比我们的才智更强大。只有极少数投资家——不论是业余的还是专业的，能够真正理解这个关键点”。伟大的投资家清醒地做到了这一点，比如巴菲特离开了纽约回到了奥马哈，邓普顿离开纽约定居在巴哈马，卡拉曼居住在马萨诸塞州坎布里奇市等，世界顶级投资者的共同特征就是“孤独”，远离市场，远离人群，想一想连这些顶级投资家都要离群索居，普通投资人又如何能不受市场的影响。

（2）逆向式。逆向思考是一种思维习惯方式，价值投资本质是逆向的，包括逆向思考和逆向情感，正如芒格所言“反过来想，总是反过来想”。无论是别人恐慌中你贪婪，还是别人贪婪中你恐慌，都是逆向思考，逆向行动。机会的选择，也是在人少的地方、悲观的地方、血流成河的地方，不仅适用于股票市场，也适用于商业领域。

（3）破险式。价值投资的本质是追求风险剥离后的收益，安全边际本质是概率，安全边际加上分散投资就是保险，就是确定性。破除了投资中的风险，追求的是无风险收益。永远不要亏损，永远不要忘了这一条，这是一个思维习惯。

（4）不看行情式。不受市场行情的影响是价值投资取得成功的前提，问题是如何做到不受市场行情的影响，特别是今天互联网提供的信息无处不在，克服行情的影响，必须要有方法。巴菲特的办公室不放电脑，邓普顿上班时间在巴哈马的海滩阅读，卡拉曼不装行情软件，更有知名的投资者连手机行情软件都不装；还有一些顶级投资家，想尽了各种各样的方法来隔离行情的影响。这说明在投资中，最好的办法就是不看行情，这样就破除了大脑刺激最强者主导的神经思维模式，就不容易冲动犯错。

（5）慢慢式。快就是慢，非慢无以成功，非慢不能守住财富。知识是一点点积累的，认知是一点点完善的。能力圈建设是一个长期的过程，情绪掌控力是有阈值的，过快超过了阈值就是灾难。价值投资必须克服人性急于求成的本能，循序渐进，慢就是快。

（6）便宜式。价值投资的灵魂是便宜，要么是和现在比便宜，要么是和未来比便宜，但是在价值投资中做到便宜，行为习惯的重要性远比理论的重要性更重要。节俭和买便宜货，是巴菲特从小就养成的习惯，是习惯造就了天才。巴菲特 18 岁时买的一辆车是灵车，还是打折买的，最爱喝的可乐也是利用商场打折的时候大量买入。邓普顿从年轻的时候就开始买便宜货做到了极致，他最引以为豪的交易之一是新房装修只花了 5 美元就买了一张价值 200 美元的沙发床。无论是巴菲特、施洛斯、邓普顿，还是中国的林园，顶级投资家能够取得投资成功，他们的共同特征就是买便宜货。他们把生活节俭、买便宜货当做本能，这种本能有利于他们在股市中克服人性的冲动。

（7）防守式。价值投资是一种防守方式，不是一种进攻方式。在投资中，防守比进攻重要得多。本质是“结硬寨，打呆仗，高筑墙，广积粮，不称王”。无论是安全边际、分散投资，还是能力圈都要防守，防止出现亏损，防止意外的情况发生。价值投资是“先为不可胜，而待敌之可胜”。不亏钱在自己，能否赚钱在市场，先立于不败之地，而后求胜。

（8）习惯式。巴菲特认为，在金融方面取得成就，并不取决于投资者天赋的高低，而是取决于是否有良好的习惯。最优秀的投资者通过培养良好的习惯形成压倒性的竞争优势，这些习惯带来的好处会随时间不断累积。耐心是一种习惯，自律也是一种习惯，买便宜货是习惯，不看行情也可以是一种习惯，最终习惯的力量战胜了人的群体性本能。

（8）近朱式。近朱者赤，近墨者黑，和谁在一起是最重要的事，价值投资者要和价值投资者在一起，和伟大的企业家在一起，和伟大的企业作伴，是价值投资取得成功的路径。

（10）平常式。一颗平常心，追求内心的宁静。巴菲特曾经把投资的精髓归为独立思考，内心平静。菲利普・费雪也归为非凡的耐心，稳定的情绪。一颗平常心，其实一点也不平常。

最后，价值投资不仅是一种投资方式，更是一种生活方式、思维方式。

附录二　私募证券投资基金行业相关法律法规及自律规则

一、综合

1. 中华人民共和国证券投资基金法
2. 中华人民共和国证券法
3. 中华人民共和国民法典
4. 中华人民共和国信托法
5. 中华人民共和国合伙企业法
6. 中华人民共和国公司法
7. 中华人民共和国刑法
8. 中华人民共和国网络安全法
9. 国务院：私募投资基金监督管理条例
10. 中国证券监督管理委员会：私募投资基金监督管理暂行办法
11. 中国证券监督管理委员会：证券期货经营机构及其工作人员廉洁从业规定
12. 中国证券监督管理委员会：证券期货市场诚信监督管理办法
13. 中国证券监督管理委员会：关于加强私募投资基金监管的若干规定
14. 中国证券投资基金业协会：私募证券投资基金运作指引
15. 中国证券投资基金业协会：私募投资基金管理人内部控制指引
16. 中国证券投资基金业协会：基金经营机构及其工作人员廉洁从业实施细则

二、资产管理行业

1. 中国人民银行、中国银行保险监督管理委员会、中国证券监督管理委员会、国家外汇管理局：关于规范金融机构资产管理业务的指导意见

2. 中国人民银行有关负责人就《关于规范金融机构资产管理业务的指导意见》答记者问

3. 中国证券监督管理委员会：证券期货经营机构私募资产管理业务管理办法

4. 中国证券监督管理委员会：证券期货经营机构私募资产管理计划运作管理规定

5. 中国银行保险监督管理委员会：商业银行理财子公司管理办法

6. 中国银行保险监督管理委员会：信托公司证券投资信托业务操作指引

7. 财政部：资产管理产品相关会计处理规定

三、管理人登记与产品备案

1. 中国证券投资基金业协会：《私募投资基金登记备案办法》及配套指引

2. 中国证券投资基金业协会：关于进一步规范私募基金管理人登记若干事项的公告（附：私募基金管理人登记法律意见书指引）

3. 中国证券投资基金业协会：私募投资基金合同指引 1 号（契约型私募基金合同内容与格式指引）

4. 中国证券投资基金业协会：私募投资基金合同指引 3 号（合伙协议必备条款指引）

5. 中国证券投资基金业协会：私募投资基金命名指引

6. 中国证券投资基金业协会：私募基金登记备案相关问题解答（若干，部分已废止）

7. 中国证券投资基金业协会：私募基金管理人登记申请材料清单（2023 年修订）

8. 中国证券投资基金业协会：私募基金备案材料清单（证券类）

四、基金募集

1. 中国证券监督管理委员会：证券期货投资者适当性管理办法

2. 中国证券投资基金业协会：私募投资基金募集行为管理办法

3. 中国证券投资基金业协会：基金募集机构投资者适当性管理实施指引（试行）
4. 国家税务总局：非居民金融账户涉税信息尽职调查管理办法
5. 中国证券投资基金业协会：私募投资基金电子合同业务管理办法（试行）

五、投资运作

1. 国务院：期货交易管理条例
2. 中国证券投资基金业协会：绿色投资指引（试行）
3. 中国金融期货交易所：套期保值与套利交易管理办法
4. 最高人民法院、最高人民检察院：关于办理内幕交易、泄露内幕信息刑事案件具体应用法律若干问题的解释
5. 最高人民法院、最高人民检察院：关于办理操纵证券、期货市场刑事案件适用法律若干问题的解释
6. 最高人民法院、最高人民检察院：关于办理利用未公开信息交易刑事案件适用法律若干问题的解释
7. 中国证券监督管理委员会：上市公司股东、董监高减持股份的若干规定
8. 上海证券交易所：上市公司股东及董事、监事、高级管理人员减持股份实施细则
9. 深圳证券交易所：上市公司股东及董事、监事、高级管理人员减持股份实施细则

六、基金运营

1. 中国证券监督管理委员会：证券登记结算管理办法
2. 中国证券登记结算有限责任公司：私募投资基金开户和结算常见问题解答
3. 中国证券登记结算有限责任公司：关于私募投资基金开户和结算有关问题的通知
4. 中国证券登记结算有限责任公司：关于私募基金管理人开立证券账户有关事项的通知
5. 中国证券登记结算有限责任公司：关于加强私募投资基金等产品账户管理有关事项的通知
6. 中国证券登记结算有限责任公司：特殊机构及产品证券账户业务指南
7. 中国人民银行：关于私募投资基金进入银行间债券市场有关事项的通知

8. 中国人民银行：进一步做好合格机构投资者进入银行间债券市场有关事项公告

9. 深圳证券交易所：关于引导私募投资基金进入交易所债券市场答记者问

10. 中国证券投资基金业协会：证券投资基金会计核算业务指引

11. 中国证券投资基金业协会：证券投资基金投资流通受限股票估值指引（试行）

12. 中国证券监督管理委员会：关于证券投资基金估值业务的指导意见

13. 中国证券投资基金业协会：证券投资基金增值税核算估值参考意见

14. 中国证券投资基金业协会：私募投资基金非上市股权投资估值指引（试行）

七、信息披露

1. 中国证券投资基金业协会：私募投资基金信息披露管理办法

2. 中国证券投资基金业协会：私募投资基金信息披露内容与格式指引 1 号（适用于私募证券投资基金）

3. 中国证券投资基金业协会：私募投资基金信息披露内容与格式指引 2 号（适用于私募股权（含创业）投资基金）

4. 中国证券投资基金业协会：关于私募基金信息披露备份系统正式运行的公告

八、外包服务

1. 中国证券投资基金业协会：私募投资基金服务业务管理办法（试行）

2. 中国证券投资基金业协会：关于私募基金服务机构登记系统正式运行的公告

3. 中国证券投资基金业协会：关于私募证券投资基金管理人提供投资建议服务线上提交材料功能上线的通知

九、从业人员管理

1. 中国证券监督管理委员会：证券期货经营机构及其工作人员廉洁从业规定

2. 中国证券投资基金业协会：基金从业人员执业行为自律准则

3. 中国证券投资基金业协会：关于基金从业人员资格管理实施有关事项的

通知

4. 中国证券投资基金业协会：关于私募证券投资基金管理机构投资管理人员投资业绩填报有关事项的通知

5. 中国证券投资基金业协会：关于台湾同胞在大陆申请基金从业资格有关事项的公告

6. 中国证券投资基金业协会：关于不再组织基金从业资格证书年检的通知

7. 中国证券投资基金业协会：基金从业人员后续职业培训组织工作指引（2020）

8. 中国证券投资基金业协会：基金经营机构及其工作人员廉洁从业实施细则

9. 中国证券投资基金业协会：基金从业人员管理规则

十、会员管理

1. 中国证券投资基金业协会：中国证券投资基金业协会会员管理办法

2. 中国证券投资基金业协会：关于"资产管理业务综合报送平台"会员模块全面上线运行与会员信息登记相关事项的通知

3. 中国证券投资基金业协会：私募证券投资基金管理人会员信用信息报告工作规则（试行）

4. 中国证券投资基金业协会：关于私募证券投资基金管理人会员信用信息报告功能上线的通知

十一、自律管理

1. 中国证券投资基金业协会：中国证券投资基金业协会纪律处分实施办法（试行）

2. 中国证券投资基金业协会：中国证券投资基金业协会自律检查规则（试行）

3. 中国证券投资基金业协会：中国证券投资基金业协会投诉处理办法（试行）

4. 中国证券投资基金业协会：中国证券投资基金业协会投资基金纠纷调解规则（试行）

5. 中国证券投资基金业协会：关于实行私募基金管理人分类公示制度的公告

6. 中国证券投资基金业协会：关于建立"失联（异常）"私募机构公示制度的通知

7. 中国证券投资基金业协会：关于优化失联机构自律机制及公示第十一批失联私募机构的公告

8. 中国证券投资基金业协会：关于进一步加强私募基金行业自律管理的决定（附：关于私募基金管理人在异常经营情形下提交专项法律意见书的公告）

9. 中国证券投资基金业协会：关于加强私募基金信息披露自律管理相关事项的通知

10. 中国证券投资基金业协会：关于私募基金信息披露备份系统定向披露功能上线相关事项的通知